本书撰写人员名单

主　　编：李红艳

副 主 编：蒋桂存　项继发

撰写人员：李红艳　蒋桂存　项继发　牛　畅　冉学平
　　　　　唐　薇　韩　芸　张冉冉　宋佳杰　罗潇潇
　　　　　周赛花　田　欣　王军元

新时代中国县域脱贫攻坚案例 研究丛书

岢岚

大山深处的深度贫困治理

全国扶贫宣传教育中心／组织编写

人民出版社

目　录
CONTENTS

图 目 录

表　目　录

导　论

风云沧桑——岢岚的风貌变迁与扶贫开发史

一、历史追溯：北纬 38 度的人文地理风貌

岢岚县地处黄土高原东部、山西省西北部、管涔山西北麓，因境内有岢岚山，故名。地理坐标介于北纬 38°31′—38°58′，东经 111°12′—111°52′。东与宁武为邻，西与兴县、保德接壤，南与静乐、岚县毗连，北与五寨、河曲交界。县域东西最长相距 62.5 公里，南北最宽相距 53.5 公里，呈不规则的椭圆形，总周长 271.25 公里，总土地面积 1984 平方公里。地势呈东南高，西北低，平均海拔 1443 米，相对高程为 1744 米，海拔最高为县城东北荷叶坪主峰 2783.8 米，海拔最低为温泉河谷 1080 米。县境四周山区环绕，中部以岚漪河为轴，形成十字架形的 4 个沟谷地区，俗称东川、南川、西川和北川。

岢岚属中温带大陆性季风气候区。寒暑皆备，冬季"山舞银蛇，原驰蜡象"，尽显北国风光。夏季空气清新，凉爽宜人，有天然氧吧之称。四季分明，光照充足，全年日照总时数平均 2740.4 小时。年平均气温 6.4℃，极端最高温度 37.3℃（2005 年 6 月 22 日），极端最低温度 -39.2℃（1966 年 2 月 22 日），年平均积温 2646.9℃，年平均地温 8℃。年平均无霜期 110—130 天左右，历年平均降水量 471 毫米。

2019 年，全县辖 2 镇 10 乡，141 个行政村，总人口约 8.6 万人，其中城镇 4.066 万人，农村 4.574 万人。居民除极少数回、满民族外，其余均为汉族。

岢岚历史悠久，远在新石器时期，即有先民在此繁衍生息，境内发现有龙山文化、春秋中国文化遗址多处，另有汉、晋、北宋、唐代古城堡遗址。《说文解字》中对岢岚这一名称有这样的解释："岢岚，山名。近太原，有渥洼地，出良马。又州名。本楼烦王所居，汉为太

原地，后魏置岚州。"

岢岚境域属地多有变迁。周王绘图有娄烦，岢岚为其属地。历代为羌胡、突厥、契丹、匈奴、蒙古等与汉族政权争夺频繁之地。建置沿革更迭频繁。初有建置为战国时期，赵武灵王逾黄花岭，驱逐娄烦王，置娄烦郡。之后，郡、州、县、戍、军、镇、栅、卫交互更迭，体现了地缘的政治特征和军事特征。

历史上，岢岚是中原汉民族与北方少数民族碰撞割据、交汇融合之地。州志载：岢岚"地接边徼，扼西路之吭，拊晋阳之背"，为太原之屏障，守关塞之要地，自古兵事频繁，为兵家必争之地。"将军飞虎竹，战士卧龙沙。边月随弓影，严霜拂剑花。"反映了古代岢岚的峥嵘岁月。

古代岢岚军事设施遍布全县。为御防异族入侵，境内墩台棋错，城堡星罗棋布。战国时期赵武灵王始在境内筑长城，历经北齐、隋、宋修筑之古长城遗址至今尚存。特别是境内的宋代长城，宋太平兴国五年（982 年）筑长城于草城川口，历天涧堡而东。据专家考证，是迄今为止宋代在国内唯一修筑的长城，是中国使用火器后的产物，更具时代性，极具文化旅游开发和学术研究价值。现存完好的宋长城蜿蜒绵长 30 多公里，是举世仅有的重大发现，这一发现填补了中国长城史上的空白。经南北朝、隋、唐、宋、明、清于境内设镇置军，筑堡修寨，建营屯兵，守备边塞，防御外侵，成为军事重镇。北宋时期的"澶渊之战"，岢岚是西线作战的主要战场，为契丹军的后方供应总基地，杨延昭雪夜千里奔袭，火烧契丹粮草，使契丹军 20 万铁骑断粮。

岢岚县城最初是后汉刘知远建筑的一座军城。城"周围 5 里"，气势恢宏，建有一整套防御体系，其格调与西安古城相仿，是古代岢岚的标志性建筑。北宋文学家、史学家欧阳修任枢密院副使时曾几次来岢岚巡查，并撰写了《修岢岚城疏》一文。神宗元丰八年（1084年），知州贺绍庆"于城东增广 2 里"。明洪武七年（1374 年），镇西卫指挥使张兴将全城包砖，"周围7里，城高3丈8尺"，城形如舟。城楼12座，上有旗杆、垛口。四门都有瓮城，城外有一条宽5丈、深2丈的护城河。东、西、北门外各有吊桥一座，城外4关2堡。城门高大出奇，实属国内少有。

岢岚人文历史积淀深厚。唐宋时期，文人墨客云集，李白、杜审言、黄庭坚、欧阳修等旅居岢岚时都留下了不朽的诗篇。岢岚自古便有尚武之风，钟灵毓秀，英雄辈出。历朝历代涌现出许多戍边名将和仁人志士。北宋时期，一门忠烈杨家将的事迹源远流长，民间广为流传的佘太君（折姓）是岢岚人，其族人折御卿、折克行曾任府州经略，卫戍守边，英勇善战，威震敌寇，屡建战功。元朝六州都元帅郭周"部民爱之如父母，畏之如神明"。明朝令王鼎忠勇就义，被誉为"真山西人"。金末元初岢岚籍人王中立"学识渊博，负志奇伟，不乐仕进"，是著名文学家、诗人、历史学家元好问的老师。明天启三年（1623年）至清雍正十一年（1733年），岢岚是保德、河曲、偏关、岚县、兴县等邻近州县参加科举岁试之地。后因文场颓废，改赴太原。乾隆八年（1743年）考棚修复，道光八年（1828年），保德、河曲、岚县、兴县又重返本州岁试，前后长达190余年。

二、战斗烙印："岢岚是个好地方"

在近代革命史上，境内民众前仆后继，英勇奋斗，写下了光辉的一页。清宣统三年（1911年）八月辛亥革命爆发后，岢岚爱国志士纷纷涌现：早年从事国文执教的西会村人李文蔚在校积极批判封建文化，宣传进步思想，是当时的开明人士。岢岚籍人士赵萃瑛、赵萃珍兄弟先后在太原加入同盟会，投身于推翻帝制、建立民主共和大业中，组织参加"岢岚11·4武装起义"，推翻清州衙，成立临时政府，声震晋西北各县。1919 年五四运动后，在马列主义和国际共产主义运动的影响下，以刘仰峤为代表的一代有识之士投入革命，书写了更加光辉的革命业绩。民国二十三年（1934 年）11 月，由原宁武迁居岢岚武家沟村的红军战士周忠武受陕北苏区党组织委派，回到岢岚发动民众举行了震惊晋阳大地的"岢岚腊月武装暴动"，将革命的火种播撒到晋西北。

抗日战争时期，岢岚是晋绥边区根据地的中心腹地，八路军 120 师在贺龙、关向应率领下进驻岢岚，同时，受中共北方局的委托，成立中共晋西北临时省委。1938 年 1 月，续范亭率第二战区民族革命战争战地总动员委员会由离石县移驻岢岚，新编暂一师司令部驻扎在县内铺上村，同年中共岢岚地委也在此成立。这一时期，除共产党组织和八路军活动于此外，还有国民党山西省第二行政区督察专员公署和阎锡山骑兵一军办事处，山西省牺牲救国同盟会岢岚中心区、东北骑二军及察哈尔中央军事第三游击司令部等，岢岚成为当时晋西北的政治、军事中心。贺龙、续范亭、程子华、南汉宸、王震等老一辈无产阶级革命家曾在岢岚生活战斗多年。

1938 年，在八路军 120 师收复晋西北七县的战斗中，著名的三井战斗给日军以沉重打击。三井一战，共击毙敌 300 余人，生俘 28 人，缴获步枪百余支及其他军用物资。缴获的一门山炮，是 120 师在抗战中缴获的第一门炮，被贺龙命名为"功臣炮"（后陈列于中国人民革命军事博物馆）。

1948 年 4 月 4 日，毛泽东、周恩来、任弼时率中央领导机关由陕北转战西柏坡，途中路居岢岚，接见了参加县、乡、村"三干会"的全体人员并讲话，留下了"岢岚是个好地方"的深情赞誉。

据史料记载，抗日战争、解放战争时期，境内青年积极参军，广大群众踊跃支前参战，拥军优属，救护伤员，运送粮食，做军服军鞋等。仅有 3 万多人的小县，就有 6360 名青年参军入伍，浴血疆场，先后有 368 名革命烈士英勇献身。其中抗日战争时期 239 名，解放战争时期 129 名。1940—1949 年，有 1200 余名民兵配合解放军出战宁武、朔县、大同、太原、绥远等地。全国解放前夕，先后 4 批选派 200 余名县、区干部随军"南下、西进、北上"支援新解放区。岢岚作为革命老区，为抗战胜利和全国解放付出巨大牺牲，作出了不可磨灭的贡献。

三、迎风鼓起：新时代的扶贫开发史

1949 年新中国成立后，岢岚县的人口有了增长，城乡人民的生活水平有所提升，人口由 1949 年的 45744 人，增长为 1959 年的 49787 人，1975 年为 70386 人，改革开放之后有所回升，1982 年为 71047 人，1985 年为 71166 人。岢岚县城地貌受地质构造运动和气候、河流等控制和影响，地形总趋势为东南高、西北低。山、黄土丘陵、沟谷梁峁遍布全县。

1947 年土地改革之前，岢岚县农村人口中 10% 左右的地主、富农有 80%—90% 的土地，80%—90% 的贫雇农、中农和其他大众仅仅占 10% 左右的土地。农业社会主义改造运动期间，通过三种形式，完成了对个体农业的社会主义改造。

第一种形式是变工互助，参加户数有 41%；第二种形式是初级农业生产合作社。1952 年和 1954 年分别掀起了农业合作化的两次高潮，截至 1955 年 12 月，农业社发展为 205 个。入社农户 13185 户，占到总农户的 97.2%，全县基本实现了初级化，社的规模是 1 村 1 社；第三种形式是高级农业生产合作社。1955 年 10 月，第三次农业合作社化运动高潮掀起，初级农业合作社转为高级农业生产合作社。截至 1956 年 2 月，岢岚县建立高级农业生产合作社 177 个，入社农户达到 12545 户，占全县总农户的 95%，全县尚有初级社 13 个。高级、初级农业生产合作社的农户数占总农户的 99%，社外农户仅占总农户的 1%。

1958 年，中共中央作出《关于在农村建立人民公社问题的决议》，岢岚县在一个月的时间内，将全县的 24 个乡转为 6 个人民公社，即宋家沟五星人民公社、钢铁人民公社、星火人民公社、红旗人民公社、西豹峪人民公社、李家沟人民公社。6 个公社下面设 170 个大队，同年 11 月岢岚与神池、五寨县合并后，又改为 8 个人民公社，93 个生产大队，343 个生产队。

1961 年岢岚县恢复建置，全县将原来的 8 个公社划分为 15 个公社、169 个生产大队、478 个生产队、170 个核算单位。1962 年又划分为 19 个人民公社、219 个生产大队、563 个生产队、508 个核算单位。1970 年又变为 19 个公社、304 个生产队、304 个核算单位。1971—1984 年，公社为 18 个，生产大队、生产队、核算单位时有变化。

改革开放之后，1980 年，岢岚县根据党的十一届三中全会的精神，扩大了生产队的自主权、推动定额管理和生产责任制，率先调整了核算单位，由原来的 551 个，调整为 560 个。同时，进行了各种形式的生产责任制改革。1981 年，岢岚全县逐渐健全和完善了各种联产承包责任制，1982 年，全县 560 个核算单位全部实行了包产到户责任制度。土地承包到户按照人口承包的叫做口粮田，按照劳力承包的叫做责任田。

1983 年，全县总面积 1984 平方公里，人均占有土地 2.75 公顷，其中山地 806.95 平方公里，占 40.7%；丘陵 1126.3 平方公里，占 56.8%；阶台、河谷地 46.75 平方公里，占 2.4%。1984 年底，全县基本实现了所有乡镇、大部分乡村的公路连通。①

岢岚由于矿产资源缺乏、工业基础薄弱、经济发展缓慢，除了干

---

① 资料来自《岢岚县志》。

旱、贫穷名声在外，几乎再无可道之处。在中央二套的《旅行家》栏目中有一个关于岢岚的节目，名字就叫《圈圈》，里面有过这样一个镜头：记者采访一个放羊孩子，问孩子放羊做什么？孩子说卖钱。记者又问卖了钱做什么？孩子说卖了钱攒下来将来娶媳妇。记者追问娶媳妇做什么？孩子说娶媳妇生孩子。记者再一次追问要孩子做什么？孩子说放羊。可见，小孩子脑子里已经形成了一个放羊——卖钱——娶妻——生子——再放羊——再卖钱——再娶妻——再生子的圈圈，循环往复没有尽头，充分反映了当时岢岚的贫穷和落后。

党的十八大以来，县委、县政府认真贯彻落实中央、省和市关于全面打赢脱贫攻坚战的决策部署，把脱贫攻坚作为重大政治任务和头号民生工程来抓，全县人民在县委、县政府的坚强领导下，坚持生态、特色、务实"三个发展"，突出青山绿水、文明宜居、人和业兴"三大定位"，围绕建设历史重镇、清凉山城、养生福地美好岢岚"一个目标"，全面如期建成小康社会，以党的建设统领工作全局，以脱贫攻坚为总抓手，切实加快产业转型步伐，着力加大开放引进力度，深入推进城乡一体化建设，经济和社会各项事业蓬勃向上，取得了有目共睹的成就，进入历史发展的最好时期。

岢岚是晋陕蒙周边重要的交通枢纽，地处西部能源金三角资源东运的战略要道。在全省高速公路网三纵十二横十二环的格局中，岢岚位于第四横和西纵的交汇点，第四横是西通陕甘宁蒙、东达京津冀晋的重要通道，西纵是贯通南北的重要通道。境内有宁岢瓦铁路运输线143公里，国道209线、省道岢大线及四通八达的县乡道贯穿全境，忻保、岢临2条高速公路在境内十字交汇，在岢岚境内约110公里，神岢高速开工建设，全县公路通车总里程约943公里。

同时，岢岚县地处吕梁山集中连片特困地区，是扶贫开发重点县，国家级贫困县。县域总面积1984平方公里，全县土地贫瘠，资源匮乏，境内沟壑纵横，现辖2镇10乡141个行政村（原有行政村202个，整村搬迁销号61个），总人口8.61万人，其中农业人口

6.3755 万人。人均土地面积 34.5 亩，农民人均耕地 7.056 亩，境内以山地和丘陵为主，平均海拔 1443 米，年平均气温 6.4℃，平均无霜期 120 天，平均降水量约 471 毫米。无霜期短，土地贫瘠，矿产资源匮乏，居民文化素质偏低，农民主要靠种地和养殖为生，收入来源单一。

立足依然贫困的现实，岢岚县委、县政府提出了"艰苦奋斗是我们的政治优势"的指导思想，领导干部把"安于清贫，甘于吃苦，乐于奉献"这十二个字作为开展工作、服务民众的准则，并将其渗透到日常工作和生活的点点滴滴。"立地生根、自强不息、勇于吃苦、乐于奉献"这十六个字浓缩的岢岚精神，就像巍巍青山一样挺立在岢岚大地，从此贯穿在岢岚发展的每一步中。

党的十八大以来，岢岚县强化组织领导、完善体制机制、压实脱贫责任、加大扶贫投入，精准施策效果明显，脱贫质量稳步提高，脱贫成效不断提升，脱贫攻坚取得了阶段性成果，农村基础设施、生产生活条件得到明显改善，基本公共服务水平得到明显提升，2014—2017 年贫困村退出 65 个，整村搬迁贫困村销号 20 个，脱贫 5754 户 14069 人，贫困发生率降至 9.72%。截至 2017 年末，全县现行国家标准下还有贫困村 51 个，贫困人口 2867 户、6199 人。到 2018 年年底，全县 20029 人脱贫，116 个贫困村全部退出，摘帽 14 项指标全部达标，贫困发生率下降到 0.38%，全县顺利脱贫摘帽。

第一章

致贫因素——区域性贫困与发展性贫困交织

贫困，是一个自古就有的现象。不同之处在于，人们对于贫困问题的解决思路和应对策略上的差异。对于岢岚县而言，贫困的问题主要体现在两个层面上：一个是贫困的地理因素，另一个是在经济发展中基于地理资源不足而导致贫困的发展性因素。二者交织在一起，构成了岢岚县贫困的主要诱因和基础。

一、脱贫谱系：贫困要素分析

对于岢岚县脱贫工作而言，首先需要回顾和分析的是，贫困的过程、致贫的原因。自 1949 年新中国成立以后，扶贫的理念随着社会主流观念的变迁，在不同阶段有不同的理念。从 1949 年至改革开放之前的"救济式"到 2019 年的"后扶贫时代"，脱贫谱系渐渐成为较为清晰的线路。从这个线路中，可以探索岢岚县政府与人民共同战胜贫困的实践谱系和发展历程。

（一）稳健推进：岢岚县的贫困过程回顾①

新中国成立以来，岢岚县不断持续加大对扶贫开发工作的投入力

---

① 资料来源于《岢岚县志》。

度和政策应对,其扶贫攻坚历程可以划分为以下七个阶段。

1. 救济式扶贫阶段(1949—1977 年)

1949 年新中国成立以后,伴随社会主义制度确立,中国农村开展了土地改革,实行"耕者有其田"制度,农村生产力获得了解放。在这一时期,农村扶贫的主要方式是救济式扶贫。期间,国家先后颁布了几个扶贫相关的重要政策文件。

1950 年 6 月 30 日,中央人民政府公布施行《中华人民共和国土地改革法》;1951 年 5 月,时任政务院副总理的黄炎培在热河省民政厅上报的《扶助困难户生产的报告》上批示:"扶助困难户生产,是值得努力的一件事。希望热河积累经验,使困难村户逐步减少,做出一个典型来。"一般认为,这是新中国农村扶贫试点工作的开始。

1964 年 2 月,内务部党组向中央报送了《关于在社会主义教育运动中加强农村社会保险工作,帮助贫下中农克服困难的报告》,该报告第一次正式提出了农村扶贫问题,得到中共中央的高度重视,并指示全国各地农村开展扶贫试点。

在这一背景下,岢岚县委及县政府非常重视基层群众的生活疾苦问题,广泛开展社会福利及社会救济工作。1952 年,岢岚县政府响应国家对国家工作人员和事业单位职工享受公费医疗福利待遇的有关规定,对生活上有困难的职工发放福利费。福利费的发放办法是困难大的多补助,困难小的少补助,年终进行一次性补助,对特殊临时性困难的酌情给予临时补助。1957 年,县政府对全县 340 个五保户采取"以工代赈"的形式进行帮助,对特殊困难者,还发放社会救济款 5655 元,并根据每个人的实际情况,为他们安排了养猪、磨豆腐、放羔羊等轻体力农活。1958 年,全县办起了"五保幸福院"8 座,收养 138 名年迈老人。同年 7 月,县政府根据第四次全国民政工作会议精神,在全县范围内动员广大烈军属、荣复军人、老弱残疾和社会贫困户开展自给自救活动,同时组织人力财力物力,因地制宜兴办福利事业，先后在全县兴建砖瓦厂、木器厂、编织厂、养猪场、养兔场、肥料厂、制鞋厂、奶厂以及各类加工厂等社会福利生产单位，从业人员涵盖烈军属、荣复军人、残废军人及五保户等。同时，岢岚县委和县政府对农村生活中没有依靠的老弱病残及鳏寡孤独者，通过社会福利设法救济。在农村普遍实行"五保"（保吃、保穿、保住、保医、保葬）。对生活不能自理者，政府指定专人照料，五保户的生活费用由生产队从公益金中开支，基本做到生养丧葬均有所靠。

1962—1963 年，岢岚县连续两年遭受干旱、霜冻、冰雹、病虫害等自然灾害的袭击，全县粮食产量受到很大损失，县政府一方面发动群众开展生产自救活动，另一方面及时发放救灾款及救灾物资。1964 年，政府对人口多、劳力少及因残病而丧失劳动能力的困难户1427 户、共计 6535 人进行救济，发放救济款 20737 元；同年，全县有五保户 615 户，共计 722 人。对于这些五保户，除生产队从钱物上帮助照顾外，政府还发放社会救济款 7125 元，享受救济者占五保户总人数的 65.5%。

2. 体制改革下大范围扶贫阶段（1978—1985 年）

1978 年底，中共中央批转了民政部《全国民政会议纪要》，由此，农村扶贫引起了各级党政领导的重视，并提上了国家和政府的工作日程。1984 年，岢岚县民政局依照新宪法第 45 条的规定，根据全县 226 户、262 个五保老人的不同处境，采取了三种赡养办法：一是以户摊派，统一供应，分散赡养，规定每人每年供应口粮 250 公斤，食油 2.5 公斤，煤 1.5 吨，单衣 1 身，棉衣 2 年 1 套，被褥 5 年 1 套，零花钱每月 5 元，吃药治病的医疗费用分情况给予部分或全部报销；二是村供亲养，费用由村委会统一收回，一次性发给赡养人负责料理；三是村供户帮包养，费用由村一次性收回，分别指定邻居负责供养，到 1985 年，全县共办敬老院 8 座，收养年迈老人 79 人，人均生活收入 150 元。集体分散供养 105 人，村供亲养 172 人，邻居互帮包养 14 人。1985 年，全县农民人均纯收入 150 元，国务院首次将岢岚县确定为国家级贫困县。

3. 开发式扶贫阶段（1986—1993 年）

1988 年 7 月 21 日，中共岢岚县委、县政府领导陪同省委副书记王茂林、地委副书记李枝荣、行署副专员王文学到岢岚县砖窑沟村视察。该村过去是典型的"三靠村"，从 1984 年底开始进行以牧为主的牧、农、林综合开发，经过三年时间，全村农民由开发前人均贷款 600 元，到 1987 年底人均收入 600 元，实现了一年实现温饱、两年脱贫、三年迈上致富路。

岢岚县坚持以养羊为主的脱贫致富为突破口，截至 1988 年 10 月，全县 18 个乡镇中，已有 9 个乡镇养羊超过 1 万只，有 45 个村超过千只，892 户超过 50 只。全县仅绒山羊数量就发展到 8.4 万只，标志着本县养羊商品化、集约化生产有了新突破。随着养羊规模的逐步扩大，到 1989 年底全县养羊超过 20 万只，被农牧厅定为"绒山羊纯种繁育基地县"，并被山西省政府确定为"绒山羊改良基地县"。1991 年 3 月下旬，联合国人口基金会为岢岚县提供了 20 万美元的循环资金（简称"P30 项目"），用于帮助发展妇幼福利事业，该资金投放到 2000 户贫困妇女手中，购纯种绒山羊 4000 只，滚动发展到 1994 年 5 月底，增加到绒山羊 14000 只，产绒 7000 公斤，总产值达 168 万元，2000 名受援助妇女人均增收 840 元。项目从 1993 年底开始第二轮循环，已有 2000 余只绒山羊到期回收，其中出售 640 只，用于社会发展基金，共计 12.48 万元，其余 1376 只又投放给 688 户需要援助的贫困妇女。社会发展基金主要用于妇女的技术培训、受援妇女儿童的初级卫生保健。在所涉及的 5 乡 47 村中组建了村级示范妇幼保健所 6 个，用 12000 元购置了用于分娩、计划生育的妇幼保健器械，治疗妇科病 188 例，为 3 岁以内幼儿免疫接种 600 人次，为

1200 名妇女进行了妇保教育、计生教育和技术培训。

统计数据显示，在这一阶段的开发式扶贫工作中，通过岢岚县委县政府对扶贫工作的有效开展，自 1985 年被确定为国家重点贫困县以来，岢岚县经过长时间的扶贫工作，取得了前所未有的成就，农民的温饱问题基本得到了解决，农民的收入由 1985 年的 150 元增长到 1993 年的 515 元，增长了 2.43 倍。1993 年，岢岚全县贫困户和贫困人口分别比 1985 年下降了 72% 和 74%，而且出现了人均纯收入 600元以上的乡镇 3 个（当时全县共计 18 个乡镇），人均收入 1100 元的小康村达 20 个。经过这一时期的扶贫开发工作，岢岚全县农民包括贫困人口的生产生活水平进一步提高，据 1994 年 3 月 22 日的统计数据显示，全县当时有 232 个行政村通车，216 个自然村通电，分别占全县行政村、自然村总数的 92% 和 64%。从 1985 年到 1993 年又有 68个行政村、1.8 万人解决了人畜吃水问题。到 1993 年底，全县电话装机总数发展到 810 门，是 1985 年的 6 倍。人均居住面积达到 13.6平方米，比 1985 年增长了 51%，城乡居民人均储蓄存款余额达到 1171.62 元，比 1985 年增长了 11 倍多。岢岚县国民生产总值达到 6500 万元，比 1985 年有了更大幅度的增长，财政收入达到 637.2 万元，比 1985 年增长 3.3 倍。

4. "八七"扶贫攻坚阶段（1994—2000 年）

1994 年，山西省政府重新核定岢岚县 16 个乡（镇）为扶贫开发攻坚乡，涉及 231 村、13954 户、54046 人。同年 11 月下旬，中共忻州地委、行政公署在岢岚县召开了全区畜牧业现场会。统计数据显示，1994 年岢岚县养羊产业又创好成绩，养羊发展数达到 26 万只，比上年增长了 8.5%，农业人口人均养羊达 4 只，继续保持山西省第一。岢岚县养羊产业规模经营的发展不仅进一步推动了养羊总数的增加，而且还使农村经济也发生较大变化：第一，1994 年度农民每百元纯收入有 56.6 元来自畜牧业，养羊业在农村经济中的支柱性地位更加明显；第二，养羊业带动了以畜牧产品系列加工为主体的地方工业发展；第三，养羊业的发展更是带动了脱贫工作的推进，岢岚县先后有61个村、3500户、15700人靠养羊脱了贫。

1995年7月26日至27日，国务院扶贫办公室主任杨钟由山西省人民政府副秘书长王可福和忻州地区行署专员李英明陪同检查指导岢岚县扶贫工作，实地了解以发展畜牧业为脱贫突破口等有关情况，并强调指出，对无羊户要解决资金帮助发展养殖业，使扶贫资金真正覆盖到贫困户，加速脱贫致富的步伐。

1996年11月12日，为了加大扶贫攻坚力度，岢岚县县委从县直党政机关中选派33名优秀年轻干部到30个贫困村和3个企业担任村党支部书记、副书记、村委主任、副主任和企业的班组长挂职锻炼，任期1—2年。这批同志平均年龄27.8岁，均为中专以上文化程度，下派期间有明确的工作目标和任务。资料显示，同年12月8日，中共山西省委驻岢岚县扶贫工作队围绕扶贫攻坚目标，办了五件好事：第一，为驻村落实了12项温饱工程，向上级争取各种扶贫贷款500余万元；第二，宣传科技，动用科技扶贫，促进了农科技术转化，共举办了18期科技培训班，培训农民2840人，免费为村民订阅了科技报刊，积极引进推广农牧业优良品种；第三，助资兴教，改善办学条件，扶贫工作队投资20.9万元兴建了2所学校和1所中学，维修校舍9所，捐赠桌椅301套，图书1300册；第四，狠抓基础设施的改善，山西省政府机关事务管理局筹资14.5万元帮助大巨会村修通4公里柏油路，山西省体委、轻工总会、储备局分别为驻村购置水泵，修复水利设施；第五，献爱心、送温暖，捐款捐物近10万元扶贫济困，帮助农民推销各类农副产品近50万公斤。

1998年，岢岚县在全县范围内开展城乡居民最低生活保障工作，县政府出台了《岢岚县城乡居民最低生活保障制度》及《实施细则》，核定岢岚县居民最低生活保障线为每人每月70元。

5. 多措并举、多元扶贫阶段（2001—2012 年）

由于地理条件相对较差，经济基础薄弱，加之 1997—2001 年连续五年干旱，岢岚县农民年人均纯收入仅为 488 元，全县 12 个乡镇中的 10 个乡（镇）整体返贫，贫困村 246 个，涉及 1.5148 万户，6.4491 万人，山西省委、省政府于 2001 年再次核定将岢岚县列为国定贫困县、扶贫开发重点县。

2003 年 10 月，岢岚县全面启动农村特困户救助工作，实行最低生活保障，救助标准为每人每月发放白面 15 公斤。2004 年 3 月，岢岚县成立明德奖学金执行委员会，该奖学金由环球私人信托公司向中国青少年发展基金会投资建立的公益性组织，在全国范围内资助农村品学兼优的青少年，旨在使其不因家庭经济困难而失学。这一奖学金连续资助五年，每年在岢岚县资助小学生 50 名，每人 200 元；初中生 15 名，每人 600 元；高中生 15 名，每人 900 元；大学生 3—5 名，每人 4000 元。同年 5 月，岢岚县在位于县城西 2.5 公里兴建占地为 3.3 公顷的漪惠园扶贫移民新村。该新村计划迁入阳坪、水峪贯、宋家沟等 7 个乡（镇）、235 户、839 口人。新村规划住宅 504 间，每间占地 58.8 平方米，占地面积 26611.2 平方米，建筑总面积 10080 平方米。

2005 年 5 月，岢岚县政府出台了《农村特困人口大病医疗救助实施办法》。救助对象为农村五保户、农村低保户、不享受公费医疗待遇的特困优抚对象、严重残疾难以维持正常生活的贫困对象，以及多年因大病困扰无力医治的贫困对象和因灾得病或因事故造成的贫困对象。第一批享受救助对象 150 人，每人发放救助金 1000 元，共计发放救助金 150 万元。同年 7 月 19 日，时任山西省委副书记、省长于幼军和省政府秘书长李政文、副秘书长王清宪在市委领导吕德功、耿怀英、温福亮的陪同下到岢岚县调研。于幼军一行深入暖神绒毛精品有限公司、岚漪公园、高家会乡无公害红芸豆标准化栽培示范园区等进行实地考察，对岢岚县生态型的市政建设和通过"羊"（养羊）

加"豆"（红芸豆种植）模式解决农民脱贫的做法给予了肯定。

2006年6月1日，岢岚县城镇大病医疗救助暂行办法开始实施。城镇居民大病医疗救助对象主要是已纳入城镇低保范围的困难家庭成员和其他城镇困难居民。同年10月，岢岚县农村特困人口大病医疗救助方案开始实施，救助对象为五保对象、特困户家庭成员、享受最低生活保障的贫困户家庭成员、在乡不享受公费医疗的重点对象及其他贫困对象，享受标准原则上一次性救助金额不超过2000元，全年累计救助金额不超过5000元。同年12月，岢岚县困难企业职工大病医疗救助办法开始实施，资金起付标准为3000元，最高限额为20000元，给付标准按"分段计算、累计支付"的办法：3000—10000元，救助标准为50%；1000—20000元，救助标准为60%。

6. 精准扶贫、精准脱贫阶段（2013—2017年）

2015年上半年，岢岚县委、县政府高度重视扶贫开发工作，成立岢岚县扶贫开发工作领导组，各乡镇也成立了相应的扶贫领导小组，并且层层签订责任书。岢岚县认真组织开展建档立卡"回头看"工作，制定了《岢岚县建档立卡"回头看"实施方案》，精确分解职能、加强宣传培训，做到规范识别、按程序执行。截至2015年8月，岢岚县识别出贫困村116个，贫困户7965户，贫困人口18818人，减少贫困人口4820人；持续开发以羊为主的"一县一业"和以豆为主的"一村一品"，加大对移民群众产业开发的财政贴息支持力度，建设了红芸豆、马铃薯、优质谷、干鲜果等10个特色农业科技示范园区，对7个企业进行了百企千村扶贫开发；新建广惠园移民三期工程，占地22.59亩，建设移民住宅楼4栋288套，可安置移民1100多人；抓好金融扶贫，投入金融风险保证金700万元；教育扶贫和雨露计划投入补助资金33万元，开展了新型职业农民培训、千村万人培训和科技扶贫培训工作，培训贫困村中的贫困群众2340余人。

2016年8月，岢岚县12个乡镇对建档立卡工作全部开展了"再回头看"，再一次对建档立卡贫困户进行全面核查，识别出 331 户 758 人，截至同年 9 月，97 个贫困村落实了中央、省、市、县对口帮扶驻村第一书记，7 个省直单位、17 个市直单位派出扶贫工作队进村帮扶，全县 95 个单位 3300 名干部驻村结对帮扶。总结形成精准脱贫"4433"工作法，即：四步骤精确识别、四清单精准管理、三到户精准帮扶、三验收精准脱贫；出台易地扶贫搬迁十三五规划，绘制出全县"易地搬迁规划图"，成立易地搬迁指挥部；以种植业、养殖业、企业带动、光伏扶贫等产业引领带动脱贫，全县参与产业扶贫的企业达到 22 家，在 6 乡 10 村实施光伏发电项目，分别建设 100 千瓦发电站 1 座；规划整体实施九村连片整治旅游扶贫开发项目；投入专项资金 50 万元，彩票公益金项目资金 2000 万元，辐射带动一镇三乡 61 个村 1557 贫困户 3955 贫困人口增收；生态扶贫过程中，有 350 个贫困人口参与项目建设，退耕还林补助涉及贫困户 3875 户，聘用 6 名贫困人口作为专职护林员，吸纳 80 余名贫困群众务工，注册林业专业合作社 29 个；通过教育培训造血扶贫，增加教育教学基础设施投入，并为贫困家庭学子提供学前教育、义务教育、高中、本专科及研究生等教育补助，为 1240 名有培训意愿的贫困群众提供教育培训补助；发放金融富民贷款资金 557.72 万元，其中建档立卡贫困户 85 户，贷款 370.17 万元，涉及能人大户 19 户，贷款 187.55 万元；从医院建设、社会保险、危房改造方面开展社会兜底保障脱贫，开展了建档立卡贫困人口因病致贫、因病返贫调查，采集患大病贫困人口 869 人、患长期慢性病贫困人口 2076 人，社会保险对全县 7410 户、9226 人农村低保对象全覆盖，提高农村低保标准，投入 60 万元为贫困户注册大病医疗补充保险与意外伤害保险，加大贫困村、贫困户危房改造力度，每户补助 1.4 万元的标准，全年实施农村危房改造 663 户。

2017 年 6 月 21 日，习近平总书记考察山西，来到忻州市岢岚县赵家洼村，走访慰问深度贫困群众，肯定了岢岚县通过易地扶贫搬迁改善村民生活条件的思路。截至 2017 年 6 月，岢岚县创新了五种搬迁模式（1+8+N），推进移民搬迁力度。精准锁定2017年搬迁贫困人口983户2953人，同步搬迁57户、144人。采取县城集中安置、中心村安置和分散安置三种办法，形成城乡互动、就近安置、村企合作、旅游带动、军地共建五种搬迁模式，在广惠新村新建移民住宅楼10栋720套，结合消化去库存74套，安置3人及3人以上移民搬迁户2684人；依托乡村生态旅游、种植园区、养殖园区和工业园区的区位优势，结合特色风貌整治，集中打造王家岔村、宋家沟村、阳坪村、团城村和三井村5个中心村，安置102户177人；分散安置144户236人。此外，在各乡镇所在地建设日间照料中心，安置1人户330人。

7. 巩固脱贫成效阶段（2018年至今）

2018年，县委、县政府深入贯彻落实习近平总书记关于扶贫工作的重要论述，深入贯彻落实中央、省市脱贫攻坚工作安排部署，扎实实施全县"3169"脱贫攻坚行动纲领，严格实行"天天到现场"到村工作制和入户工作法，实现8438户、20029人脱贫，116个贫困村全部退出，贫困发生率下降到0.38%，为消除绝对贫困、实现全面小康、推进乡村振兴打下坚实的基础。

（二）致贫原因：区域性贫困与县域贫困因素分析

岢岚县地处吕梁山集中连片特困地区和生态脆弱区，是山西省扶贫开发重点县、国家级贫困县，深度贫困和生态脆弱是区域发展两大难题。国土总面积1984平方公里，现辖2镇10乡141个行政村（原有行政村202个，整村搬迁销号61个），总人口8.61万人，其中农业人口6.3755万人。

从贫困人口的分布来看，岢岚县建档立卡贫困人口8535户、20271人，贫困发生率31.8%，其中县城建档立卡贫困人口439户、885人，占贫困总人口的4.37%，贫困发生率11.8%，北川建档立卡

贫困人口 2004 户 4665 人，占贫困总人口的 23.01%，贫困发生率
23.5%，其他三个川建档立卡贫困人口 4969 户、12085 人，占贫困人
口总数的 59.62%，贫困发生率 43.91%，呈现出越是山大沟深的区域
贫困人口相对越多、贫困发生率也越高的贫困局面，可谓"一方水
土养活不了一方人"。这些区域的共同特点主要有以下几个方面：地
处偏远、交通不便、资源匮乏、生态脆弱、沟壑纵横、土地贫瘠、不
宜规模化机械化生产、生产成本高，就业渠道单一、收入来源少、基
础设施和基本公共服务条件极差。人口流失，农业萎缩、农村凋敝现
象严重，"偏、小、穷、陋、散、空"是大部分村庄的主要特征。这
些地区缺乏智力支撑发展现代农业，引进产业、发展产业难度大，农
村自我发展能力弱，贫困程度深，脱贫难度大，是脱贫攻坚战最难
"啃"的"硬骨头"。

表 1-1　岢岚县贫困村名录

乡镇	村名	乡镇	村名	乡镇	村名
岚漪镇	羊应子	阳坪	任家会	王家岔	闫家沟
岚漪镇	王现庄	阳坪	水窑沟	李家沟	前牛栏
岚漪镇	向阳	阳坪	毡匠沟	李家沟	后牛栏
岚漪镇	南山	阳坪	新窑	李家沟	黄土坡
岚漪镇	道生沟	阳坪	舍窠	李家沟	霸王山
岚漪镇	天桥洼	阳坪	弥佛沟	李家沟	胡家洼
岚漪镇	前曹湖	阳坪	赵二坡	李家沟	暖泉湾
三井镇	张义庄	阳坪	田家湾	李家沟	圪辽
三井镇	南川	阳坪	石河沟	李家沟	水草沟
宋家沟	东沟村	阳坪	松井	大涧	梁家店
宋家沟	木家村	阳坪	石窑坪	大涧	何家湾
宋家沟	吴家岔	阳坪	坝湾	大涧	寺沟会
宋家沟	西口子	阳坪	中寨	大涧	闫家庄
宋家沟	田家湾	神堂坪	大营盘	大涧	官庄
宋家沟	七眉	神堂坪	岔上	大涧	第二沟
宋家沟	十里岩	神堂坪	山神庙	水峪贯	桑洼
宋家沟	石盘	神堂坪	王火沟	水峪贯	长塔
宋家沟	走道峁	神堂坪	深山岩	水峪贯	补子梁

续表

乡镇	村名	乡镇	村名	乡镇	村名
宋家沟	马跑泉	神堂坪	黑峪村	水峪贯	后 山
宋家沟	东口子	神堂坪	五秀村	水峪贯	张家沟
宋家沟	燕家村	温 泉	贺家沟	水峪贯	草滩坪
宋家沟	北方沟	温 泉	田家崖	水峪贯	岔 石
高家会	阴家庄	温 泉	山神堂	水峪贯	寨山沟
高家会	席麻会	温 泉	党家崖	水峪贯	维 塔
高家会	团龙沟	温 泉	付家洼	西豹峪	谢家坪
高家会	天 洼	温 泉	雷家坪	西豹峪	白家湾
高家会	上川坪	温 泉	土鱼坪	西豹峪	田家沟
高家会	后 会	温 泉	咸 康	西豹峪	山庄头
阳 坪	大赵家洼	王家岔	朱家湾	西豹峪	井 条
阳 坪	小赵家洼	王家岔	寇家村	西豹峪	长 水
阳 坪	骆驼场	王家岔	楼房底	西豹峪	松林坪
阳 坪	下 寨	王家岔	辛家湾	西豹峪	油家沟
阳 坪	宋木沟	王家岔	黄土坡	西豹峪	王昌沟
阳 坪	沙会湾	王家岔	武家沟	西豹峪	甘 钦

资料来源：岢岚县政府提供。

二、发展与冲突：贫困要素概述

（一）农村生计：发展产业的困境

岢岚县位于晋西北黄土高原中部，是忻州市的版图大县、人口小县，属国务院确定的吕梁山集中连片特困地区和全省扶贫开发重点县。岢岚是著名的革命老区，抗战时期，岢岚是山西临时省委的诞生地、晋绥抗日根据地的发祥地，曾被毛主席赞誉"岢岚是个好地方"。其次，岢岚也是全省国防大县，境内有25个基地，是全省国防重地和最大的驻军县。此外，岢岚县还是晋陕蒙周边重要的交通枢纽，位于晋陕蒙三省区交界区域，地处西部能源金三角资源东运的战略要道。同时，岢岚也是晋西北重要的煤炭运销集散地，依托宁岢瓦铁路线，以及五保高速、临岢高速、209 国道、岢保公路贯穿全境的交通优势，建设完善了安塘煤炭加工运销集中区、岢岚站煤炭集运区、宋家寨煤炭运销加工园区，建成 8 个双万吨列煤炭集运站，年发运能力 3000 万吨。公路经销企业 8 户，年经销能力 200 万吨。"十二五"期间，煤炭物流上交税金占财政总收入的 20% 以上，特别是 2011 年、2012 年分别占到 70% 和 55%。最后，岢岚县还是文化旅游胜地，境内分布荷叶坪万亩高山草甸、国家级森林公园、蜿蜒 30 公里的宋长城，以及毛主席路居馆、卫星发射中心为代表的红色基地，是中国避暑休闲百佳县之一。

2001 年 3 月 27 日，岢岚县委召开常委扩大会议，通过了撤乡并镇的有关规定，原全县 18 个乡镇，合并为 12 个乡镇。现岢岚县下辖 2 镇 10 乡，分别为：岚漪镇、三井镇、宋家沟乡、王家岔乡、神堂坪乡、高家会乡、李家沟乡、西豹峪乡、水峪贯乡、阳坪乡、大涧乡、温泉乡。全县国土总面积 1984 平方公里，其中耕地 78 万亩，林地 179 万亩，森林覆盖率 18.51%，农民人均耕地 7.056 亩，境内以山地和丘陵为主，平均海拔 1443 米。山多地薄，又无矿产，岢岚是典型的农业县。

岢岚县的传统产业包括绒山羊养殖、红芸豆及沙棘种植等。

首先，岢岚是中国晋岚绒山羊之乡。历经 30 年培育的"晋岚绒山羊"2011 年通过国家认证，成为全国第三个绒山羊新品种，也是山西省牛羊业唯一的国家级品牌。截至"十二五"末，全县羊饲养量达到 70 万只，畜牧业总产值近 4 亿元，人均畜牧业纯收入达到 2618 元。畜牧业五项指标连续保持全省第一，是名副其实的"三晋绒山羊第一县"。

其次，岢岚县还是中华红芸豆之乡。岢岚地处晋西北高寒山区，农田面积广阔，土层深厚，气候凉爽，种植以豆为主的小杂粮具有得天独厚的优势。经过 20 年培育发展的中华红芸豆渐成气候，具有颗粒硕大饱满、色泽鲜艳、味甘性温、高钙低糖、高纤维低脂肪、营养丰富等特点，2010 年被全国粮食协会授予"中华红芸豆之乡"殊荣。岢岚红芸豆远销德国、法国、比利时、荷兰、意大利、俄罗斯以及印度和巴基斯坦等国，出口量约占全国的三分之一。2011 年被国家质检总局命名为"出口红芸豆质量安全示范区"，岢岚县成为全国重要的红芸豆种植生产基地和加工出口基地，县内扶持发展了炜岚工贸、芦芽春、绿源科技等企业，"十二五"期间红芸豆出口创汇收入高达 3280 万美元。

最后，岢岚县还是沙棘资源开发大县。从 20 世纪 80 年代开始对沙棘进行开发利用，逐步从食用转向药用，不断扶持沙棘加工企业发展。

岢岚县的产业发展有两种特点，一是依托于本地的自然资源，二是依托于本地的农业资源。在发展中，工业化资源和外来市场能力不足，面临稳健发展的困境。

（二）贫困村分布：均衡互补的扶贫发展

岢岚县由于地处黄土高原中部、吕梁山区深处，这里山大沟深、坡陡地瘠，全县近一半村庄散落在沟壑边缘，生活条件十分恶劣。岢岚县总共识别出 116 个贫困村，分布于县内 12 个乡镇，其中以阳坪、宋家沟和西豹峪三个乡贫困村分布数量最多，三井镇贫困村分布最少。

以宋家沟村为例，宋家沟村是岢岚县宋家沟乡政府所在地。过去，宋家沟村的山水都没有生机，四分之三的土地是陡坡地。作为岢岚县易地扶贫集中安置点之一，从 2017 年起，宋家沟村先后承接安置周边 14 村 145 户 265 人。按照全县易地扶贫搬迁安置规划，宋家沟村 81 处废弃衰败的房屋被政府收储回来，新建移民安置房，206 户旧屋、15 处公共建筑得到翻新改造，全村实现了水电路畅通、讯视网覆盖，学校、卫生院、文化广场、图书室、党员活动室、超市、饭店、公共澡堂等公共服务设施配套齐全。此外，通过"荒山造林、光伏产业、退耕还林、土地复垦"等扶贫工程的项目覆盖，宋家沟实现了搬迁安置和旧村提升的完美统一，发展了蓬勃的旅游业和各项产业，在脱贫攻坚中脱胎换骨，一跃成为岢岚县有特色风貌、特色资源、特色文化的示范村、样板村。截至 2018 年底，宋家沟全村人均可支配收入 7791 元，贫困人口全部稳定脱贫，贫困村达标退出。如今的宋家沟已经成为国家 AAA 级景区、全国乡村旅游重点村、山西省 100 个旅游示范村、山西省"省级卫生村"。

三、致贫原因分析

本部分侧重分析 2014—2018 年建档立卡贫困户致贫原因，主要从以下两方面进行分析。

（一）建档立卡贫困村、贫困户脱贫情况

岢岚全县建档立卡识别贫困村 116 个，贫困人口总规模 8535 户、20271 人，贫困发生率为 31.8%。2014—2015 年脱贫 1792 户 4927 人，2016 年脱贫 506 户 1319 人，2017 年脱贫 3435 户 7931 人（包含 2016 年返贫 2 户、2 人），2018 年脱贫 2705 户 5852 人（包括 2016 年返贫 6 户、16 人，2017 年返贫 2 户、6 人）。截至 2018 年底，全县 116 个贫困村全部退出，县摘帽 14 项指标全部达标，累计脱贫 8438 户 20029 人，未脱贫 97 户 242 人，贫困发生率下降至 0.38%。2019 年脱贫 86 户 216 人（包括 2017 年返贫户 1 户、1 人），截至 2019 年底累计脱贫 8524 户 20245 人，未脱贫 23 户 49 人，贫困发生率 0.08%。

表 1-2 2014—2019 年岢岚县建档立卡贫困户年度脱贫情况

	2014—2015 年	2016 年	2017 年	2018 年	2019 年	累计
户数	1792	506	3435	2705	86	8524
人数	4927	1319	7931	5852	216	20245

数据来源：岢岚县政府提供。

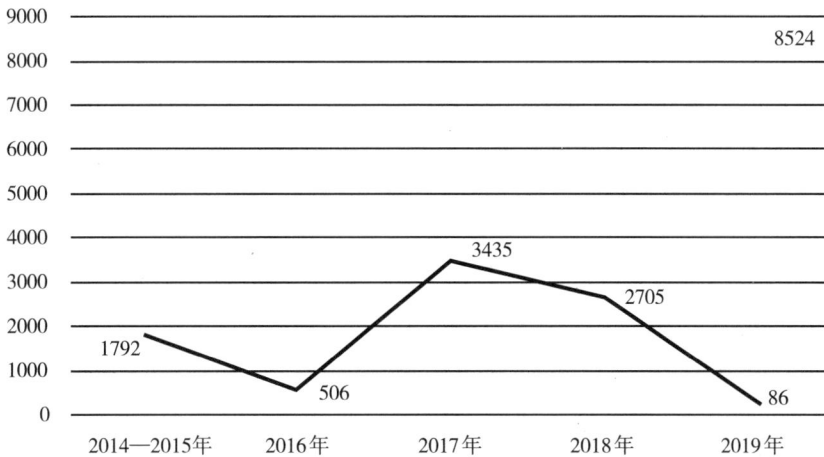

图 1-1 脱贫户数图（2014—2019 年）

数据来源：岢岚县政府提供。

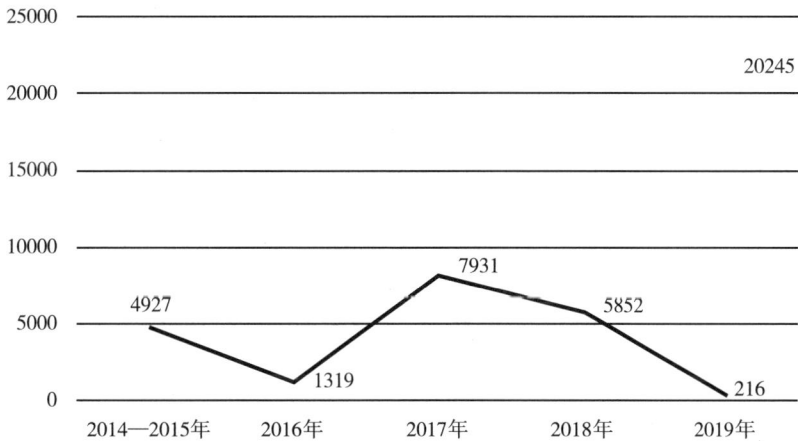

图 1-2 岢岚县脱贫人数示意图（2014—2019 年）

资料来源：岢岚县政府提供。

（二）建档立卡贫困户致贫原因

从贫困户的属性看，主要有以下几种情况：一般贫困户有3490户、9659人，占贫困户总数的40.9；低保贫困户4270户、9753人，占贫困户总数的50.02%；五保贫困户775户859人，占贫困户总数的9.08%。从主要致贫原因看：因病致贫1455户、3154人，占比17.04%；因残致贫981户、2188人，占比11.50%；因学致贫306户、1164人，占比3.60%；因缺资金致贫2466户、6836人，占比28.90%；因缺劳力致贫1890户、2769人，占比22.10%；因缺技术致贫1148户、3406人，占比13.50%；因缺土地致贫197户、514人，占比2.30%；其他原因致贫92户、240人，占比1.07%。总体来看，缺资金（28.90%）、缺劳力（22.10%）、因病（17.04%）、缺技术（13.50%）、因残（11.50%）是岢岚县建档立卡贫困户致贫的五个主要因素，因学（3.60%）、缺土地（2.30%）及其他原因（1.07%）是相对较少部分贫困户致贫的原因。

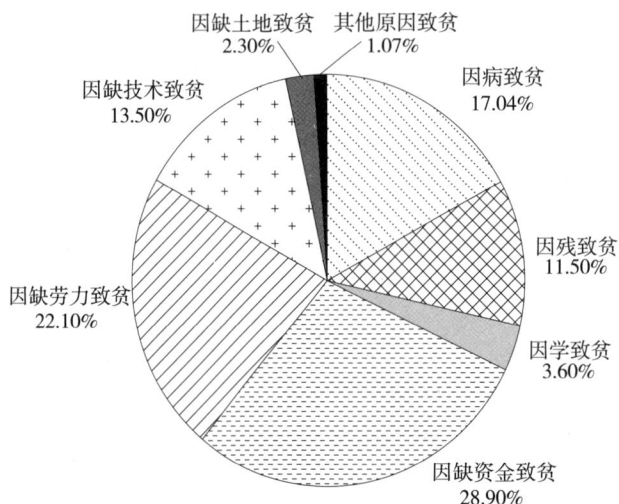

图1-3 岢岚县建档立卡贫困户致贫原因示意图

资料来源：岢岚县政府提供。

截至 2018 年底,在岢岚县 97 户、242 名建档立卡未脱贫人口中,11 户贫困户家庭中至少有两个孩子在高中或大学读书,家中劳动力较少,因学刚性支出较大,收入不稳定未脱贫;有 34 户贫困户家庭成员患有癌症等重大疾病,虽享受医疗救助政策,但刚性支出较大,再加上要照顾病人,家庭收入较低未脱贫;有 37 户贫困户家庭成员是残疾或患有慢性病,丧失了劳动能力,需要人照看,家庭收入较低未脱贫;有 7 户贫困户生活不能自理,无劳动能力,虽享受低保、五保政策,但家庭收入较低未脱贫;有 3 户为 2018 年第四季度因病新识别的贫困户;有 3 户家庭 2018 年因发生意外事故,开支较大未脱贫;有 2 户因外出住房未改造提升,住房不达标未脱贫。综合来看,97 户、242 名未脱贫的主要原因是,贫困程度深,多种致贫原因交错,因病、因残、因学、无劳动能力是造成未脱贫的主要原因。

■ 小 结

人类为什么会贫困?这是一个持续了几个世纪的问题。人类如何战胜贫困,讨论的文献也是数量颇多。对于岢岚县,就其贫困谱系的历史脉络、其面临的地理资源和文化经济困境而言,主要是解决人的角色问题,即人在脱贫攻坚中的角色如何安置?一方面是贫困问题中的贫困户,用何种方式可以让他们与正常的社会发展轨迹吻合;另一方面是政府在贫困户的脱贫过程中扮演什么角色?非贫困户与贫困户,如果在社会体系中共同对话,他们如何获得相容性发展?再加上地域性贫困与发展问题,其中的贫困逻辑就凸显出来了:就岢岚县总体的社会经济发展而言,获得发展,意味着要应付贫困问题,应对贫困问题,则需要长远考量如何发展经济。作为个体的人与作为一个区域的经济发展,脱贫攻坚之间的关系如何协调呢?岢岚县在探索中逐渐走出了自己的路,在下一章节的叙述中,我们将会慢慢探索这一条道路的形成过程。

第二章

三位一体——观念、制度与
人才的脱贫保障机制

脱贫攻坚，这一中央政府自上而下的工程，开启了岢岚县的一段新的社会发展历程。这一段历程，也注定会给岢岚县的历史带来意义浓厚的一笔。这具有浓厚意义的一笔，是在县委县政府和乡镇村级基层干部、各级扶贫队伍和村民的共同协作中完成的。岢岚县紧紧围绕"两不愁三保障"目标，坚持以脱贫攻坚统揽经济社会发展全局，党政齐抓，全民动员，注重顶层设计，精准规划脱贫路径，夯实脱贫基础，务求脱贫实效。

岢岚县的主要做法是：以政治引领激发内生动力保障脱贫质量、以机制优先构建五大体系夯实脱贫攻坚基础，最后以四轮驱动精准破解深度贫困。

一、政治引领：激发内生动力保障脱贫质量

岢岚县政府全面加强党的领导，把抓好基层党建作为推进脱贫攻坚的有效引擎，细化分解学习贯彻习近平总书记视察山西重要讲话精神 28 项任务，围绕实施"3169"脱贫攻坚行动纲领，采取了一系列有效措施。

首先，构建书记抓脱贫攻坚责任体系。实行县委书记县长双组长负责、县委副书记常务副县长双协同落实、纪检组织部门双督核保障的脱贫攻坚责任制度，层层签订责任状。推行"四步骤"精准识别、

"四清单"精准管理、"三到户"精准帮扶、"三验收"精准脱贫的"4433"工作法，严格包乡县领导"三天两夜"、扶贫干部"四天三夜"常态化驻村制度。坚持一周一盘点、一旬一督核、一月一验靶、一季一考核，推动全县3321名扶贫干部扎根一线、挂图作战、现场施工。

其次，构建基层组织服务脱贫攻坚工作体系。成立八个片区工作组，组建24个行业扶贫办公室，为乡镇、农村、脱贫攻坚平台增派干部384名。推进基层组织、基础工作、基本能力"三基"建设，落实"并村简干提薪招才建制"综合措施，开展基层党组织阵地建设升级达标、驻村干部能力提升、乡土人才领头、壮大农村集体经济、典型示范引领等"十个专项行动"，构建县、乡、村一体化服务体系，提高基层组织和广大党员干部服务脱贫攻坚的能力和水平。

再次，构建支部带动贫困户增收的利益联结体系。推行"支部+企业+基地+合作社+农户"运行机制，推动农村党员领办86个合作社、119个基层组织联结帮扶11462名贫困人口人均增收1331元，形成乡乡有特色、村村有做法、户户有产业的局面①。

概括而言，岢岚县的具体措施过程构成了一个较好的体系。具体而言，就是筑强战斗堡垒、推行"4433"工作法、天天到现场进村几户、扶贫一线选用干部导向和六策联动激发内生动力。

（一）筑强战斗堡垒

把抓党建促脱贫作为最大政治责任，开展"十个专项行动"，抓"两委"班子建队伍，强化骨干力量，筑强农村战斗堡垒，为打赢脱

---

① 参见中共岢岚县县委、岢岚县人民政府文件：《突出五项举措 趟出五条路子——岢岚县打好精准脱贫攻坚战的实践探索》。

贫攻坚战奠定基石。探索建立"党建+"模式，注重发挥产业发展的政治引领作用，党委引领、支部牵头、党员示范、联结协作、集约开发等模式。分解落实学习贯彻习近平总书记视察山西重要讲话精神28项任务，深入开展"脱贫摘帽怎么干"思想大讨论和连续三个"作风建设年"活动，探索"党建+"扶贫机制，扎实开展基层阵地达标升级、驻村干部能力提升、壮大农村集体经济、乡土人才示范引领等"十个专项行动"，培训基层干部46期3659人次、农村"领头雁"4期3484人次，培养132名致富带头人、回归人才和下派干部成为农村支部书记，推动80%的村级组织活动场所达到了"5个方面、34个有"标准，形成乡乡有特色、村村有做法的扶贫开发局面。

通过"党建+产业"，发展壮大村集体经济，全县行政村集体经济全部"破零"，其中5万元以上的村达99个，占行政村总数的70.2%。"党建+能人"开展"六带头六示范"活动，帮助贫困户找穷因、寻良方、挖穷根，发挥党员致富、帮富、带富作用，目前党员领办合作社86个，直接带动273户贫困户脱贫。

（二）推行"4433"工作法，构建作战流程体系

围绕解决好"扶持谁""谁来扶""怎么扶""如何退"的问题，主要有如下做法。

一是"四步骤"精准识别，按照国家贫困认定标准，采取"农户申请、民主评议、公告公示、登记造册"四个步骤精准识别扶贫对象；二是"四清单"精准管理，将农户按一般贫困户、困难户、兜底户、边缘户、中等户、富裕户6个类别精准分类，为每个贫困户建立"农户需求、帮扶措施、目标时限和责任兑现"四个清单，建立一户一档资料，依托大数据平台，对接信息库、资金库、项目库、人才库，形成县乡村三张图、农户三本账、一户一个明白卡的线上

线下精准衔接管理体系；三是"三到户"精准帮扶，对标"两不愁三保障"，坚持"一户一策一干部"精准施策，运用"两报两议"做法，采取"两图两表四清单"任务兑现办法，推动项目安排、资金使用、帮扶措施精准到村到户到人；四是"三验收"精准脱贫，实行"村初验、乡审核、县审定"操作规程，分类落实贫困户"534"、贫困村"533"验收退出机制，严格标准逐户销号、梯次退出。同时，坚持摘"帽"不摘政策，持续强化保障，确保稳定脱贫。

（三）天天到现场进村入户

围绕营造出人人用心、个个发力、项项落实、事事办好的脱贫攻坚氛围。将现场感带入扶贫工作的每个细节的实施中。

一是层层压实责任。实行县委书记县长双组长、县委副书记常务副县长双协同、纪检组织部门双督核的工作机制，建立脱贫摘帽"天天到现场"到村工作制和入户工作法，压实包乡县领导、乡镇干部、包村乡干部、第一书记、驻村工作队员、村"两委"干部、帮扶责任人和督核组干部"八方责任"，每周日召开一次领导小组例会，每半月下发一个"脱贫摘帽任务清单"，做到一周一盘点、一旬一督核、一月一验靶、一季一考核，确保包乡包村包户干部挂图作战、现场施工、一线攻坚、兑现任务。

二是优化三级一体服务。县城建成集政务服务、数据平台、乡镇代办为一体的脱贫攻坚服务中心，乡镇按照"十有"标准完善12个乡镇便民服务中心，农村建立"六有"行政村便民服务站141个，全县建起"包乡领导+乡镇+行业办公室+专项工作组"微信交流服务组群，通过落实线上线下"一站式"服务流程和机制，形成县乡村三级一体化服务体系。

三是强化激励引导。落实"两包三到"责任制、分类考评制和

"三表一账一记"（针对农村第一书记和驻村干部落实考勤签到表、考核登记表、鉴定评价表、工作台账、扶贫日记）管理制，运用精神鼓励、晋升勉励、资金激励、经济奖励"四项正向举措"，实行通报、表态、淘汰、问责"四项倒逼办法"，形成硬责任、硬导向、硬作风，确保责任落地见效。

四是加强督核问效。抽调40名干部组成4个专项督核组，查事查人，问责问效，采取"四不两直"的方法，对脱贫攻坚工作推进情况进行督查巡查，县脱贫攻坚领导小组每月进行现场验靶，对阶段工作进行现场验收，现场发现问题，现场评价，现场推进提升。2018年以来，召开脱贫攻坚例会62次，下发脱贫摘帽任务清单26个，表彰奖励扶贫干部430人次，宣传典型事例52人70例，督查整改问题960条，通报典型问题58个，约谈干部129人。

五是加强督查管理。书记、县长以身作则，挺在一线、干在一线，带头干、带着干，抓落实、抓施工、抓进度、抓质效，持续"天天到现场"到村工作制和入户工作法，开展"两帮两验、两学两改、两训两评"活动，567名副科以上党员、459名"两代表一委员"、111名到乡挂职干部、120名第一书记，全部挺在一线、力量沉在一线、精力投在一线、工作干在一线。具体实施步骤如下。

1. 到村做到"四到"

（1）到产业项目基地去。了解产业项目实施情况、产业增收情况、利益联结机制建立情况、带贫情况，对照"村有产业、有带动企业、有合作社、贫困户有项目、有劳动能力"一村一品一主体"五有"标准，研判有带动农民稳定增收的特色产业、集体经营性收入破零两项指标是否达标，同时指导种植、养殖、加工园区的项目建设，指导建立利益联结机制，帮助解决产业项目实施过程中遇到的实际困难。

（2）到基础设施、公共服务点上去。对标查看路、水、电、网、房等基础设施，对标查看学校、村卫生室、文化活动场所等公共服务设施，认真研判，找准存在的问题，制定整改措施，限时逐项销号清零。

（3）到脱贫攻坚阵地去。看建设质量，查阅资料，看识别、帮扶、退出资料是否齐全，工作程序是否到位；查阅账目看村集体经营性收入是否稳定破零，转移支付资金使用是否符合规定，看到户奖补资金是否及时到户；查阅项目资料，看项目手续是否齐备，看资金拨付是否及时，看项目实施是否公开公示。

（4）到田间地头或群众聚集的场所去。开展民意调查，了解干部到岗情况，了解对扶贫政策知晓情况、对脱贫攻坚工作满意程度，与群众交心交友，把政策宣传到位，向群众问计问策。

2. 入户工作"4434"法

（1）入户"四问"。一问衣食冷暖，问群众家庭成员状况，主要收入来源，家庭成员身体状况等，全面掌握群众的生活现状，研判两不愁实现了没有；二问突出问题，从住房需求、医疗卫生、教育培训、安全饮水、就业务工、出行等方面，询问群众在生产生活中遇到的问题，看政策落实到位了没有；三问产业发展，问农田、山林、种养等发展基础状况，生产经营状况，发展打算，帮扶情况，全面掌握群众的致富路子，测算人均可支配收入稳定超过国家扶贫标准了没有；四问建议意见，向群众广泛征集基础设施、民计民生、社会治理、干部作风、社会热点等方面的意见建议，全面掌握群众的困难诉求和思想动态，看群众满意了没有。

（2）入户"四看"。一看住房，看房屋危不危，看面积够不够，看院子整洁不整洁，看屋内干净不干净；二看粮仓有没有余粮，看衣柜有没有换季换洗的衣裳，看家电家具有没有，看饮水困难不困难；三看户口簿、身份证与户资料信息一致不一致，看扶贫手册填写规范不规范，贫困户明白卡、帮扶政策牌齐备不齐备，线上数据、线下资料与贫困户实际统一不统一；四看贫困户的致贫原因清不清，帮扶措施准不准，帮扶成效明不明，群众满意不满意。

（3）建立"三本账"。通过"四问四看"，一是建立研判台账，对标户脱贫标准，逐户逐项研判，认真分析，找准存在问题，建立研判台账；二是建立整改台账，对照研判问题，制定整改措施，细化实施步骤，明确达标时限，明确责任单位、责任人，建立整改台账；三是建立民生诉求台账，广泛听取群众诉求，详细记录群众需要什么，有什么困难，有什么好的建议，能解决的立即解决，不能解决的建立民生诉求台账，限时解决。

（4）开展"四送"。一送政策上门，对照家庭人员情况，讲清能享受的惠民政策，根据对账单，讲清脱贫退出的标准，讲清帮扶的措施，对照问题清单，讲清存在的问题，讲清整改提升的要求。鼓励群众自力更生，主动摒弃"等、靠、要"思想，努力改善自身生活条件。二送服务上门，根据群众的诉求，帮助解决当前急需解决的一些困难，为群众代办一些力所能及的事情。三送信息上门，充分利用电子商务服务平台和中国社会扶贫网，把贫困户的需求和困难发出去，争取得到社会的扶持，把农户的农产品信息发布出去，拓宽销售渠道，解决农户销售难的问题。四送新风上门，与群众面对面交谈，开展学习近平扶贫思想，学脱贫攻坚政策，做光荣脱贫户，做厚道岢岚人"两学两做"教育，引导群众感恩领袖关怀、感恩党的政策、感恩各级各界帮扶，引导贫困群众转观念、长志气、强本领，激励群众讲卫生、讲文明、讲诚信，形成社会和顺、邻里和睦、家庭和美好风气。

（四）树立脱贫一线选用干部导向

在脱贫攻坚一线选拔、使用、管理干部上想办法、出实招，以"四个聚焦"着力建设一支能吃苦、善作为的脱贫攻坚干部队伍，制

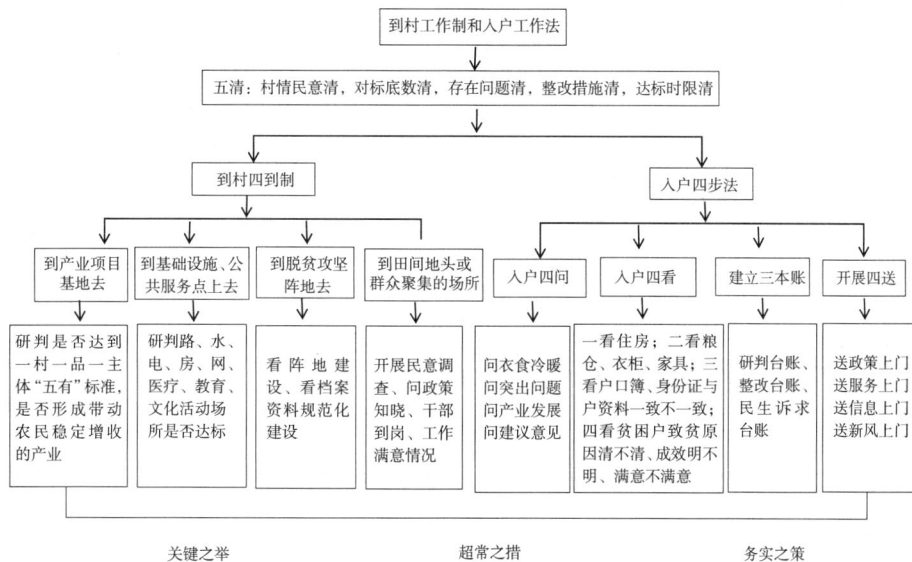

图 2-1 天天到现场、入户工作流程图

图片来源：由岢岚县政府、县扶贫办提供。

定出台《在脱贫攻坚一线选用干部的实施意见》，严把选任关口，在用人导向上聚焦脱贫攻坚。

1. 树立脱贫一线用人标准

严格按照好干部标准，突出政治标准，树立面向脱贫攻坚一线的选人用人导向，建立班子运行及干部实绩表现研判机制。县委定期对脱贫攻坚"主战场"班子运行和干部实绩表现情况进行综合分析研判，坚持把脱贫攻坚一线作为选拔使用干部的主渠道，实行脱贫分管领导、扶贫办负责人、乡镇党委署名推荐"三结合"初始提名，充分发现使用脱贫一线优秀干部。

2016 年换届后，先后提拔重用脱贫攻坚一线干部 87 人，其中驻村扶贫工作队队员 11 人、第一书记 12 人、脱贫攻坚平台 26 人、乡镇一线干部 38 人。注重脱贫一线年轻干部培养使用，12 个乡镇 124 名班子成员平均年龄 40 岁，党政正职平均年龄 44 岁，乡镇班子中 80

后科级干部 57 人，85 后科级干部 27 人。选优配强队伍，在培养锻炼上聚焦脱贫攻坚。注重一线锤炼干部。坚持把脱贫攻坚作为培养锻炼干部的"主战场"，2016 年换届选拔平均年龄 33 岁的 36 名"三类人员"进入乡镇领导班子，选派 12 名专职扶贫乡镇副职、10 名熟悉扶贫工作的科级干部到乡镇挂任党政副职。抽调 58 名干部充实到脱贫攻坚平台，将 72 名新录用机关事业单位人员充实到脱贫攻坚平台试用锻炼，从全县范围内择优选录 66 名全日制本科大学生充实到乡镇脱贫攻坚队伍，选派省市县 111 名机关干部到乡镇挂职帮扶。

2018 年，围绕"团结+战斗+出活"主题，开展了县委主要领导与乡镇党政正职集体谈话，乡镇党委与村"两委"主干集体谈心谈话活动，12 个乡镇党政正职谈心谈话 36 次，共查找出问题 191 条，乡镇与村"两委"主干谈心谈话共 261 人次，增进了领导班子团结，鼓足了班子成员干劲，激发了干部动力。

2. 加强业务培训，在能力提升上聚焦脱贫攻坚

2017 年，实施基层干部专业能力提升、干部通用能力提升、企事业管理人员思维创新等"五大"培训 51 期、4981 人次。2018 年组织 210 余名脱贫一线年轻干部到北京专题培训三期，参加省市示范培训 10 期、78 人次，开展扶贫干部四轮压茬培训 390 期、13207 人次，实现脱贫攻坚基层干部培训全覆盖，让干部吃透政策、把准政策、用好政策，切实提高做好"六个精准"的本领。坚持严管厚爱，在监督激励上聚焦脱贫攻坚。

3. 强化关怀激励

出台《岢岚县关于进一步激励广大干部新时代新担当新作为的实施意见》《岢岚县机关事业单位工作人员绩效考核管理办法》等，乡镇工作人员年度考核优秀等次比例提高到 20%，落实乡镇挂职干

部、第一书记、驻村工作队员的交通生活保障；注重运用精神鼓励、晋升勉励、资金激励、经济奖励"四项举措"激发干部干劲，2017年表彰脱贫攻坚先进个人 209 名，2018 年评选表彰脱贫攻坚"一奖双模"干部 158 名，"脱贫路上"播报先进典型 52 人、70 例，推荐评选担当作为先进个人 20 名。

4. 六策联动激发内生力

在深度贫困地区脱贫攻坚座谈会上，习近平总书记强调："扶贫要同扶志、扶智结合起来""加大内生动力培育力度""要注重调动贫困群众的积极性、主动性、创造性，注重培育贫困群众发展生产和务工经商的基本技能，注重激发贫困地区和贫困群众脱贫致富的内在活力，注重提高贫困地区和贫困群众自我发展能力"[①]。为深入贯彻落实习近平总书记的这一指示，岢岚县把精神扶贫、激发群众内生动力摆在更加突出的位置，坚持扶贫与扶志、扶智、扶能、扶德相结合，制定特色种植奖补、特色养殖奖补、中药材种植奖补、外出务工奖补"四个办法"，采取孝善基金、村规民约、流动爱心超市"三项举措"，开展"三送三促三培三带"、两帮两促两提升、洁家净院习惯养成"三项行动"。对有培训意愿的贫困人口集中进行"菜单式""订单式""定向式"培训，开展"送岗进村""送岗入户"，引导贫困户转移就业；为贫困户量身定制"支种贷、支养贷、富民贴息贷"等金融服务菜单，扶持贫困户发展生产，引导群众向全县的致富能手和脱贫攻坚先进典型学习，鼓励有劳动能力的贫困群众想干能干会干，主动向贫困宣战，奋力向小康进发[②]。

在全县干部群众中深入开展"学习习近平总书记扶贫工作重要论述，学习脱贫攻坚政策，做光荣脱贫户，做厚道岢岚人""两学两

---

① 习近平：《在深度贫困地区脱贫攻坚座谈会上的讲话》，人民出版社 2017 年版，第 19 页。

② 《山西省岢岚县精准扶贫精准脱贫调研报告》，2018 年。

做"专题活动，制定精神扶贫措施。

其一，思想教育推动。农民讲习所覆盖 12 个乡镇、141 个行政村，统筹师资 651 人，开展"宣讲、辅导、培训"等"六讲"活动 1253 场次，教育群众 24303 人次；各中小学、幼儿园开展"小手拉大手，扶贫一起走"系列主题活动 72 场次。

其二，行为奖补促动。驻村工作队帮助建起爱心超市 93 个，服务覆盖 137 个村，兑现积分人数达 7069 人次，初步形成"积分改变习惯，勤劳改变生活"的氛围。

其三，培训就业牵动。全县共举办各类农民技术培训班 17 期，培训贫困群众 590 名，累计为贫困群众提供就业岗位 130 个，农村劳动力转移就业 912 人，其中贫困劳动力 508 人。

其四，产业链接互动。制定特色种植奖补、特色养殖奖补、中药材种植奖补、外出务工奖补"四个办法"，落实以工代赈、农业水利、生态扶贫各类项目 9 个，参与项目建设贫困人口 8695 人，取得劳务报酬 2893.6 万元，人均增收 3328 元；2621 户贫困户参加了 131 个村级各类经济组织。

其五，乡风文明驱动。深入开展文化扶贫，创作了二人台小戏《脱贫路上》《马大翠扶贫》，小品《守望》，大型情景剧《情满黄土坡》，歌曲《平安岢岚》和《习总书记到咱岢岚来》等佳作，文化惠民下乡演出 24 场，完成了《我们这一年》口述史，共整理七类 28 名代表口述资料，组织脱贫故事会。开展"三送三促三培三带"、两帮两促两提升、洁家净院习惯养成"三项行动"，持续推进机关帮建、干部帮户，促进农村环境整治、促进农民移风易俗，提升农村和农民形象、提升乡村治理水平。

其六，典型示范带动。2018 年省市县共表彰先进个人（干部）505 人次，先进集体 138 个，涌现出 95 户光荣脱贫户，培育选树先进集体 24 个，典型干部 108 名。

二、机制优先：构筑五大体系
夯实脱贫攻坚基础

按照中央和省市部署，围绕岢岚脱贫基础和攻坚重任，构建脱贫攻坚五大体系，从而在机制上为岢岚县的脱贫攻坚提供了组织基础。

（一）目标规划体系

在全面分析岢岚县情的基础上，对照户脱贫、村退出、县摘帽标准，确立了三步走的作战部署：一是全力攻坚期（2016—2017年），目标是构建科学攻坚机制，落实各项帮扶措施，完成65个贫困村出列、14069人脱贫；二是决胜达标期（2018年），目标是剩余31个贫困村出列、6199人脱贫，贫困县退出14项指标全部完成，实现整体摘帽；三是巩固提升期（2019—2020年），目标是进一步加大巩固扶持力度，增强脱贫户自身发展能力，农村人均可支配收入达到8000元，生活水平、健康状况、综合素质进一步提升，实现全面小康。

（二）统筹统揽体系

把扶贫开发摆在更加突出的位置，成立脱贫攻坚指挥部，确立实施精准识贫、精准扶贫、精准脱贫三大战略。构建"党政领导、部门负责、群众主体、社会参与"脱贫攻坚统揽格局，全面抓好产业、生态、教育、健康、易地搬迁、整村提升"六个关键"，健全领导、责任、资金、项目、落实、管理、督查、考核、服务"九大体系"的"3169"脱贫攻坚行动纲领，制定《脱贫攻坚统揽全局系统工作方案及工作计划》，全面实施"十三五"脱贫攻坚规划。

（三）攻坚路径体系

对照村出列 14 项指标、户脱贫 5 项指标，结合美丽乡村建设、强农富农目标，遵循贫困户产业发展意愿和自身劳动技能特点，明确提出岢岚县脱贫攻坚"1+15"主路径，即以脱贫攻坚统揽经济社会全局，分项推进小康业、小康房、小康村、小康人、小康教育、小康卫生、小康保障、小康林、小康水、小康电、小康路、小康网、小康地、小康组织、小康策 15 个专项行动。

（四）作战流程体系

创新实施"4433"精准脱贫机制，挂图作战确保任务落实落地。"四步骤"精准识别，按照"农户申请、民主评议、公告公示、登记造册"四个步骤精准识别扶贫对象；"四清单"精准管理，为每个贫困户建立"农户需求、帮扶措施、目标时限和责任兑现"四个清单，运用脱贫攻坚大数据平台进行数字化台账管理；"三到户"精准帮扶，出台项目管理、资金运行、工作督查办法，做到项目安排、资金使用、帮扶措施精准到村到户到人。"三验收"精准脱贫，实行"村初验、乡审核、县审定"操作规程，严格标准逐户销号、梯次退出。

（五）组织推动体系

坚持党委政府"双负责、双协同、双督核"机制，制定脱贫攻坚考核、奖励和问责两个办法，综合运用精神鼓励、晋升勉励、资金激励、经济奖励四项正向举措；严格实行通报、表态、淘汰、问责四项倒逼办法。通过双向考核奖优促劣，推动工作。成立 8 个专项工作组，组建 24 个行业扶贫办公室，12 个乡镇扶贫工作站，为乡镇、农村、脱贫攻坚平台增派干部 384 名，构建起国家及省市县乡 193 支驻村工作队和 4054 名干部全覆盖包扶贫困户的联动机制，形成了"三级联动、一体作战、合力攻坚"的扶贫攻坚格局。

三、"四轮驱动"：精准破解区域深度贫困

按照精准扶贫基本方略，通过夯基础、促增收、强保障、聚要素"四轮驱动"，有效破解区域深度贫困问题。

（一）三大工程夯基础，积极改善人居环境

把改善农村生产生活条件作为攻坚贫困的首要任务，全覆盖岢岚县的自然村调研，综合城乡建设规划、搬迁户意愿和专家评审等全面分析论证，确定县城、中心集镇和中心村"1+8+N"城乡融合发展规划，聚焦 141 个行政村，大力实施基础设施改造、易地扶贫搬迁和整村提升工程。

1. 持续加快基础设施改造

坚持"缺什么，补什么"思路，整合"路、水、电、网"等项目和资金，三年来，通过乡村道路建设、窄路基路面改造、撤并建制村道路建设、"四好农村路"工程，投资 2.238 亿元，完成农村公路建设 160 公里，141 个行政村全部通水泥（油）路和客运班车；投资 1900 万元实施 64 个村安全饮水工程，全县集中供水率 97.4%，141 个村人畜饮水全部达标；投资 2139 万元实施农网改造提升工程，实现村村通动力电；投资 700 万元实施 99 个村电信普遍服务工程，实

现行政村宽带网络全覆盖；投资 3728 万元实施县中医院、疾控中心、乡镇卫生院提升改造工程，投资 987 万元建成 141 个村卫生室；投资 4395 万元完成薄弱学校改造全覆盖，实现有学生的村就有学校，2015 年顺利通过国家义务教育发展基本均衡验收。

2. 稳步推进易地扶贫搬迁

聚焦"一方水土养不好一方人"的区域贫困问题，按照"六环联动"部署，把整村搬迁作为破解深度贫困的关键之举，集中安置和分散安置相结合，着力在三个方面下功夫。

一是公平补偿回购，统一标准腾退旧宅。制定拆迁奖补办法，明确房屋补偿、院落补偿、附属设施补偿、房前屋后和院内树木补偿"4 个标准"。采取"打包招标、同一公司评估、同一尺度测量、同一标准计算"办法公平公正评估测算，面对面精准计算旧房补偿账、新居安置账、前后生活账，党员干部带头、帮扶力量服务，完成 115 个深度贫困村 1760 户 4044 人整体搬迁、805 户 2092 人插花搬迁。

二是新区建设配套，自筹不超万元入住。坚持建房用地由政府划拨提供，坚持人均住房面积不超过 25 平方米，坚持项目招投标和预决算管理，坚持规划、设计、招标、施工、管理"五统一"集约建设方法，在保证工程质量的基础上，控制平方米造价中心集镇 1200 元、县城 1400 元，完成安置房建设县城 1879 套、中心集镇 299 套。结合群众旧房拆除补偿，实现贫困搬迁户自筹人均不超 3000 元、户均不超 1 万元。用好回购房屋、养老院等公建房屋，安置困难分散搬迁户。

三是高效优质服务，稳得住能致富。在倾斜支持搬迁群众新区产业就业的同时，在旧村保持群众耕地经营权、林地所有权、集体资产收益权"三权不变"，实施土地复垦增减挂钩、退耕还林、荒山造林、光伏电站"四个全覆盖"工程，预留生产生活用房，统一实施旧房拆除和土地复垦，2507 亩复垦耕地采取"合作社+搬迁户"方式全部栽植中药材，2018 年户均增加务工和分红收益 682 元。

3. 全面实施整村提升工程

衔接乡村振兴，统筹易地扶贫搬迁和美丽乡村建设，完成 153 个自然村整体提升。

一是集约资源，精细规划。以"环境美、产业美、精神美、生态美"为主要内容，统筹住房安全、基础设施、公共服务、环境卫生、基层组织、社区治理，协同中国乡建院，以并、拆、改、建为主要途径，逐村逐户细致规划。

二是整体统筹，分类实施。充分考虑县域乡村区位特点、资源分布、产业特色、发展规划，坚持"生态先行、因地制宜，退出优先、批次推进"的原则，划分中心集镇型、创卫引领型、特色风貌型、旅游带动型、美丽乡村型、达标出列型 6 类，统筹推动。

三是群众响应，高效完成。建设工队自主垫资，三年任务两年完成，改造和提升住房 17.4 万平方米，惠及 3534 户 7422 人；新建道路 1.25 万平方米、广场 4.5 万平方米、排水渠 9300 米；新建文化中心 125 间、公厕浴室 79 座，全部农村更加宜居。

（二）三大板块同发力，拓宽增收致富渠道

着力抓好产业扶贫，通过培育特色产业和新型农业经营主体、加强农技培训等一系列措施，增强产业脱贫驱动力。

1. 推进"6+3"产业扶贫

把培育产业作为脱贫摘帽的基本保证，通过"6+3"产业模式带动贫困村实现"五有"全覆盖。依托区域优势发展羊、豆、沙棘、马铃薯、食用菌、生猪养殖六大农牧产业。

投资 2663 万元实施晋岚绒山羊育繁推一体化项目，投资 670 万

元在搬迁村建养殖小区 13 个，政府补助建设圈舍 20 万平方米，带动全县羊饲养量达到 65 万只，羊产业成为脱贫支柱产业。实施新大象集团标准化生猪养殖项目，建成猪场 5 个，年存栏 4350 头、出栏 7700 头。建成红芸豆高产园区 9.2 万亩，马铃薯等特色种植园区 9.6 万亩，带动 7923 户农民户均增收 1400 元；全县建设小杂粮示范基地 33 万亩，认证绿色有机农产品品牌 32 个。完成全省"沙棘特优区"地理标志认证，投资 1100 万元新建沙棘种苗基地 200 亩。建设食用菌大棚 500 座，年培植鲜平菇 18 万斤、采收野生干菇 4 万斤，完成银盘蘑菇、羊肚菌"三品"认证。培育光伏、中药材、旅游 3 个新兴产业。建成集中式光伏电站 50 兆瓦，带动 2000 户贫困户年增收 3000 元；35 兆瓦村级光伏电站覆盖 116 个贫困村，村集体收入 200 万元带动 5065 户贫困户户均增收 3000 元。引进振东药业集团等 4 个企业和 8 个合作社，政府补贴 1531 万元在 115 个搬迁村建设道地中药材种植示范基地 17620 亩。

2. "五个一批"生态扶贫

岢岚县立足吕梁山生态脆弱区和集中连片特困地区实际，牢固树立"绿水青山就是金山银山"的理念，坚持扶贫开发与生态保护并重，实施生态扶贫"五个一批"工程，确保在一个战场打赢生态治理与脱贫攻坚"两场战役"。退耕还林助力脱贫一批，两轮退耕还林 16.2928 万亩补偿贫困户 6183 户、2562 万元，特色经济林补偿贫困户 1078 户、642 万元，道路绿化补偿贫困户 526 户、579 万元。生态治理带动脱贫一批，74 个扶贫造林合作社吸收贫困社员 1718 人，占成员总数的 86%，累计完成造林 20.94 万亩、沙棘林改造 5 万亩，带动贫困户年均增收 1.2 万元左右。生态管护保障脱贫一批，全县共聘用护林员 557 人，其中建档立卡贫困护林员 410 人，占比 74%，管护工资每人每年 1 万元，带动 1095 名贫困人口稳定脱贫。经济林提质增效辅助脱贫一批，依托全县 49 万亩沙棘林资源优势，拥有 4 个沙棘加工龙头企业产业优势，确定沙棘林改造为县域特色经济林项目，完成老旧沙棘林改造 5 万亩，产生经济效益 2000 余万元。林业产业扶持脱贫一批，扶持龙头企业开发沙棘系列产品，发展干鲜果经济林、苗木培育、林下套种中药材等产业，带动农业人口人均增收约 300 元。

3. 促进就业创业转型升级

开展"菜单式""订单式"新型职业农民培育、致富带头人培育、电商培训、科技培训、服务业培训等行动，确保每个贫困户至少有 1 名劳动力掌握 1 门实用技术。开展中式烹饪、中式面点、缝纫工、保育员、护林员、电子商务、护理员等 7 个工种 49 个班，培训 2271 名学员；完成农村劳动力转移就业 1081 人；城镇新增就业完成 1395 人。建起电商营销店 71 个，宋家沟村成功创建国家 AAA 级标准化景区，宋长城景区一期建设项目植入旅游业态，"三变+特色产业+乡村旅游"模式，为乡村振兴开辟新路径。

（三）政策保障：有效化解支出贫困

1. 抓实教育扶贫

在大力推进城乡义务教育发展基本均衡基础上，采取公开招录和轮训提升的办法，提升教师队伍专业化、现代化水平。全面落实学前教育资助、"两免一补"、高中免学费、"雨露"计划、助学贷款、发放路费等九项教育救助政策，从学前教育直至高等教育给予全程扶贫助学，近两年免除费用 1166 万元，补助资金 561 万元，办理生源地助学贷款 907 万元，全县义务教育阶段建档立卡贫困学生 1325 人，无一人因贫辍学。全县适龄儿童入园率 96.9%，义务教育阶段入学率 100%。

2. 抓实健康扶贫

整合县乡卫生机构成立医疗集团，实施"544"健康扶贫行动，坚持开展周六健康双服务活动，对贫困人口实行基本医保、大病保险、医疗救助全覆盖。推行"先诊疗后付费""六减免一提高"、降低起付线、提高报销比例等一系列政策，落实"136"就医诊疗兜底政策，县域内就诊率和贫困人口住院报销救助均超过90%，乡村卫生室基本药物使用率和大病患者救治率均达到100%。实施24种重特大疾病集中救治、52种慢病签约服务保障计划，着力解决因病致贫返贫问题。

3. 抓实政策兜底

提高惠农补贴、城乡低保、重点对象救助等标准，推进低保线和贫困线"两线合一"，农村低保对象与建档立卡贫困户双向衔接纳入机制，贫困户中低保户达到52%，低保户中贫困户占到73.2%。政府为所有贫困户购买了基本医保、大病保险、大病补充保险、基本养老保险和扶贫救助保险，将农村低保扩面到6078户7601人，提标到每人每年平均享受3518元，建立困难群体关爱服务体系通过专项基金进行再救助。全面推动重度残疾人护理补贴、辅具适配和意外伤害保险全覆盖工作，全县1054个重度残疾人发放护理补贴实现全覆盖。

4. 创新金融扶贫

岢岚县县委、县政府不断加快金融创新，撬动金融资金投入脱贫领域，解决岢岚财力不足难题。县财政先后投入扶贫小额信贷风险补偿金2654万元，撬动扶贫小额贷款30888万元（其中富民贴息贷15366万元、"五位一体"扶贫贷款9895万元、惠农易贷2215万元、造林扶贫贷款3412万元），县财政予以全额贴息。此外，发放产业扶贫贷款7600万元，项目扶贫贷款34612万元（其中棚户区贷款13000

万元、贫困村提升工程过桥贷款 5000 万元、易地扶贫搬迁贷款 16612 万元），全县金融机构累计发放扶贫贷款 7.31 亿元。

（四）三管齐下：强化扶贫支撑

岢岚县结对帮扶单位干部对标"两不愁三保障"和"户脱贫、村退出、县摘帽"标准逐户研判，包乡县领导、包村乡干部、第一书记、驻村工作队、村两委要天天到现场。在脱贫攻坚期内，采用进村工作制和入户工作法，对农村所有户籍人口进行研判，对标找问题，对标整改提升，确保户、村全部达标，群众满意度大幅提升。

1. 加大财政投入

努力争取上级财政专项资金，全面整合其他涉农资金，积极撬动社会资金，围绕脱贫摘帽任务规划资金使用方案，完善脱贫攻坚项目库。2015—2018 年，全县累计用于脱贫攻坚的各类财政资金 17.85 亿元，其中上级专项扶贫资金 2.78 亿元，其他各类资金 13.38 亿元，县级自筹 1.69 亿元，财政扶贫资金投入总量和增幅每年均实现了"双增长"。

2. 撬动社会资本

另外，通过 PPP 等融资模式撬动社会资本 14.64 亿元，实施了农村道路、通道绿化生态扶贫、乡村综合整治、宋长城旅游景区周边综合整治四个大项目。上述两大块共投入资金 32.49 亿元，集中用于产业发展、资产收益、易地扶贫搬迁及基础设施建设、生态扶贫、教育培训、社会保障、金融扶贫等方面，实行资金专户专储、专账核算、专项审计，项目法人责任制、招标投标制和工程监理制，做好台账管理、进度督查、过程监管，确保资金、项目和干部"三安全"，为全县如期脱贫摘帽奠定了坚实基础。

3. 动员社会力量

广泛动员全社会力量，形成脱贫攻坚强大合力。

一是机关定点扶贫。建立"县级领导联乡镇、部门联村、干部联户""三联"帮扶责任制度，由国家统计局、省总工会、省国土厅、省煤炭地质局、市纪委、市农委等中央、省市 28 家单位，103个县级单位和 12 个乡镇的 4054 名帮扶干部，组成 193 支驻村工作队，与全县 116 个建档立卡贫困村、86 个非贫困村的 8535 户、20271名贫困人口进行对接帮扶，实现了定点帮扶到村到户到人全覆盖。2016 年以来各级驻村帮扶单位累计投入帮扶资金 8600 余万元，支持村级活动场所、爱心超市建设，助力种养殖合作，举办农民夜校，激发内生动力，打造了一支"不走"的扶贫队伍。

二是企业参与帮扶。2016 年开展"百企帮百村"精准扶持以来，岢岚县共有 42 户民营企业积极参与，与全县 12 个乡镇 108 个贫困村6687 户贫困户、15664 名贫困人口建立了结对帮扶关系。36 户企业通过扶贫贴息贷款、金融扶贫和利用周转金入股分红等方式联接贫困户 2600 余户，收益达 2000 余万元。18 户企业通过高于市场价格收购羊、羊绒、羊皮、红芸豆、玉米、土豆、沙棘、杂粮等农产品助力脱贫。民营企业每年为贫困户提供 1200 个就业岗位，月工资 1500 元以上。民营企业自主培训贫困户 800 余人次，上海青基会等 21 个社会团体累计投入公益捐赠资金 1600 万元。民营企业 2018 年通过电商平台认养柏籽羊 3500 只，每认养一只羊惠及一户贫困户 300—500 元。

■ 小 结

任何社会行动，尤其是自上而下的改变乡村社会的行动，保障性机制是一种基础，也是前提。就扶贫工作而言，首先，政治观念的设定和引领，是从根本上保障扶贫工作可以得到执行的第一层，也是保证脱贫工作在执行中获得成效的保障，对于基层自上而下的体制而言，政治观念的引领，意味着对行政效率的一种保障，也会由此提升行政系统的内生动力；其次，对于行政效率的保障，需要制度化的设计；再次，制度化的设计，需要具体的措施予以保障。

岢岚县在扶贫框架的保障机制中，层层递进，从观念、制度和人员三个层次，保障了脱贫攻坚工作的全面推行。

第三章

自上而下——扶贫队伍的
系统管理与培育

任何一个体系的运作，都与人才梯队的建设不可分割。自扶贫工作尤其是精准扶贫工作开展以来，培育或者发现复合型的人才队伍具有重要的意义；其次，在扶贫实践过程中，公共政策和行政治理的自上而下的运作模式，使得人才的配备处于滞后状态。这种滞后状态主要是以非专业化、分配化为特征的。如何应对这种扶贫的人才现实呢？岢岚县政府从两个大的方面进行人才队伍建设，一个是县、乡（镇）、村三个级别的行政力量，在一个可以预见的体系中进行了扶贫工作的综合性人才配置；另一个是进行多元化的人才培训工程，如宏观扶贫政策解读、本地化资源培训、本土化文化资源拓展培训、古典文化培育工程等。通过这两个维度的建设，逐渐建立起扶贫人才队伍。

一、系统化管理：扶贫干部队伍建设

扶贫干部队伍的建设由三部分组成：一是成立了由县委书记任总政委、县长任总指挥、相关县领导及成员单位负责人组成的脱贫攻坚总指挥部，指挥部下设办公室和七个工作组，各乡镇也成立了相应的脱贫攻坚指挥部；二是成立了脱贫攻坚干部帮扶领导小组，并下设驻村管理办公室、第一书记管理办公室；三是组建了脱贫攻坚指导员队伍。在这个过程中，严格落实党政一把手负总责的扶贫开发工作责任制，乡镇党政主要领导是本辖区扶贫开发工作第一责任人，各有关行业部门的主要负责人是行业扶贫第一责任人，乡镇领导班子坚持一线指导、一线推进、一线落实，村"两委"班子冲在脱贫攻坚最前线，驻村工作队和第一书记切实发挥好驻村帮扶的主导作用，"两委"主干当好脱贫攻坚的急先锋和带领群众致富的带头人。

（一）队伍系统化建设：扶贫干部驻村工作队

岢岚县 12 个乡镇，202 个行政村，其中贫困村 116 个，目前已整村搬迁的行政村 60 个，其中整村搬迁的贫困村有 25 个。统筹安排 9 个省级单位、18 个市级单位、103 个县级单位和 12 个乡镇的 4054 名干部与全县 116 个建档立卡贫困村、86 个非贫困村的贫困人口进行对接帮扶。具体概况如下：

全县共有帮扶单位 142 个，其中省级单位 9 个，市级单位 18 个，县级单位 103 个，乡镇单位 12 个；2018 年共组建工作队 193 支，其中省 42 支、市 27 支、县 124 支（含 24 个派出联系人单位）；工作队人数共 531 人，其中省 129 人、市 79 人（含市武警支队 3 人）、县 323 人（含 24 个派出联系人单位的 33 人）；工作队中党员人数 351 人，其中省 102 人、市 56 人、县 151 人、乡 51 人；县选派农村第一书记 119 名，其中中直机关 1 名，省级 39 名，市级 24 名，县级 55 名；第一书记兼任工作队队长及队员人数共 73 人，其中兼任工作队队长的 51 人（省级 31 人、市级 10 人、县级 10 人），兼任工作队队员的 22 人（省级 2 人、市级 9 人、县级 11 人）。

扶贫工作队在重建县乡镇之间的关系上，发挥了巨大的连接作用。

1. 入户走访，"天天到现场"

岢岚县结对帮扶单位干部对标"两不愁三保障"和"户脱贫、

村退出、县摘帽"标准逐户研判，包乡县领导、包村乡干部、第一书记、驻村工作队、村两委要天天到现场，在脱贫攻坚期内，采用进村工作制和入户工作法，对农村所有户籍人口进行研判，对标寻找问题，对标整改提升，确保户、村全部达标。

2. 摸底整改，问题导向

岢岚县县政府对驻村帮扶干部下发了《岢岚县干部驻村帮扶相关情况摸底表》《岢岚县干部驻村帮扶自查自纠存在问题整改清单》等文件进行问题摸底整改；对各乡镇派驻脱贫攻坚指导组，帮助解读驻村帮扶相关政策、任务和脱贫摘帽标准；下发给各乡镇扶贫政策考试试题，由各乡镇统一组织政策知识考试，强化提升驻村干部综合能力素质；制定激发驻村干部内生动力的方案，加强干部干事创业的主动积极性，打造一支"不走"的扶贫队伍。

3. 扎根一线，责任落实

岢岚县推行"四步骤"精准识别、"四清单"精准管理、"三到户"精准帮扶、"三验收"精准脱贫的"4433"工作法，严格落实包乡县领导"三天两夜"、扶贫干部"四天三夜"常态化驻村制度，实施精神鼓励、晋升勉励、资金激励、经济奖励四项正向举措，实行通报、表态、淘汰、问责四项倒逼办法，一周一盘点、一旬一督核、一月一验靶、一季一考核，推动全县4054名扶贫干部扎根一线、挂图作战、现场施工。强化动态管理，严格"识、扶、脱"全过程管理，扶贫、财政、民政、公安、交通、工商、住建、残联等部门通力协作，全面完成贫困人口的信息比对和核准工作，精准识别建档立卡贫困户，并精准录入大数据平台，制定一人一策，完善一户一档，实现建档立卡数据库基础信息动态管理。

4. 扎实推进，政策落实

岢岚县实施以"双签约、双服务"为中心的"544"健康扶贫行动，对全县 20271 名贫困人口全覆盖落实基本医保、大病保险、医疗救助政策，实行"先诊疗后付费""六减免一提高"、降低起付线、提高报销比例等一系列政策，实施 24 种重特大疾病集中救治、52 种慢病签约服务保障计划，坚持每周六健康扶贫日活动，着力解决因病致贫返贫问题。截至 2019 年 7 月，共对建档立卡贫困人口 936 人次进行了"一站式结算"，医疗总费用为 440.27 万元，实际报销 359.34 万元，民政医疗救助 51.08 万元。个人自付总计 23.52 万元，个人自付占比为 5.34%；双签约服务 7834 人次，累计确诊慢性病患者 2002 人，发放价值 109.73 万元的药品。

扎实推进社保兜底工作，提高惠农补贴、城乡低保、重点对象救助等标准，对 4062 户 5169 人建档立卡户实施低保兜底；为全县 5552 人特困供养人员、城乡低保、孤儿等救助对象 100%参加农村基本医疗保险；为 925 名失能高龄老人、919 名贫困残疾人口、43 名孤儿落实生活补贴、护理补贴，实现"低保线"和"贫困线"两线合一；全县贫困学生享受教育扶贫政策资助人数 1742 人，贫困家庭适龄学生入学率为 100%；抓好整村提升工作，统筹实施乡村振兴战略、人居环境治理、特色风貌整治和贫困村提升工程，围绕构建县城、中心集镇、中心村"1+8+N"城乡一体化融合发展体系，完成 4 个中心集镇、8 个村旅游村专项建设，28 个中心村（美丽乡村）、85 个达标出列村共 125 个村的建设和专项整治任务。全面实施农村水、电、路、网等基础设施建设，全面提升教育、医疗、文化等公共服务水平，全面改善人居环境。按照成熟一户开工一户的原则，逐村逐户进行整治提升，全县列入异地搬迁规划贫困户 2260 户，已入住 1554 户。

5. 能力提升，内生动力

岢岚县整治了 15 个软弱涣散村党组织，建立了整顿台账、工作组和县领导联系点，在 145 个村设立了农民讲习所；培训农村"领头雁"2890 人，实现了对农村干部、农村党员、大学生村官、农村第一书记、驻村工作队员的培训全覆盖；建立了经费拨付、使用、管理、监督和督查问责机制，"三基建设"各项经费补贴县级预算 1278 万元，较上年增长 7.9%；全县党员领办创办合作社 86 个，参加合作社人数 8201 人，91 个贫困村村集体经济收入"破零"；制定了《岢岚县"11325"打好精神扶贫主动战实施方案》，选树各类典型 32 名；抓好就业创业扶贫，深入开展"菜单式"与"订单式"新型职业农民培育、贫困村致富带头人培育、电商培训、科技培训、服务业培训等行动，确保每个贫困户至少有 1 名劳动力掌握 1 门实用技术，共进行两期培训，18 个班 854 名学员结业；开展了"就业援助月活动""春风行动专项活动""民营企业招聘周活动"和"送岗到村"等专项活动；本县累计提供就业岗位 10196 个，近百个工种，达成就业意向 1324 人，共发放宣传资料 2 万余份；实现城镇新增就业 687 人，农村劳动力转移就业 519 人（包含贫困劳动力 310 人）。

6. 资金到村，扶贫专项

2018 年，岢岚县到村扶贫资金共计 9198.35 万元，扶贫专项资金共计 6651 万元，其中扶贫小额贷款贴息 597 万元、林业局造林贴息 170 万元、"雨露计划"70 万元、致富带头人培训 91 万元、项目管理费 56.5 万元、道地中药材种植 1531 万元、晋岚绒山羊育繁推配套 1598 万元、特色种植 905 万元、林业局造林贷款风险金 450 万元、特色养殖园区建设 360.5 万元、省领导帮扶 1000 万元、扶贫小额贷款风险金 50 万元、光伏扶贫电站建设 900 万元、广惠园移民小区日间照料中心建设 50 万元、省级专项资金光伏扶贫电站建设200万元。

7. 作风整改，干群一心

岢岚县深化"三基"建设，扎实推进"不忘初心、牢记使命"主题教育，落实"并村简干提薪招才建制"综合措施，重点开展筑牢战斗堡垒、基层党组织阵地建设升级达标、带头人队伍优化提升、夯实基层基础保障、党员队伍活力提升、加强驻村帮扶力量管理、乡土人才"领头雁"、典型示范引领、基层党建责任落实、"三个对标"工作十项专项行动，不断提高各级党组织和广大党员干部服务脱贫攻坚的能力和水平，引导有劳动能力的贫困群众想干、能干、会干，干群一心、协力攻坚。全县驻村干部吃住在村占比68.2%，2019年上半年约谈44人次，通报驻村干部33人次，提拔驻村干部6人。

（二）引导性提升：树立优秀典型

岢岚县电视台2018年对全县的18个驻村帮扶优秀单位和22名优秀驻村帮扶干部的先进事迹进行了专题采访报道，激发干部驻村帮扶动力；坚持扶贫与扶志、扶智、扶德结合，进一步加大脱贫攻坚宣传报道力度，《今日岢岚》和岢岚电视台都开辟了脱贫攻坚专刊、专栏、专题，电视台累计报道脱贫攻坚相关新闻175条，《今日岢岚》编印32期，报道188条，脱贫攻坚专刊6期，专题34期。本县脱贫攻坚相关内容在中央、省市媒体报道累计102篇次。本县制定了"脱贫路上"摄影大赛和"脱贫故事"活动实施方案，通过征稿，梳理收集大赛作品近200幅，已精选部分作品在《今日岢岚》《岢岚你好》刊发、推送，部分优秀摄影作品参加宋家沟村乡村旅游季摄影展。选树自主脱贫户、优秀帮扶干部、第一书记、驻村工作队员、乡镇干部代表30余人，在《今日岢岚》《岢岚你好》已连续刊发、推送30余篇。加大生产奖补、劳务补助、以工代赈力度，健全"一约四会"运行机制，成立农民院校，举办讲习所，开展"两学两做"行动，引导贫困户通过发展生产、参与劳动、洁家净院获得积分，并从爱心超市换取日常用品，用行动主动脱贫。

二、人才培育：多元化的脱贫攻坚培训

在建设扶贫队伍的基础上，扶贫攻坚的系列培训也随之展开，培训分为致富带头人培训和扶贫干部基本技能培训两个方面。致富带头人培训在就业方面成效突出，扶贫干部基本技能培训重在政策培训、创新培训等方面。

（一）致富带头人培育工作

1. 培育对象和培育体系

在培育对象选择上，岢岚县根据创业方向和创业阶段，将创业致富带头人分为经营管理型、创业技术型两大类。经营管理型的培训对象重点在村支两委干部、农村党员、农民专业合作社负责人、种养殖大户、家庭农场主、科技示范户和农业新型经营主体带头人等有在贫困村创业意愿的人员中选拔培育对象；创业技术型的培训对象培育重点在返乡创业人员、从事种养殖的农村劳动力、复转军人和大学生村官等有创业意愿且尚未创业的人员中选拔培育对象。

培育对象选拔条件要求人员年龄在20—60岁之间，身心健康，初中（含）以上文化程度，遵纪守法，个人信用记录良好；具备一定的科技文化水平，能够有效掌握基本农业生产、农业现代技术知识与生产服务技能；有创业基础或有创业意向、具有一定创（领）办村级产业项目的实力和能力，志愿在贫困村和较多贫困人口的非贫困村带动贫困人口脱贫致富、服务贫困村产业的人员。

参训人员以增收脱贫人数作为考核硬指标。为科学利用有限培训资源，更好鼓励和引导致富带头人积极发挥作用，被选定对象须签订目标责任书，把确定带动建档立卡贫困户增收脱贫人数作为衡量其带贫益贫的硬指标，要求带动建档立卡贫困人口不少于 3 人，帮带时间不少于 1 年。本县根据参训人员带动贫困户数量和增收脱贫效果划分等次，给予相应政策、项目等方面的支持。

岢岚县主要采取"市县协同推进、政府购买服务、分类分批培训、强化创业孵化"的培育模式，培训资金在省切块到县的财政扶贫资金中列支。示范培训基地的培训时间为十天，根据省扶贫办相关精神补助标准为每人每天 350 元。培育工作开展近三年共培训了 496 名学员，其中 16 人创办了有规模的农民专业合作社，带动了 890 人贫困户脱贫，解决了当地部分农民的就业问题；其中 9 人注册了网店并预备将岢岚农产品更好推向周边县市及全国，帮助农民销售当地粮食及畜产品以增加农民收入。致富带头人对改变当地农民思想观念、开拓销售市场、引进与传播农业生产技术和推动农民合作组织的成立和运作有深远的影响和意义。

2. 就业培训成果显著

岢岚县扶贫办于 2017 年 9 月 19 日—28 日在山西省忻州市原平农校开展了首期为期 10 天的致富带头人培训，岢岚县致富带头人培训工作于 2019 年 11 月 4 日结束，培训课程包括山西省级和忻州市级创业致富培训。三年期间，培训课程由省扶贫办委托培训学校进行开展，共培育了 496 名致富带头人，其中，2017 年创业致富带头人示范培训班有 88 人参与报名，2018 年达到 263 人，2019 年 145 人，如表 3-1、图 3-1 所示。

表 3-1　2017—2019 年致富带头人培训人次统计表

（单位：人次）

时间 乡镇	2017 年	2018 年	2019 年
岚漪镇	18	45	29
三井镇	6	15	18
高家会	9	19	16
神堂坪	8	4	17
李家沟	3	18	8
水峪贯	7	32	7
西豹峪	6	24	8
阳　坪	6	22	7
大　涧	6	24	10
温　泉	3	18	6
宋家沟	8	28	11
王家岔	8	14	8
合　计	88	263	145

资料来源：岢岚县政府提供。

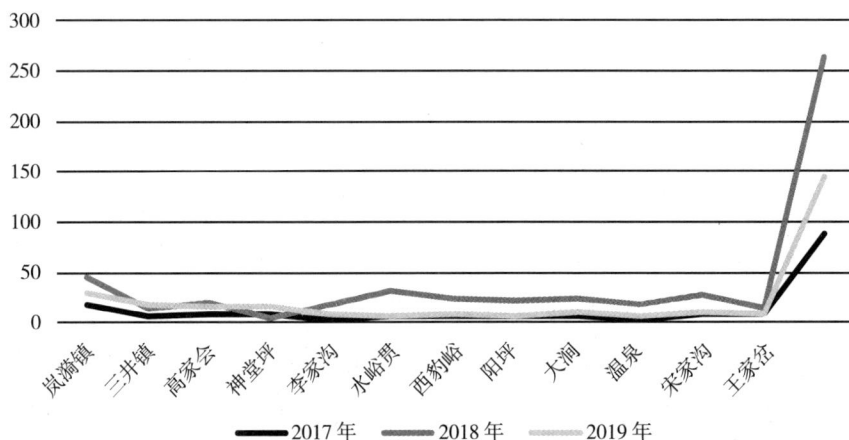

图 3-1　2017—2019 年致富带头人培训人次统计

资料来源：课题组根据岢岚县政府提供的资料数据制作。

岢岚县 2018 年贫困村创业致富带头人培育计划为 260 人。在 2018 年期间，县完成培训共计 263 人次，全部完成培训计划。同年，忻州市共举办十期贫困村创业致富带头人培训班，岢岚县就业培训办公室第一次组织各乡镇共计 90 人，于 2018 年 3 月 15 日至 3 月 24 日在原平农校参加第一期创业致富带头人培训；第二次组织各乡镇共计 142 人，于 2018 年 3 月 24 日至 4 月 4 日在忻州轻工职校参加第三期创业致富带头人培训；第三次组织各乡镇共计 22 人，于 2018 年 4 月 13 日至 4 月 22 日在海运技校参加第五期创业致富带头人培训；第四次组织各乡镇共计 6 人，于 2018 年 5 月 21 日—29 日在海运技校参加第十期创业致富带头人培训；第五次组织各乡镇共计 3 人，2018 年 10 月 22 日—31 日在吕梁市汾阳市贾家庄裕和教育培训中心参加全省第九期创业致富带头人培训（如表 3-2 所示）。

表 3-2　2018 年致富带头人培训进展表

参与次数	第一次	第二次	第三次	第四次	第五次
参与培训班次	忻州市第一期培训	忻州市第三期培训	忻州市第五期培训	忻州市第十期培训	全省第九期培训
培训地点	原平农校	忻州轻工职校	海运技校	海运技校	吕梁市汾阳市贾家庄裕和教育培训中心
培训时间	3.15—3.24	3.24—4.4	4.13—4.22	5.21—5.29	10.22—10.31
参与人次	90	142	22	6	3

资料来源：岢岚县政府提供。

（二）扶贫干部基本能力提升培训计划

1. 完善创新培训计划体系

以全县县处级领导干部、科级领导班子成员、年轻干部和村（社区）党组织书记为培训对象，分级分类分步骤开展干部培训工作。脱贫攻坚干部培训涵盖教育培训、扶贫系统培训两大块，在政策和存在问题讲解基础上加入了先进经验、典型案例等内容，采取订单教学课程的方式，涵盖理论政策、党性党纪、法律法规、经济转型、乡村振兴、能力素质等六大模块。在培训力度上，不局限于按需培训，坚持长期性和有效性相结合。另外，培训计划注重进行扶贫相关软件使用培训，培训内容包括建档立卡 APP 培训、全国扶贫开发决策支持子系统培训、全国扶贫开发信息系统自定义报表培训、数据质量评估及清洗培训等。

创新培训形式，利用"传统课堂+现场教学+座谈交流"的教学模式，将课堂讲授、实地学习及讨论交流等有机结合起来。坚持"缺什么补什么"，发挥行业优势、整合部门资源。

完善评估机制，建立脱贫攻坚干部教育培训质量评估机制，实行课中评估教学内容、课后评估教学质量和成效，重点对异地培训班次的外出办班规模进行把关，坚持以小班化教学为主，综合运用知识测试、演讲比赛、业务技能比武等形式，调动扶贫干部学习的积极性和主动性。

2. 培训计划效果突出

2018 年，岢岚县注重加强扶贫干部的政策培训，专门组织对全县第一书记、12 个乡镇党委书记、乡镇长、驻村工作队、平台工作人员以及 24 个各行业部门一把手进行了扶贫政策业务培训，对于如何开展驻村帮扶、如何做好摘帽考核验收工作、如何管好用好扶贫资金方面内容进行讲解，并通过结合工作实际、引用身边的典型事迹等形式对做好脱贫工作做具体说明；对于各乡镇派驻脱贫攻坚指导组，帮助解读驻村帮扶相关政策、任务和脱贫摘帽标准，并下发给各乡镇扶贫政策考试试题，由各乡镇统一组织政策知识考试，强化提升驻村干部综合能力素质。本年对全县驻村工作队员、第一书记培训 58 期，受训人次 2198 人次；并制定激发驻村干部内生动力方案，加强干部干事创业的主动性积极性，打造一支"不走"的扶贫队伍。

2019 年，岢岚县积极发挥"主阵地""大熔炉"作用，牢牢牵住干部教育培训这一"牛鼻子"，实施"2269"干部基本能力提升培训计划。利用县委党校和知名高校两个干部教育培训阵地，精细精准举办各类扶贫干部专题培训，采取"请进来教、走出去学"两种方式，通过培训，扶贫干部开展精准扶贫、精准脱贫的水平和能力得到进一步提高，干群同心加快脱贫致富的信心和干劲得到进一步增强，也为全县扶贫干部打好打赢脱贫攻坚战补足了"精神钙"，提振了"精气神"。岢岚县 2019 年上半年完成了 10 余次共 3509 人的培训，组织培训单位涉及国家统计局、各乡镇、县委组织部、县扶贫办等，培训人员涉及地方党政领导干部、扶贫系统干部、行业部门干部、帮扶干部和贫困村干部，由统计数据看，培训人员逐次递增，范围逐层扩大，效果突出。

三、引领者：扶贫路上带头人

脱贫攻坚是一个社会工程，需要乡村一级的带头人，他们是乡村社会与其他组织之间对接的桥梁，也是脱贫攻坚中实实在在的行动者和乡村脱贫的引领者。

（一）积极发展本村合作社项目——温泉乡咸康村村主任裴亚杰

咸康村位于温泉乡政府东部，距乡政府所在地 5 公里，是温泉乡这个偏远小乡镇最大的村，户籍人口 183 户 415 人。裴亚杰是岢岚县温泉乡咸康村村民，作为贫困户，家庭人口多、人均耕地少、文化程度低是其致贫主要原因，年龄较大且失去劳动能力的岳父岳母由他负责赡养。2014年，裴亚杰家庭人均纯收入只有2100元，比全村人均收入低2000多元。

咸康村第一书记是来自山西省煤炭地质局的孙浩东，在他的建议下，裴亚杰加入咸康村郁丰果园种植合作社，开始经营两座水果大棚，种植油桃和葡萄，后第一书记为他聘用技术员，提供果树嫁接、病虫害防治等果树种植技术指导来提高效益。2016年，获得成功的裴亚杰带领咸康村发展大棚水果种植、露地葡萄经营，成了村中的致富带头人。村中以干鲜果、葡萄等为特色，打造大棚种植专业村，咸康村有30多座水果大棚共同组成种植园区。

2017年他开始接触养殖业，在家待业的妻子开始学习养猪技术，他增加资金投入进行标准化养殖，每月定期向县畜牧局上报生猪存栏量、成长状况以及仔猪出生率、成活率等情况，并在取得一定效益后创办生猪养殖专业合作社，带动吸收贫困户。

同年，裴亚杰在村两委换届中当选为咸康村村主任，当时本村经济底子较为薄弱，集体资产流失严重，建档立卡贫困户有95户210多口人。他当选后召集全体村民开会，向群众宣传党的惠民政策；组织群众重新选致富带头人，对农户进行分类指导，内容以创业为主。咸康村的产业发展思路分为三部分：第一，继续创办果园合作社，大力发展大棚水果种植采摘，打造果品基地；第二，创办小杂粮合作社，种植富硒谷子和富硒小杂粮，开始创建小杂粮品牌；第三，创办绒山羊养殖合作社，吸收贫困户入股分红，共同脱贫致富。2018年底，咸康村95户建档立卡贫困户全部高质量脱贫，全村农民人均可支配收入达到了7300多元，比2014年底增加了将近3000元。

2018年，按照岢岚县"特色产业扶贫行动"的精准扶贫方案，在裴亚杰的带动下，咸康村通过项目资金拉动、产业培育富民、聚合力量帮扶、政策扶持到户、技能培训扶智、美丽乡村靓化等行动，面貌与过去大不相同。

（二）强化党建引领，助推脱贫增收——高家会乡西会村党支部书记马建新

高家会乡西会村位于岢岚城北 8 公里处，距离乡政府 2.5 公里，辖 1 个自然村杨家坪村。全村共有 409 户、948 人，常住 135 户、332 人。全村耕地面积 7535 亩，以旱地为主，主要种植红芸豆、土豆、玉米、谷子；全村养羊 18 户、2600 只，大畜 25 头，2018 年人均纯收入 6920 元。村"两委"8 人，均为初中以上文化程度，全村党员 38 名。从 2014 年开始，西会村共识别建档立卡贫困户 87 户、207 人，2018 年实现了全部脱贫。

马建新认为村子需要发展自己的产业项目为村民提供稳定的增收渠道。西会村常住老、弱劳力较多，本村将灯笼加工作为主要产业，确定以支部引领、合作社经营、农户参与的模式，建成了以灯笼加工为主的扶贫工厂。马建新也被推选为合作社的理事长。通过开会讨论，村党支部将闲置的西会村小学改建成了厂房，经过为期 15 天的技能培训，2018 年 9 月 30 日扶贫工厂正式启动，当年生产灯笼 5000 多个，带动了 32 户贫困户，户均增收 3000 元左右。

村里有集体耕地 100 多亩，在几家承包方中马建新提议大家选择山西省农科院，这样在收取租金的同时，也将先进种植技术和管理经验带到了西会村。2018 年西会村集体经济超过 30 万元。2019 年乡里号召大家种植土豆原种，老百姓一时还接受不了，马建新就把自己的耕地全部腾出来种原种，成功推广村民种植。

（三）返乡带领村民科学种植致富——大涧乡曹家沟村支部书记王俊宏

王俊宏，岢岚县大涧乡曹家沟村人，2017 年 3 月至今任曹家沟

村支部书记。1998 年 10 月，王俊宏带着妻儿离开家乡去太原务工，2001 年 12 月，父亲身体渐差，家里农活全部由母亲负责，因母亲负担太重，他不再务工，返回家中干农活，但对种地并不十分精通，父辈们的传统种植模式产量很低，仅够家中部分开支。

2017 年，王俊宏回村担任村支部书记，面对村落发展落后、机械匮乏、大部分年轻人外出务工导致土地无人耕种的现状，他决定利用荒芜耕地，承包土地搞生产做实验。由于经验有限、技术管理水平不高而收入微薄。2018 年，在省农科院技术员的指导下，他学习掌握了科学种植红芸豆新技术，当年亩产达到 450 斤，较上年增产 100 斤，增幅 29%，种地年收入 3.4 万元。随着经验的日益丰富，他成为当地远近闻名的科技种植能手，主动将技术传授给周围人，提供优质品种，并组织本村的党员到周边村镇参观，学习先进种植经验与致富门路。村党支部结合农民科技致富需求，举办种植技术科技培训班 2 期，培训人数达 62 人次，农民增产增收、致富发展的能力明显增强。在他的带动下，曹家沟村村民思想得到转变，积极进行科学种田，王俊宏成为他们村的青年致富带头人。

后曹家沟村成立农鑫种植专业合作社，王俊宏成为合作社法人。他进入专业合作社以来，已发动 10 户种植户带头科学种田，掌握科技种植技术，通过典型户的带动，许多有传统种植观念的农户也加入致富行列，并实现了增产增收。

（四）改变岢岚种植结构的探索人——岚漪镇北道坡村刘磊

刘磊，岚漪镇北道坡村人，34 岁，曾是北道坡村村委委员。因北道坡村离县城近，土地都被征用，50 岁以上的大部分人无所事事，刘磊希望通过改变村里的种植结构，来为村民提供致富途径。

1. 冷鲜库贮菜失败

刘磊和朋友聊天时了解到冷藏贮菜可以利用不同季节菜品市场差价赚钱，就有了想法。刘磊和村支部书记王云了解到山东寿光有非常成熟的冷鲜库贮菜经验与技术，便去实地参观，并得到了岚漪镇党委书记刘建新的支持。在岚漪镇党委政府的大力支持下冷鲜库6月份动工，10月份竣工，冷鲜库建成。10月份已不是贮架豆的季节，刘书记建议把冷鲜库租出去，但村里没人有租冷鲜库的意向，持不同意见的人很多，认为"现在快到冬天了，要冷鲜库没用"。于是王云租下了冷鲜库，并准备存点香菜。他们到太原朔州等大型蔬菜批发市场考察了解到，每到春节期间香菜价格非常高，能达到5—10元一斤不等，而贮存香菜时收购价才0.6—0.8元一斤。考虑到第一次不能保证成功，于是他们没有带贫困户，参与人只有村支部书记和刘磊。然而刘磊第一次没有经验，货路不对口，太原、朔州等地吃20—30公分的小香菜，而他们存的是40—50公分的大香菜，屋漏偏逢连阴雨，当年春节遇到了香菜几十年价格不涨反跌的行情，再加上春节期间村中人们用电量大，冷鲜库没有安装专用变压器，电压不稳，导致冷鲜库制冷机损坏，等制冷机修好后，香菜已经开始腐烂，10万元的香菜全部倒掉，这次尝试以失败告终。

2. 菠菜园区建立

刘磊经刘增社介绍，开始种植菠菜。刘增社，山东寿光人，在岢岚县做技术指导教岢岚人种植大棚，刘增社在岢岚试种了几亩菠菜、香菜，试种非常成功。2019年正月初七，通过刘增社介绍，山东寿光市菠菜种植技术员老马来到岢岚，刘磊等人白天带技术员出去看岢岚东、南、西、北川的土壤，晚上交流种植技术和销售方法，经过从正月初七到正月十四这几天的考察，他们一致认为在岢岚适合种植菠菜。

后刘磊带老马去见了镇长葛爱军和书记刘建新，老马向镇长、书记介绍了种植的投入与产出，例如，菠菜如果亩产2000斤，保底一元两茬，加上割菜工资，每亩可收入6800元，而传统种植玉米、土豆、谷子等亩产最多2000元左右。4月7日，刘磊播下了第一批菠菜种子，因为考虑到采收菠菜时的用人问题和后续销售问题，老马安排每天播种十亩左右。第一次种植菠菜产量未达到预期，可能是由于技术员对岢岚土地不了解和管理技术不到位等因素造成。第二次新加入两位技术员却依然没有解决菠菜种植的产量问题，销售方韩高磊这次没有按产量购买，而是按每亩2200元收购菠菜，本次投入1700元，每亩赚500元。优异的菠菜质量吸引了其他人来收购菠菜，7月7日王云和种菜合作伙伴、马坊村第一书记靳再元在新的收购方赖先生带领下来到了乌兰察布市兴和县考察市场，并了解到上一次的失败有一部分原因是上一位收购方隐瞒真正市场行情低价收购，导致亏损。刘磊与新收购方共同投资菠菜种植园，收获后到深圳销售并共同分红，按现在的行情每亩年纯收入可达到4000元左右。

3. 园区带动

菠菜园区今年流转了岚漪镇坪后沟、梁家会等5个村640亩土地，每亩流转费440元，老百姓每亩地比往年增收300元，园区长期用工30人，包括宣地、播种、施肥、安装喷管带、装车等工作人员，每人每天120元工资，割菜工人每天需要100多人。村中每人每天能赚到100—200元不等，有效解决了当地50岁以上中老年人很难找到工作的尴尬局面。

（五）本地化创业致富——三井镇三井村青年创业致富带头人白雪松

白雪松，男，1990年出生，共青团员，三井镇三井村青年农民。

2008 年他从湖南衡阳华岳技术学校毕业后到深圳务工。2014 年回家创业，大力发展当地特色农业加工，现在是三井镇农村青年创业致富的典型之一，年获利达 10 万元。

在开始务工的两年时间里，白雪松从最初的一名流水线工人成长为公司中级管理层的一员，并继续工作 5 年，在这 5 年中积攒了他的"第一桶金"。2014 年开春他辞职回到村里，在周边市县进行项目考察后，认为农产品加工、销售很适合自己村，因为这里有大量土地资源和丰富的农产品种植，只要整合种植、统一管理、深入加工，可以极大迎合农产品市场。他通过和镇政府的深入探讨，开始学习相关知识技术并到周边县市借鉴经验。2015 年他在原有磨坊的基础上增盖房屋、购进机械，创办了廉丰缘小杂粮种植、加工合作社，开始了创业历程。他边干边学，积极参加市县、乡镇组织的各种知识培训，积极响应党委政府大力发展特色产业的号召，大力发展种植业，依靠担保贷款和投资入股，扩大种植、加工规模，扩大再生产，走规模经营的路子。

白雪松将一个种植面积 100 亩的合作社，逐步发展成为一个面积达 1500 余亩、集"园区种植农作物、集中收购原粮、规模加工、订单销售"为一体的立体种植基地，初步实现了自己规模化种植的构想。2017 年，该合作社产值达 100 余万元，利润 30 万元，解决了 5 个村民就业，带动 20 余户贫困户。2018 年，他和县里电商服务中心在本镇门店的基础上开办了镇级服务站，大力发展电商业务。白雪松 2017 年注册了"廉丰缘"商标以及绿色食品认证。2018 年底，他积极响应县政府的号召，联合电商服务中心、多家合作社以及电商老板成立了农产品电商协会，利用协会的集中优势，从资金和技术上帮助发展"三高"农业，提高种养业经济效益，以达到共同致富的目的。

廉丰缘专业合作社从成立之时起就树立了"自己致富，并带领群众共同致富"的发展理念。合作社以"种植——统一回收——加工——销售"一条龙的产业经营模式进行种植。廉丰缘专业合作社作为种植基地，吸收农户加盟，由农户出资或以地入股，合作社进行统一种植、销售。

（六）红芸豆的魅力——神堂坪村返乡大学生党员吕杰

吕杰，中共党员，38 岁，岢岚县神堂坪乡神堂坪村人，神堂坪村为贫困村。2003 年，他考入甘肃农业大学食品科学与工程学院。2007 年 7 月毕业后，到山西金绿禾生物科技有限公司（山西孝义）研发部工作，参与完成了"燕麦益生乳""燕麦豆浆"等饮品的立项、研发、投产、认证等系列工作，并顺利推向太原市早餐工程。2008 年 2 月任山西金绿禾生物科技有限公司研发部主管，独立完成了"杂粮方便米饭"的产品研发、设备选配、试生产等工作。工作期间他任公司管理者代表，曾组织公司各部门进行 HACCP、ISO9001、ISO14001 等体系的认证和复审工作，曾组织公司进行有机燕麦食品认证工作，并获得中绿华夏有机食品认证中心授予的"有机食品内审员"资格。2008 年 5 月至 9 月到深圳好顺景食品有限公司交流学习，参与完成"玉米肠""亲亲肠"等系列低温肉制品的研发升级工作。2008 年 10 月至 2012 年 1 月任山西丰园食品有限公司（山西忻州）杂粮部经理，负责公司真空甜糯玉米、速冻玉米、有机杂粮等产品的生产加工、质量控制等管理工作。吕杰多年务工学习积累的丰富实践经验结合所学专业知识，为返乡创业奠定了坚实的基础。

2012 年 3 月吕杰回乡创业，创建岢岚县绿祥源生态农业有限公司。他利用自己的打工积蓄及信用社贷款共 150 余万元在神堂坪村建成了年产量 300 万穗的真空保鲜甜糯玉米加工厂，带动周边农户1000 亩甜糯玉米种植，成为神堂坪乡产业发展带头人。

2015 年，吕杰被岢岚县农业农村局聘任为特岗农技员，负责对神堂坪乡所有种植户进行农业技术指导，在他的指导下区域内红芸豆、马铃薯、玉米等作物产量明显增加，病虫害得到有效控制。2017年他带领公司入驻岢岚县大学生创业园，并成立"岢岚县大学生创业园产业孵化基地"，同年吕杰被岢岚县团委评为"优秀青年"。

2019年4月，吕杰组织公司再次投资50余万元完成了红芸豆罐头食品SC认证，2019年5月，他担任岢岚县新的社会阶层人士联合会常务理事，同时其公司被岢岚县科协命名为"岢岚县科普示范基地"。2019年6月，吕杰赴浙江大学参加了"山西省中小企业脱贫攻坚专题研修班"进修学习。2019年7月他组织对神堂坪乡范围内2万亩红芸豆进行了绿色食品认证。

在吕杰的带领和影响下，全乡共成立九个种植专业合作社，发展红芸豆、马铃薯、谷子等特色农产品种植园区三个、种植基地十五个。吕杰在自富的同时帮民富，带领全乡群众走出了一条兴村富民的好路子。

岢岚县是"中华红芸豆之乡"，但农业人才不足，文化程度和技术水平不高，农产品加工业比较滞后，主要出口红芸豆初级产品，在国内外市场上影响力逐渐削弱。为提升岢岚红芸豆产品的竞争力，将"中华红芸豆之乡"的品牌推向全国，吕杰带领公司引进先进的罐头食品生产线，发展红芸豆深加工产业，推进优质红芸豆种植园区建设，实行"公司+农户+基地"的产业化经营模式，与农户签订种植收购协议，产品收购以后送入加工厂转化升级，延长产品产业链，提高附加值。吕杰希望加快农业增长方式由数量型、粗放型向质量型、特色型、效益型转变，有力地推动了岢岚县红芸豆产业的发展。针对化肥农药投入量过大、水资源开发过度的情况，他推行减肥、减药、节水的绿色生产模式，提高资源利用效率，实施化肥农药减量增效行动，大力推进精准施肥，改进施肥方式，提高肥料利用率；推进绿色防控和科学用药，推广新药剂、新药械、新技术，提高病虫害综合防治水平。他积极申报红芸豆2万亩绿色食品认证，同时做好有机农产品认证准备。

作为创业致富带头人，吕杰积极组织技能培训。公司与县科协、农业部门联合组织培训农民 300 余人次，积极引导红芸豆种植户了解学习相关知识，重点推广品种优化、药剂拌种包衣、地膜覆盖、机械化播种、平衡施肥、生物防治、节水灌溉、轮作倒茬、合理密植等综合配套技术。对项目区内红芸豆种植户实现"八个统一"，即统一规划集中连片、统一供应良种、统一覆盖地膜、统一时间集中播种、统一病虫害防治、统一施肥标准、统一收购、统一销售。吕杰的公司在收购时以高于市场价 0.3—0.5 元/斤的价格收购贫困户红芸豆，保障贫困户零风险种植。

在产品销售过程中，凡是以助力脱贫攻坚、消费扶贫为目的的企事业单位团购红芸豆罐头产品，吕杰的公司都会将销售额的 10% 转付购买单位指定的帮扶村三资账户，用于该村贫困户发展生产、脱贫致富。同时公司会将消费扶贫产品销售额的 3% 上交贫困村神堂坪扶贫基金账户，用于村公益事业建设和贫困户动态帮扶，稳定脱贫效果。

目前，神堂坪许多村民，特别是贫困户受到吕杰的影响和带动，积极加入红芸豆产业发展中，种植面积越来越大，收入越来越高。科学发展红芸豆特色产业，既成就了吕杰个人，也壮大了村集体经济，又激发了贫困户内生动力，稳定了脱贫成效。

（七）一个人富裕不算富，带领身边的人富裕才算富——岢岚县创业带动型致富带头人郝永光

郝永光，39 岁，岢岚县阳坪乡赵二坡村人，中专文化程度。2001 年 7 月五寨师范毕业，先后任教、复读于岢岚高中，因家庭贫困没有继续读大学，开始 3 年做润滑油推销工作。2006 年他白手起家，在保德县创业做润滑油生意。2009 年，在保德年销售已达 200 万元左右，后去太原注册成立山西凯泰发润滑油贸易有限公司。通过

近 10 年的艰辛努力，郝永光的业务已经遍及晋西北多个企业、厂矿，润滑油年销售额基本稳定在 800 万元左右。他作为致富带头人得到了全乡干部群众的一致好评，返乡创业以来所做诸多事业大致分为以下六方面。

1. 优先制定脱贫攻坚计划

2016 年，郝永光通过咨询岢岚林业部门相关人员了解到，岢岚要实施绿化工程，可以办理注册扶贫攻坚造林专业合作社，前提是带动贫困户，有垫资能力。郝永光亲自进村入户摸底调查村里的贫困户，当时贫困户的思想观念是只要进入合作社就不是贫困户了，为此他多次做村里及乡里贫困户的工作，终于成功注册合作社，省林业厅为其颁发了造林资质。在当年年底，他给加入合作社的社员与村里常住人员每人赠送一件棉衣。根据市委、市政府、县委、县政府有关生态扶贫文件精神，郝永光结合林业"十三五"规划，在认真调研讨论的基础上，制定了《造林扶贫计划（2017—2020 年）》，探索并着力推进"造林产业+合作社+贫困户+领头雁"扶贫模式。

2017 年，岢岚普惠扶贫攻坚造林专业合作社承担了 1360 亩的退耕还林造林任务，合作社刚开始吸收了 25 户成员，其中 18 户属精准贫困户，当年社员劳务收入达 232840 元，贫困户劳务收入达 191460 元，人均达到 7660 元，初步解决了赵二坡村村民务工难、增收难的问题。在 2017 年实施造林期间，岢岚普惠扶贫攻坚造林专业合作社给社员统一购买了服装、凉帽、保温壶、下火药，在年底给每个成员发放白面、500 元红包等，激励社员们的劳动生产热情。

2. 进一步发展普惠造林专业合作社

2018 年，普惠造林专业合作社得到进一步发展，并向龙头专业造林合作社迈进。合作社新建办公室两间，整修原办公区，并投入办公电脑和打印机两台，义务绿化村周边条块边角空隙地十亩，在合作社办公地投入了体育器材和音响设备，为村民提供了休闲和娱乐的场所，方便社员学习新知识。合作社通过走访慰问，为全村贫困户80人每人送去价值600元的慰问品。

这一年合作社由原来的25人扩大到52人，几乎吸收了赵二坡村、赵家洼村、宋木沟村所有符合劳动能力的贫困人员，为避免工程运作中的安全风险，合作社为社员办理了人身意外保险。普惠合作社在2018年的造林工程中，承担2296亩治沙工程，工程款为1923322元，社员劳务费达531960元，贫困人口贫困劳务费达426270元，人均达10230元。

3. 不断拓展贫困群众就业岗位

郝永光通过林业生态保护与造林来促进赵二坡村经济发展和贫困群众就业，在发展中逐步过渡，最终走上以特色经济林开发和林业生态补偿为重点的道路。他积极开展林业产业扶贫、生态扶贫和技术扶贫，发展林下经济等特色产业，优先从贫困人口中聘用技术员、植树工人，为赵二坡及周边村贫困人口创造就业机会，由"救济式"扶贫向"开发式"扶贫转变，变"输血式"扶贫为"造血式"扶贫，不断提高赵二坡村集体和村民贫困户收入，带动集体和农户双脱贫。

4. 积极探索综合发展模式——"小康互助组"

郝永光结合赵二坡村实际，率先提出"小康互助组"模式。小康互助组分林下养殖、林下中药材两项产业类，将所有建档立卡户全覆盖。"小康互助组"的组建整合，消除了贫困户的思想顾虑，有效破解了贫困户在诸多制约产业结构调整的瓶颈问题，逐渐转变了贫困户缺乏发展信心、小富即安的等靠思想。他同时配套构建了培训服务体系，及时向农民群众传授技术、信息和知识。

5. 培育新经济增长点

2018年6月，郝永光注册了普济小杂粮加工合作社，当年高价收购乡里贫困户积存难卖的粮食，以高于市场价格收购了1万斤红芸豆，在收购过程中与乡里帮扶干部、贫困户对接，做到精准识别。此外，郝永光加盟岢岚电商平台，通过网络推广，村里部分闲散劳动力通过他介绍去周边用工、物流、酒店等企业打工，目前已输送12名劳动力外出务工。

6. 重视精准扶贫宣传工作

郝永光重视精准扶贫宣传工作，合作社中几位先进典型社员在省内几家传统媒体和新闻媒体上都有采访与报道。其中培育造林扶贫先进典型3人，提炼总结、宣传交流典型案例3个。他发放林业科普资料，组织参观学习先进经验，推动和组织召开了一次全县造林扶贫工作现场会议，受到县林业局嘉奖。

郝永光在2018年10月28日被村民选为村主任，合作社被评为省级示范合作社。2019年，政府提倡宕昌模式发展，普惠合作社联合了6家合作社，带贫人数共211人，承担11000亩绿化工程。郝永光的人生信条是："一个人富裕不算富，带领身边的人富裕才算富，在脱贫攻坚的道路上，我作为村里的年轻人，愿承担应有的责任。"他先后组织和带动211户贫困户年增收将近9000元，并向每月增收500元的目标稳步迈进，使阳坪乡赵二坡村成为精准扶贫工作"样板村"。

（八）回乡创业的致富带头人——水峪贯乡寨上村党支部书记马建军

马建军，岢岚县水峪贯乡寨上村党支部书记，创建岢岚县农嘉华扶贫攻坚造林专业合作社。在 20 世纪 80 年代，马建军做司机，在村子里成为致富能人。1988 年，马建军离开家乡，到河曲县阴塔火车站学习开机械和大货车，家中经济较为宽裕，2016 年，他放弃六七千元的薪水回到寨上村，带领乡亲们摆脱贫困。

寨上村平均海拔 1000 米以上，是岢岚县深度贫困村之一。寨上村有 141 户村民，由于自然条件差，生产方式落后，村民广种薄收，种植土豆是主要经济来源。过度砍伐导致村庄四周植被急剧减少、水源枯竭，雨季存在山洪水患，易引发道路堵塞。

面对村落现状，马建军认为"寨上村要想有发展，必须先种树"。2016 年，回乡后马建军把寨上村的劳力抽出一半成立造林合作社，由马建军发起的岢岚县农嘉华扶贫攻坚造林专业合作社正式成立。他把村里的致富能人召集到一起，59 户群众采取投资入股方式筹资 50 万元，作为首批社员加入合作社，发展本村种植业。他带领村民绿化荒山，外出寻找务工机会，剩下的劳力在家从事农业生产。乡亲们不管从事农业生产还是跟他外出干活，都按工时记分，年底根据工分多少进行统一分配。通过几年的持续造林，寨上村周围 3000 多亩荒山成为绿地。四年来，马建军带领寨上村造林队到处承揽造林工程项目，壮大集体经济和增加村民收入，累计造林 3 万多亩，队伍由原来的 30 人壮大到 60 人，收入由 6 万多元增加到 20 多万元。如今在马建军的带领下，寨上村通了宽带、自来水，青壮年人人拥有一部手机。这个村成为远近闻名的富裕村。

除此以外，马建军上任后，带领群众开展玉米营养钵栽种、脱毒马铃薯种植等农业科技普及，经过两年时间解决了村民多年种植收入不稳定的难题。马建军利用寨上村地处深山气候凉爽的优势，建起了村集体土豆保鲜窖储存土豆，反季销售，增加集体收入。他先后到保德县等地考察中药材种植，并在寨上村成功试种了 200 余亩黄芪。

■ 小 结

在公共政策的执行中，关键在人。人如何理解政策，如何宣传政策，如何解读政策，如何让政策本地化，这些问题都影响着政策在执行中的效果。

对于扶贫而言，扶贫队伍的培育自然是核心的工作，也是扶贫政策执行的关键。在这一点上，岢岚县政府首先建立了自上而下的扶贫队伍，从各个部门抽调人才，从项目的视角优化行政管理中的人才资源配置，将人放在适合的位置上，组成一个优质的扶贫队伍；其次，对扶贫队伍进行专业知识体系的培育，使这些干部的实践经验和政策的相关理论知识相结合，如此方能发挥干部队伍的最大效力；再次，在干部队伍培育中，除了普适性的知识培育之外，针对特定人群，比如致富带头人、就业骨干等，进行专业化和分门别类的培训。通过这三个层次的队伍建设，为岢岚县的扶贫工作建立了较好的人才梯队。

第四章

阻断贫困——教育扶贫
消除代际贫困根源

　　"治贫先治愚，扶贫必扶智"是习近平总书记关于扶贫工作论述的重要组成部分。可以说，教育扶贫对贫困地区全面实现脱贫具有关键性的意义。帮扶贫困家庭的孩子接受良好的教育，方能彻底挖掉一个家庭的"穷根"。党的十八大以来，以习近平同志为核心的党中央强调教育扶贫在脱贫攻坚过程中的重要作用，并将"发展教育脱贫一批"作为精准减贫脱贫的重要途径之一。党的十九大再次明确提出面向 2035 年基本实现现代化和 2050 年建成现代化强国的战略目标与要求。因此，为加快我国建设人力资源强国的脚步，就必须进一步加快发展教育，加快提升人力资源开发、劳动生产率及核心竞争水平。近年来，我国教育扶贫实践精准施策，不断创新，取得了显著成效。而岢岚县在教育扶贫工作中也取得了突出的成就。

　　岢岚县在全面开展脱贫攻坚工作以来，认真贯彻落实习近平总书记关于教育的重要论述，努力践行山西省教育大会精神，始终把落实立德树人作为根本任务，注重夯实基础，大力实施"教育扶贫、基础保障、控辍保学、人才兴教、素质教育"五大工程，狠抓工作落实，在"教好""学好""管好"上持续发力，全面落实教育扶贫各项政策措施，努力为全县所有孩子"上得起学""上好学"创造条件，以深厚的群众感情抓好教育的各项工作。近年来，岢岚县的教育事业发生了很大的变化：义务教育办学条件得到极大改善，师资力量不断壮大，贫困家庭学生的学习和生活得到了有效保障，群众满意度进一步提升。全县现有各级各类学校 54 所，其中高级中学 1 所，职业中学 1 所，初级中学 4 所，小学 12 所，农村小学教学点 30 个，幼儿园

6 所；在校学生 8870 人，其中义务教育阶段 5335 人；教职工 995 人。

岢岚县县委、县政府坚持把教育放在优先发展的战略地位，坚持科教兴县战略，不断改善办学条件，夯实教育脱贫基础，助力脱贫攻坚。按照省委"一个指引、两手硬"的重大思路和要求，深入践行县委"331"发展战略和"3169"脱贫攻坚行动纲领，做到教育发展和教育扶贫两不误、两促进，并取得了阶段性成效。2015 年，岢岚县顺利通过全国义务教育发展基本均衡县评估认定；2016 年，被列为《义务教育学校管理标准（试行）》省级试点县；2017 年，被列为山西省统筹推进县城内城乡教育一体化改革发展试点县。目前，义务教育阶段教学质量大幅度提升，小学质量检测全市综合排名名列前茅，中考成绩逐年提升，高中教育逐步走出低谷，2019 年二本 B 类以上达线人数 72 人，创历史新高。

在教育扶贫方面，岢岚县主要从三个层面实施脱贫，一是寻找难点，二是针对难点进行实施，三是侧重技能培训，通过教育实现重新社会化。

表 4-1　2014—2019 年岢岚县教育事业发展统计表

类别	2014—2015 学年				2015—2016 学年				2016—2017 学年				2017—2018 学年				2018—2019 学年			
	学校数	学生数	教师数	招特岗	学校数	学生数	教师数	招特岗	学校数	学生数	教师数	招特岗	学校数	学生数	教师数	招特岗	学校数	学生数	教师数	招特岗
普通高中		1482	131		1	1552	126		1	1446	124		1	1260	123		1	1049	122	
职业高中	1	40	17		1	128	17		1	91	20		1	97	20		1	114	21	
初中	4	2512	301	6	4	2225	321	1	4	2004	315	2	4	1795	313	3	4	1802	299	4
小学	17	3662	548	14	12	3440	525	14	12	3390	541	17	12	463	538	36	12	533	523	31
教学点	45				46				48				43				30			
幼儿园	13	1868	131		13	1994	140		13	1957	154		13	1878	152		6	2372	43	
其中普惠幼儿园	10	1015	75		10	1097	84		10	1066	87		11	1197	99		4	1557	99	

数据来源：岢岚县政府提供。

一、追根溯源：教育扶贫难点何在？

扶贫，如何从内生动力出发？教育是一个必然的选项。中国近代教育的经验证明，读书不仅是改变家庭身份和社会地位的一个路径，也是提升家庭社会阶层的工具，西方的教育发展历程同样证明了这一点。要想从根本上摆脱贫困，教育是阻断贫困代际传递的重要途径。对于岢岚县而言，因为其相对封闭，人口稀少，资源短缺，教育的角色就显得格外重要。岢岚县政府从教育现状出发，深刻剖析教育存在的问题。

（一）义务教育发展与城镇化快速发展不相匹配

随着城镇化建设步伐的进一步加快，人们对优质教育资源的需求加大，学生由乡村到县城再到省市单向流动趋势明显，市县、城乡教育教学水平差距有进一步拉大趋向，农村义务教育办学规模不断萎缩。近十年来，岢岚县初中学校减少60%、小学减少68.8%，农村教学点个位数学生现象逐年增加。由此带来了诸多问题，如学生到县城或省市就学增加了家庭负担，农村学校办学困难、教育质量提升缓慢，优质生源向外流失等。

（二）乡村难以留住优秀教师

贫困地区的教师待遇仍然偏低，目前的激励政策不足以保证教师在农村安心任教，优秀教师极易流失又难以及时补充；农村学校里教师跨年级、包班上课的现象较为普遍；外语、艺体、计算机教师缺乏，不能满足农村教育发展需求。同时，全县义务教育和学前教育阶段教师队伍存在学科结构不合理、梯队建设存在断层、优秀教师严重短缺、男教师明显偏少等问题。

（三）地方及学校自主办学空间相对狭窄

公办学校在教师招聘、学生招录、教学管理、奖惩激励等方面的体制机制不畅。中小学教师属教师专项编制，幼儿教育教师属普通事业编制，不能统筹使用；幼儿阶段正式教师严重短缺；有职称的教师年龄偏大，处于一线教学岗位的较少；一线骨干优秀教师因职称数额有限，难以晋升职称，制约并影响着教师工作的积极性。

（四）校长队伍建设亟待加强

特别是在贫困地区，懂教学的不擅长管理，懂些管理的又不精通教学，既能教学又会管理的更是少之又少。教育教学质量的提高，校长队伍极为关键，但是单纯依靠县一级，很难在短时间内提高这支队伍的综合素养和能力水平。

（五）受区位条件因素影响，短期内教育教学难以有效提高

投入相对不足，生源相对较差，教师整体素质相对不高，极大地制约着乡村教育事业的发展，在一定程度上极易形成"恶性循环"，是摆在该县面前想走也走不出的"沼泽地"。此外，还存在师范类院校专业设置少、专业设置不合理和师范类院校办学吸引力不够等问题。

以上这些教育现实，部分是岢岚县的现实，部分是全国的现实。

对岢岚县政府而言，如何走出现实困境，使教育在扶贫工作中发挥更大的作用是摆在他们面前的重要课题。

二、实践导向：家家有希望

针对上述难点，岢岚县从科学统筹教育扶贫工程、基础保障工程、控辍保学工程、人才兴教工程和素质教育工程五个方面着手，牢牢抓住"精准"和"落实"这两个关键点，确保教育扶贫工作层层落地。

（一）坚持科学统筹，大力实施教育扶贫工程

科学统筹是推进教育扶贫工作的战略基础。岢岚县始终坚持加强组织领导、科学统筹规划、严格政策落实、强化考评问责等方式，确保教育扶贫工作有序有力推进。

1. 健全工作机制，强化考评问责

为保证教育扶贫工作的切实推进，岢岚县成立了教育扶贫工作领导组，领导组下设办公室，办公室设在岢岚县教育科技局，明确了各相关组室、各学区（校）和幼儿园的工作职责，完善了责任落实和协作机制，为有序推进该县教育扶贫工作提供了坚强的组织保障。同时结合县情实际，岢岚县先后出台了《岢岚县教育扶贫行动方案》《岢岚县教育扶贫行动计划》《岢岚县 2019 年教育扶贫巩固提升计划》和《岢岚县教育扶贫资助政策落实实施办法》等文件，详细确立了推进教育扶贫工作的总框架、时间表、路线图和责任书，确保教育扶贫工作有序推进。同时，岢岚县还将教育扶贫工作落实情况作为

教育督导的重点任务。强化评估测评，以建档立卡贫困家庭子女就学情况和资助情况为重点，定期对各校区教育扶贫工作进展和成效进行监测评价。强化督促检查，坚持定期督查和学校自查相结合，发现问题并限期整改，将日常督查结果作为考核各校区扶贫成效的重要依据。强化追责问责，对扶贫政策落实不力、扶贫工作进展缓慢的学校，按规定进行通报批评和责任追究；对弄虚作假、套取骗取或违规使用扶贫资金的不正之风和腐败问题，依法依规严肃处理。

2. 严格资助过程，确保公平公正

按照"不落一校，不落一户，不落一生"的总要求，岢岚县坚持对建档立卡贫困户子女资助全覆盖原则，把教育资助政策精准落实到每一个贫困户家庭子女头上，绝不让一个学生因贫辍学。一是严格资助认定，在落实各项惠民政策上，严格审核资助对象，严把学生资助审批关，凡建档立卡贫困家庭子女、享受低保家庭子女、特殊供养家庭子女、残疾儿童少年皆为贫困生；二是简化资助流程，按照"学生本人申报、学校核对公示、教育科技局复审汇总、与扶贫办对接核准、教育科技局拨款到校，学校把资助金打到学生家长银行卡上"的步骤进行资助；三是加强资助后续管理，资助金发放后，由各乡镇学区、县直校报教育扶贫办相关印证材料，教育扶贫办进行回访核实。

3. 认真落实政策，做到应扶尽扶

五年来，岢岚县为就读的建档立卡贫困生累计发放学前教育资助、一补、高中和职中助学金和县专项资助金 787.5625 万元，每年详细资助情况见表 4-2。为 120 名建档立卡贫困大学生资助新生入学路费 8.65 万元；为 1172 人次建档立卡贫困生提供了生源地助学贷款 705.1624 万元；为 208 名考上二本 B 以上建档立卡贫困大学生一次性每人补助 5000 元，共计 104 万元；为义务教育阶段学生免教科书

费 327.31 万元；2016 年以来为建档立卡贫困高中生免学费；为职业中学学生免学费；为全县农村义务教育阶段学生提供营养补助 667.6 万元；县政府共投入 250 万元专项资金，实施了中小学校寄宿学生"一颗鸡蛋"工程。

表 4-2　岢岚县近年来教育扶贫资助情况统计表　（单位：人）

年度	贫困学生数	幼儿人数	小学生数	初中生数	高中生数	职中生数	资金发放
2016 年	1285	216	464	343	259	2	全部发放
2017 年春季	1719	325	664	457	262	11	全部发放
2017 年秋季	1673	272	645	439	293	24	全部发放
2018 年春季	1742	336	658	450	274	24	全部发放
2018 年秋季	1683	283	683	447	248	22	全部发放
2019 年春季	1730	331	705	452	222	20	全部发放
2019 年秋季	1653	254	730	418	231	20	全部发放

数据来源：岢岚县政府提供。

4. 推动社会资助，加大扶贫力度

积极鼓励和引导社会力量参与教育资助。2015 年，协助民政部门及社会团体、爱心人士捐资 30 万元，资助困难家庭学生 400 余人；2016 年，县妇联"春蕾女童班"资助贫困女高中生 50 名，每人 1200 元，共计 6 万元；2017 年，协助中国扶贫开发协会、清华大学管理学院、山西省福利彩票基金会、澳晋联谊会、公益 TA2 团队等社会团体共捐资 46.6 万元，资助建档立卡贫困家庭学生 560 余名；2018 年，协助山西澄粹商务服务有限公司总经理、岢岚农商银行、县卫计局、澳晋联谊会、士林置业开展捐资助学活动共计捐资 20.51 万元，资助贫困学生 412 人；2019 年，协助山西点爱公益基金会、中国人民财产保险股份有限公司岢岚支公司对建档立卡贫困学生进行资助，同时将协助东莞市能源投资集团有限公司做好捐资助学工作。

5. 扩大政策宣传，营造良好氛围

脱贫攻坚以来，岢岚县教育科技局坚持以乡镇、村委、学校为中心，将教育资助政策宣传到村到户到人，做到家喻户晓、人人皆知。一是通过岢岚电视台、校园网、家长微信群等媒体和平台进行广泛宣传，提高社会公众对教育扶贫政策的知晓度；二是组织全县中小学校对建档立卡家庭进行家访和政策宣讲活动，各校结合自身实际，组织教职工进村入户宣传解读教育扶贫政策，打消建档立卡家庭的顾虑，确保适龄少年儿童不因贫辍学；三是利用班会、宣传栏、黑板报、校园广播站、电子屏等手段对教育扶贫政策进行宣传，通过校校通、明白卡、致家长的一封信等家校联络方式，将教育扶贫政策发送到家长手中，多渠道营造教育扶贫氛围；四是坚持扶贫与扶德、扶志、扶智"多管齐下"，结合思想政治教育、德育教育，在中小学校、幼儿园学生中广泛开展了"小手拉大手、脱贫一起走"主题社会实践活动和"小手拉大手、爱护美丽家园"主题实践活动，引导学生和家长树立了"奋斗光荣、懒惰可耻"和"岢岚是我家、文明靠大家"的正确理念，形成学生带动家长、家长带动社会的辐射效应，进一步激发家长群众脱贫攻坚内生动力。

（二）坚持均衡发展，大力实施基础保障工程

改善办学条件是推动教育均衡发展的首要条件，也是提升义务教育保障水平的重要举措。五年来，岢岚县不断夯实教育发展基础，加快深化教育扶贫工作。

1. 推进校舍标准化，完善配套设施建设

五年来，累计投资 8823 万元新建、改扩建、维修改造了幼儿园和义务教育阶段学校基础设施，购置了设施设备。其中，投资 4395

万元对 53 所义务教育阶段学校进行全面改造；先后投入 4428 万元对全县幼儿园、义务教育学校进行了维修改造和购置设施设备，教学装备全部达到国家标准，有效保障各类课程的开展，为学生健康成长全面发展创设了条件，保证农村小学和教学点能够正常运转。投资近亿元新建的岢岚中学于 2015 年秋季投入使用，完成了岢岚三中、桃园昇学校迁址，进一步优化了学校布局和资源配置，极大地改善了办学条件，为广大师生创设了安全舒适的工作、学习和生活环境。

2. 推进教育资源共享，优化中小学布局

针对农村义务教育学校"散、小、弱"等突出问题，岢岚县以教育信息化建设为抓手，推进教育资源共享。实施光纤进校园，各学校相继开通校园网站，实现了中小学网络资源全覆盖、教学点数字教学资源全覆盖。岢岚县桃园昇实验小学由山西省电化教育馆投资安装了移动云课堂设备，该教育信息化网络扶贫项目已投入使用。根据上级精神，结合岢岚县实际，立足城乡一体，着力破解"城镇挤""乡村弱"等问题，制定了《岢岚县义务教育学校布局调整规划》，按照"初中县城集中办学、小学高段乡镇中心校寄宿、小学低段就近教学点入学"的布局调整思路，抓好农村两类学校建设，按标准统筹创办高质量的农村寄宿学校和乡村小规模学校，积极稳步推进学校布局调整。现已整合为县城初中 3 所（含九年一贯制学校 1 所），农村初中 1 所，县城小学 3 所，农村寄宿制小学 9 所，农村小学教学点 30 个。

3. 推进易地扶贫搬迁安置点的教学设施建设

按照岢岚县自然村易地扶贫搬迁工作的整体规划，全县 2017 年和 2018 年共撤并农村小学和教学点 9 个，并根据学生家长的搬迁意愿，按照就近入学原则确定学生的就读学校，妥善安置所有学生就读。针对易地扶贫搬迁广惠园集中安置点，后续配套教育设施建设需

求，学龄前儿童集中安置到仰峤幼儿园，小学生集中安置到桃园昇实验小学，初中生根据该县实际，设立高中附设初中班，初中生可就近入学。

（三）坚持对标研判，实施"控辍保学"工程

1. 规范招生行为，强化控辍保学

认真贯彻落实《义务教育法》，依法确保所有适龄儿童按时接受九年义务教育，严格控制小学一年级入学年龄，凡符合小学一年级法定入学年龄的适龄儿童，必须入学，不提前不推后，做到应入尽入；严格按照"免试、就近、划片"入学原则，各学校均衡编班、均衡配备教师、限制班容量，杜绝了学校乱招生、学生乱择校现象；对农村贫困学生家庭逐户进行宣传，引导理性择校，进一步遏制了幼儿、义务教育阶段学生盲目进城就读和过度教育等问题。此外，教育科技局加强领导，成立了控辍保学领导组，健全了控辍保学目标责任制、联控联保机制和动态监测机制，加强对各村适龄儿童入园情况和就读情况的监测，实行动态管理。根据未入园幼儿和辍学学生实际情况，认真制定控辍保学工作方案，确定控辍保学责任单位和责任人，建立问题及整改清单台账，共解决了 19 名幼儿的入园问题和 25 名义务阶段辍学学生的就读问题。目前，全县学前教育适龄儿童 2545 人，入园 2372 人，入园率 93.2%，超过全省平均水平；义务教育阶段无因贫辍学学生。

2. 加强统筹部署，保障特殊群体上学权利

岢岚县成立了残疾人教育专家委员会，明确工作职责，保障特殊群体学生接受义务教育。加强残疾儿童随班就读和送教上门工作的指导力度，确保全县适龄残疾儿童接受义务教育；加强对进城务工随迁

子女、留守儿童、单亲子女、孤儿等入学保障工作的统筹指导，进一步优化简化入学流程和证明要求，保障弱势群体公平接受义务教育。

（四）坚持队伍建设，大力实施人才兴教工程

教师资源均衡配置、教师队伍专业发展是加快人才兴教的关键。岢岚县以农村特岗计划和师资培训为重点，着力打造一支师德高尚、业务精湛、结构合理、充满活力的高素质专业教师队伍。

1. 特岗招聘政策倾斜，稳定农村教师队伍

近五年来，依托国家特岗计划政策平台，岢岚县共招录特岗教师132名，特岗教师总数达到337名，占全县义务教育阶段专任教师的35.8％，特岗教师成为农村教师的主力军。全县教师年龄结构、学科结构、学历结构有了明显改善，农村学校音体美、计算机等学科得以全面开设，教学设施设备得到充分利用，保证了农村教学质量提升和学生的全面发展。同时，岢岚县教育科技局还针对农村中心校教师和教学点教师分别发放了每人每月80元和100元的偏远补助；落实了国家集中连片贫困地区农村学校教师每月享受300元的乡村教师生活补助；2015年起对乡镇教师按照每月200—400元标准发放补助，2017年提高到每月200—650元；农村教师的补助标准提高到580—1050元。职称评定、评优评模等优先向农村教师倾斜，农村教师的社会权益得到维护和保障，有效稳定了农村教师队伍。

2. 有序交流，均衡城乡教育发展

规范实行"城内教师下乡支教、农村教师有序进城、优质教师送教下乡、区域教师校际流动、学校校长定期交流"的交流机制，五年来交流教师150人、校长23人，送课下乡164节，有效推动城乡教育同步发展、共同提高。2015年以来，山西师范大学每年选派

30 名本科大学生来岢岚县支教。2017 年以来，忻州师范学院每年选派 20 名本科大学生来岢岚县支教，有效缓解该县师资不足问题。

（五）坚持素质教育，大力实施质量提升工程

教育教学质量是教育工作的生命线。岢岚县始终以素质教育为主线，全力提升教育教学质量和办学水平。

1. 推进素质教育

以素质教育为导向，岢岚县开全开足"国家、地方、学校"三级课程。大力实施人文校园、书香校园、艺术校园、体育校园、绿色校园五个校园建设工程，有效提升校园"三化"建设水平，发挥校园环境育人功能。创新开展寄宿生每天一小时课外阅读活动，全面落实阳光一小时体育活动和体艺"2+1"，提升山区学生综合素质。组织校园文化艺术节、歌咏比赛、书画展览、汉字听写、读书演讲等活动，促进学生全面健康成长。把立德树人和社会主义核心价值体系贯穿于教育教学全过程，促进学生德智体美劳全面发展，培养学生的社会责任感、创新精神和实践能力。2017 年，在"忻州第一届中小学诗词大赛"中，岢岚县代表队分别获得中学组、小学组二等奖；2018 年，在"忻州市第二届中小学诗词大赛"中，岢岚县代表队荣获初中组团体一等奖；在"忻州市 2018 年校园足球联赛总决赛"中，桃园昇实验小学获得小学组冠军；在"忻州市 2019 年校园足球联赛分赛区比赛"中，全县 7 支校园足球队共斩获 8 枚奖牌，奖牌数居五寨、保德两赛区首位；全县中考体育测试成绩连续 3 年居 14 个县、市（区）之首。

2. 强化教研教改，开展结对帮扶

把教科研工作作为研究、探索和提升中小学教学质量的重要抓

手，配强配足教科研队伍，保障教科研设备和经费，聚焦课堂教学，创新教研形式，优化教学模式，开展联片教研、校本教研、网络教研、专题教研等形式多样的教学研究活动，并在多方研究的基础上，推出观摩课、优质课、送教下乡、同课异构等举措，促进教师专业成长。组织教师参加山西省"一师一优课""一课一名师"活动，有力地提升教师信息技术应用能力。在全县中小学范围内有序推进"三优"工程，教师内在素养、现代化教学理念和适应现代化教学的水平得到进一步提升。此外，岢岚县还积极开展学校结对帮扶工作。县直8所学校与15所农村中小学（幼儿园）结对子，从学校管理、教研教改、校园文化、贫困学生资助等方面对农村学校进行帮扶，加快全县优质教学资源共享步伐。

三、重新社会化：技能培训

（一）贫困劳动力就业扶贫培训工作

1. 领导重视，积极组织开展职业技能培训工作

岢岚县委、县政府领导高度重视贫困劳动力职业技能培训工作，2017年，及时组织相关部门召开专题会议，对培训工作做了明确的分工，责任到部门、到人头，拟制起草并下发各乡镇和相关单位"633名建档立卡农村贫困劳动力免费职业培训"的文件（岢政发〔2017〕34号），成立了以王福平为组长的领导组，领导组下设办公室，办公室设在劳动就业局具体负责培训日常工作，确保培训顺利进行。2018年印发《岢岚县2018年全民技能提升工程实施方案的通知》（岢政办发〔2018〕35号），2019年根据忻州市人力资源和社会

保障局《关于 2019 年继续推动实施全民技能提升工程及有关事项的通知》（忻人社函〔2019〕2 号）文件精神，岢岚县就业局委托岢岚县政府采购中心于 1 月 27 日在《中国山西政府采购网》上发布公告公开招标。3 月 8 日接到岢岚县人民政府办公室关于《岢岚县 2019 年全民技能提升工程》实施方案的通知。从 3 月下旬依规聘请岢岚县职业中学、忻州市轻工职业培训学校、忻州市计算机高级中学三家培训机构在岢岚县开展培训工作。

2. 拓宽培训领域，强化培训质量

2018 年 4 月 23 日岢岚县就业局接到县人民政府办公室关于《岢岚县 2018 年全民技能提升工程》实施方案的通知后，迅速依规聘请忻州市轻工职业培训学校、忻州市计算机高级中学、忻州市金鑫职业培训学校和忻州市智杰培训学校四家培训机构来岢岚县开展培训工作。培训内容有中式烹饪、育婴员、保育员、美容化妆、护理员、安全知识等。截至目前共培训两期学员，有 18 个班 854 名学员结业。

2019 年 3 月 17 日，岢岚县全民技能提升工程培训在县职业中学开班。县政府办、人社局、教育科技局、职业中学相关负责人及 160 名学员参加开班仪式。此次培训邀请省级高级技师、高级讲师张晓玉和焦晓强等教师授课，内容涵盖中式烹饪、美容化妆、月嫂、电子商务、电工等多个项目，学员可以根据自身爱好、特长参加不同项目培训。通过培训提高技能，实现就业，达到"一证在手，一技在身，一条致富成才路在脚下铺就"的目的。

3. 确立并广泛宣传就业扶贫县域奖补政策

为吸引各类企业入驻、带动贫困劳动力积极就业，岢岚县就业局发布各类奖励补贴政策，如奖励吸纳贫困劳动力就业的各类企业、奖励创业带动贫困劳动力就业的扶贫车间及奖励外出务工贫困劳动力车费报销等，取得了良好效果。2019 年 3 月岢岚县就业局相关人员深入山西晋兴奥隆建材有限公司等 36 个重点企业宣传就业创业扶贫政策和税收减免奖补等政策，鼓励当地企业重点吸纳贫困劳动力就业和贫困劳动力自主创业就业，动员企业与贫困村结对签约，取得了良好的效果。

4. 设立就业培训服务流动工作站

在岢岚县政务大厅永久设立就业服务窗口的同时，设立转移就业服务流动工作站，重点在广惠园、宋家沟、阳坪、团城子村、马家河、王家岔六个易地扶贫搬迁集中安置点流动宣传，发布用工信息，推荐就业岗位，"送岗上门，送暖入心"，打通服务贫困劳动力转移就业"最后一公里"。同时从 6 月开始利用电视广告、微信平台、广告栏等媒体及单位职业介绍窗口，帮助东街村绒毛玩具厂招录工人208 名（其中 50 人现已上岗），6 月 17 日已开始进入岗前培训阶段，待机器设备全部安装完备后全部上岗。此外还利用"岢岚你好""岢岚小帮"等微信公众平台，每周发布一期最新用工信息，为广大群众捕获就业信息、及时提供服务。

（二）贫困劳动力就业培训工作成效

2017 年岢岚县就业局开展了"春风行动""岢岚县就业扶贫对接服务月活动""岢岚县人社局送就业岗位助力扶贫下乡村活动"，与浙江台州中新产业集团、江苏礼德铝业有限公司、江苏昆山科森科技股份有限公司、江苏昆山好孩子集团、江苏昆山仁宝电子科技有限公司五家企业达成了长期劳务输出意向，产生了 1500 余个就业岗位。10 月岢岚县就业局会同岢岚县众才人力服务有限公司出访河北石家庄中运铁路、太原富士康科技工业园区、山西影视集团有限公司、国家开发银行山西分行、中国石化山西分公司五家大型企业，初步达成就业岗位 500 人目标。计划"建档立卡"贫困劳动力培训 633 人，实现组织培训共计 646 人，完成率为 102%。

2018 年，岢岚县就业局按市局安排有计划有组织地开展了"就业援助月活动""春风行动专项活动""民营企业招聘周活动"和"送岗到村"等专项活动。通过深入企业调研，网络信息平台、外部公共就业服务机构等多种渠道收集用工信息，并利用电视、广告、发放宣传资料等形式吸引求职者和企业积极参与。累计提供就业岗位 10196 个，近百个工种，达成就业意向 1324 人，共发放宣传资料 2 万余份。实现城镇新增就业 687 人，农村劳动力转移就业 519 人（包含贫困劳动力 310 人）。

2019 年扎实开展各项就业专项活动，努力为求职者和用人单位搭建供需平台。正月十二由岢岚县就业局牵头会同工会、妇联、扶贫办等单位组织了"春风行动"春季用工大型招聘会，引进企业 50 家，提供就业岗位 5000 余个，进场群众 6000 人，发放就业政策宣传资料 10000 余份，现场达成初步就业意向 1020 人，最终实现就业 115 人，取得了较好效果。后续就业局利用就业服务窗口这一阵地，公布山西省内外企业用工信息 1000 余条、岗位 2000 多个，为求职者提供了多元的选择机会。

（三）妇女素质提升

2014—2019 年，岢岚县妇联在县委、县政府的坚强领导下，在上级妇联的有力指导下，围绕中心、服务大局、凝心聚力、开拓创新，在贫困妇女儿童救助、妇女创业就业方面谱写了新篇章。

1. 引领创业就业，助力脱贫攻坚，动员广大妇女建功新时代

实施"农村妇女素质提升计划"，组织农村电商、手工艺、钩编等专题培训 23 期，培训妇女 1350 人次，深化"创业创新巾帼行动"，

帮助 223 名参训妇女实现转移就业。与神堂坪乡联合举办了 2 期布艺培训班，共有来自全乡各村的 100 余名农家女子参加，实现了神堂坪乡妇女"用碎布头缝就新梦想，用针线活打开幸福门"的美好愿景。

创建巾帼农业科技示范基地、巾帼示范"农家乐"等各类"妇"字号基地、合作社 15 个，通过放大基地能人的孵化带动效应，带动全县 200 余名贫困妇女脱贫增收。

2. 落实民生实事，关爱妇女健康，营造服务困境妇女儿童氛围

继续做好贫困县农村妇女"两癌"免费检查，大力宣传"两癌"免费检查的重要性：通过检查能够达到早期发现、早期诊断、早期治疗，提高农村妇女的生活质量。举办"健康知识讲座"，提高全县广大妇女的保健意识；落实好全国"贫困母亲两癌救助"项目，2014 年以来，为符合条件的 79 位农村"两癌"患病妇女每人发放了 1 万元的"两癌"救助金，共 79 万元；实施"紫气东来，幸福起航"项目，救助 4 名患者，每人救助 2000 元。为 21 名困难妇女儿童发放救助金 3.2 万元。实施"助学成凤，开莱行动"，救助 2 名贫困女大学生，每人 2000 元。

■ 小 结

对一个国家而言，教育理念的改变既是一个时代所应该思考的问题，也是一个人类文明发展需要面对的问题。在这个过程中，教育实践对于教育理念的促进和触动是不言而喻的。岢岚县立足于实践导向，通过行动来实践扶贫工作中的教育工作，通过实践探索当代乡村教育的新路径，使得家家有希望，人人有学上！

第五章

人人平等——健康扶贫与
社保扶贫同发力

每个人，无论作为个体还是家庭成员，抑或村落的一员、县里的一员、国家的一员，先天拥有的资源和技能存在差异性，后天虽然可以依靠个人的努力，但是也需要在制度设计上对弱势群体进行资助和鼓励。社保和健康扶贫，便是制度设计在缩小差距上的体现。岢岚县委县政府在这两个方面，具体细化了国家在制度设计上的优势，将其落实在实践、行动和细节实施中。

一、全面保障：社保扶贫

2015 年，岢岚县成立了社会兜底扶贫工作领导小组。领导小组带领相关部门分组深入乡、村、农户，通过入户调查和召开座谈会等形式，了解贫困户的实际情况后，听取基层干部群众对民政扶贫的意见，根据国务院扶贫办和民政部《关于做好农村最低生活保障制度与扶贫开发政策有效衔接工作的通知》等文件精神，制定《岢岚县民政政策扶贫行动方案和行动计划》，明确了扶贫工作的总体目标、工作任务、工作措施。

2016—2018 年社保兜底行业扶贫资金共投入 18447.63 万元。其中，城市低保 4209.11 万元，农村低保 9011.4 万元，特困供养（五保）1383.85 万元，临时救助 960.36 万元，医疗救助 1859.38 万元，孤儿抚养 73.16 万元，救灾 950.37 万元。

2019 年，岢岚县共有民政保障对象 11062 人，其中，城市低保对象 1756 户 2521 人，农村低保对象 6151 户 7654 人，孤儿 10 人，特困供养对象 877 人（其中，集中供养 67 人，分散供养 810 人）；城市低保覆盖率 11.27%，农村低保覆盖率 12.01%；建档立卡贫困人口总数为 20271 人，享受农村低保、孤儿、特困供养人员总数（8541 人）占全县建档立卡贫困人口总数的 42.13%；城市低保保障标准 473 元/人/月，月人均补差 435 元，较 2018 年底增加 73 元，增幅 19.34%；农村低保保障标准 4358 元/人/年（超过国家扶贫线 1158 元），月人均补差 318 元，较 2018 年底增加 61 元，增幅 23.74%。

（一）应保尽保：推进农村低保

按照政策要求，岢岚县先后制定《农村低保扶贫专项行动计划》《特殊群体关爱专项行动计划》《助推脱贫摘帽工作行动计划》《脱贫攻坚工作实施方案》《农村低保专项治理工作方案》五个配套文件，健全农村低保对象与建档立卡贫困户双向衔接纳入机制，落实多部门家庭信息互通共享和联网核对机制。2018 年岢岚县开展了三轮次"进村村入户户"过筛研判排查，抓好农村低保保障工作，落实民政扶贫帮扶政策。并且每半年对低保对象人口、财产和收入等情况进行一次核查，根据实际情况及时进行动态管理，形成了"保障对象有进有出、补助水平有升有降"的动态管理机制，确保了符合条件的贫困人口应保尽保。

同时，充分利用宣传手册、微信等载体，对现行的农村低保、特困人员供养、医疗救助、临时救助、孤儿救助、自然灾害救助、困难残疾人救助、经济困难的高龄和失能老年人救助等各项民政扶贫政策的保障范围、申请条件、办理程序、救助标准、发放时限等进行广泛宣传，积极为困难群众讲解政策和服务内容，答疑解惑，使党的惠民政策深入人心、家喻户晓。

重点针对"贫困老人、重病患者、孤残儿童、特困人员"四类群体，制定了"四表分析研判"机制，建立因学、因残、大病、灾害"四主动发现纳入"机制，谁入户、谁调查、谁签字、谁负责"四主体管理"机制，统一位置、格式、内容和举报电话"四统一公示"等机制，每年按照不少于50%的比例对新审批的低保对象进行入户调查，按照不少于30%的比例进行随机抽查，通过"一季双查""三轮研判"动态管理。截至2019年12月底，共发放农村低保金额3843.94万元。

（二）"六项"标准：保障全面

岢岚县保障标准逐年提升，2016年农村低保标准为每人每年2855元，2017年农村低保提为3278元/人/年，2018年提为3564元/人/年，2019年提高到4358元/人/年，实现农村低保标准均超过国家现行扶贫标准；2016年特困供养人员分散供养和集中供养标准为3190元/人/年和4760元/人/年，2017年的供养标准提高到分散供养3940元/人/年和集中供养5510元/人/年，2019年提高到分散供养5749元/人/年和集中供养7319元/人/年。

城乡低保标准、特困供养标准、特困供养人员护理补贴、孤儿抚养标准、经济困难的高龄和失能老人生活补贴标准"六项政策"从2019年1月1日全面提标。其中，城市低保年标准提为5676元，农村低保年标准提为4358元；特困供养金标准提为集中供养7319元/人/年，分散供养5749元/人/年；特困人员护理补贴标准提为分散供养全自理100元/人/年，半自理200元/人/年，全护理300元/人/年，集中供养全自理140元/人/年，半自理350元/人/年，全护理700元/人/年；孤儿抚养标准提为集中供养18000元/人/年，分散供养12000元/人/年；农村低保中80周岁以上的高龄老人补助标准提为50元/人/月；对享受农村低保60周岁以上的失能老人补助标准提为 100 元/人/月。

结合社会救助综合改革试点工作，探索"责任明晰、上下互动、精准量化、收支兼顾"的农村低保管理新模式，稳定提升农村低保补差水平。

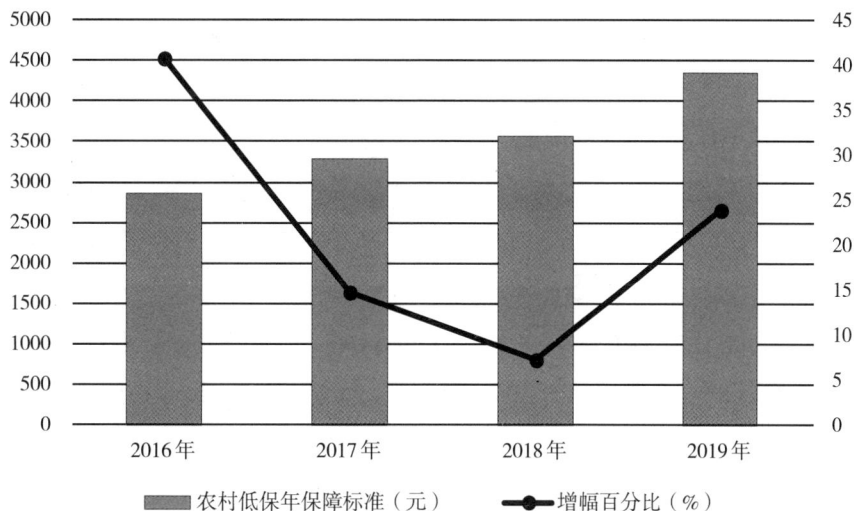

图 5-1 2016—2019 年岢岚县农村低保标准逐年增长图

数据来源：岢岚县政府提供。

（三）"两线"对象：低保、扶贫有效衔接

规范低保贫困户对象识别，一方面倾力做好全县农村低保对象的保障工作，另一方面认真按照低保认定标准和程序，把建档立卡扶贫对象中符合农村低保条件人员全部纳入农村低保兜底范围，做到应保尽保、应扶尽扶、应退尽退。做到精准救助与精准扶贫相衔接，促使其通过扶贫政策支持和社会低保保障两条路径实现脱贫致富。

截至 2019 年 12 月底，全县农村低保 6151 户 7654 人、特困供养人员 877 户 877 人中分别纳入建档立卡贫困人口 4458 户 5666 人和 830 户 830 人，低保贫困户占到全县建档立卡贫困户总数的 54.02%，实现了保障对象向建档立卡贫困人口的最大程度延伸。

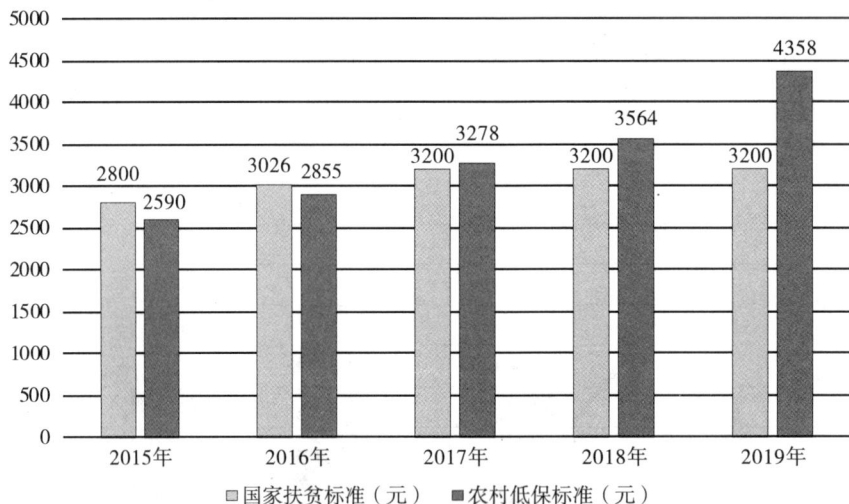

图 5-2　2015—2019 年岢岚县农村低保标准与脱贫标准对比示意图

数据来源：岢岚县政府提供。

（四）养老产业：扎实推进

岢岚县贯彻落实农村老年人养老保险、最低生活保障制度，实施经济困难的高龄与失能老年人补贴制度，积极倡导老人赡养、邻里照顾、社会关爱。2017 年认真落实经济困难的高龄与失能老年人补贴，对 100 周岁（含）以上老年人，每人每年补贴 3600 元。

2018 年制定《岢岚县农村孝善养老实施方案》，全县乡镇和行政村建立起孝善养老基金和理事会组织；完成温泉村、北道坡村、广惠园移民社区 3 个老年人日间照料中心建设。2019 年 4 月完成县中心敬老院总投资 54 万元的安全、消防设施提档升级工程；5 月中旬完成部分乡镇敬老院撤并、县中心敬老院拆迁移址（崇德街迁到西大队办公楼）任务，在硬件设施、安全防患、服务质量等方面得到进一步提升，全面提升了县级养老服务机构的集中供养能力，打造成为区域性养老服务中心；2019 年新建 3 所农村日间照料中心；制定出台《岢岚县老年人日间照料中心管理考核办法》，按照预拨和结算相结合、考评结果与运营经费（包括运营补贴和助餐补贴两部分）相结合的办法，积极推进王家岔敬老院、岢岚县殡仪馆（含公墓、火化场）、广惠园社区活动场所和公益性服务设施扶持补助项目三个项目进程。

在全县推行贫困老年人与子女签订《子女赡养协议》，开展"每月探访父母一次、给父母做一顿孝敬饭、住一夜与父母交心，每周打一电话问候父母"的尊亲孝老"四个一"活动，由乡镇或村组织第一书记、驻村工作队员、帮扶责任人组成专班包户制考评，一月一汇总、半年一评选，表彰奖励孝顺子女，对不履行赡养义务的贫困户子女上"黑榜"。

（五）综合救助：力度加强

2017年岢岚县颁布了《岢岚县医疗救助与城乡居民大病保险有效衔接实施方案》，对特困人员由民政部门给予全额资助，低保对象由民政部门给予全额或定额资助；建档立卡贫困人口参保个人缴费按照《山西省农村建档立卡贫困人口医疗保险帮扶方案》给予全额资助。对经基本医疗保险和大病保险等报销后仍有困难的待保对象、特困人员、建档立卡贫困人口、低收入重度残疾人等困难群众中的重特大疾病患者给予医疗救助。

完善儿童福利保障制度。社会散居孤儿基本生活费标准每人每月不低于600元，集中供养孤儿基本生活费标准每人每月不低于1000元；建立及时保障和纠错机制，保障孤儿生活、教育、医疗等方面合法权益；健全残疾人福利保障制度。认真落实困难残疾人生活补贴每人每月50元和重度残疾人护理补贴每人每月50元制度。适时开展免费为符合条件的贫困家庭中的残疾人配备康复辅助器具活动，建立"三留守"人员和残疾人信息数据库。2018年6月底前，完成农村困难家庭留守儿童、留守老人、留守妇女的调查摸底工作，并根据情况变化及时更新数据，建立"三留守"人员动态管理信息库。

组织引领贫困妇女投身打赢脱贫攻坚战，参加各种技能培训，提升她们脱贫致富的工作能力。协调推动落实建档立卡贫困妇女"两癌"免费检查全覆盖，做好建档立卡贫困"两癌"患病妇女救助工作。

案例一

县里的就业安排是分类施策：对能学技术的，政府提供"菜单式"就业培训服务，组织劳务输出，联系就近用工；对年龄偏大、学技术难的，提供公益性岗位；对建档立卡贫困户中难以转移就业的妇女，安排进入扶贫车间就业。今年6月，51岁的赵改兰也上班了，她进了广惠园新居旁边的扶贫车间，从最简单的修剪背包毛边的工作干起，试用期工资为每月1000元。刚来时，剪了三天手指磨出两个血泡。"干啥都得有个过程，也得有个样子。"她说，虽然一年多前就"摘了帽"，但还想有份工作，坚持干下去。

2019年，岢岚县实现了全额资助特困供养人员、城乡低保、孤儿等5552名救助对象100%参加农村基本医疗保险，与大病保险有效衔接；加大对24种重特大病救助、四类特殊慢性病门诊救助、大病关怀救助、特殊帮扶救助力度。针对低保对象、特困人员、建档立卡贫困人口等低收入救助对象，实施县级行政区域内定点医疗机构住院先诊疗后付费政策。依托定点医疗机构服务窗口，实现基本医疗保险、大病保险、医疗救助同步即时结算，困难群众出院时只需支付自负医疗费用。

在全面开展临时救助工作的基础上，对因意外伤害、突发事件、重大疾病或因其他特殊原因导致基本生活陷入困境，低保、医疗救助无法覆盖或救助后仍有困难的群众，根据其困难程度和自身发展能力，给予应急性、过渡性临时救助，防止因故返贫，有效遏制因病致贫返贫现象。

完善了部门协调联动、灾害信息传递、灾情勘察评估、救灾款物调拨管理、资金发放等工作机制，编制《民政防灾救灾应急保障预案》《物资储备库（点）应急保障预案》，完成总投资232万元的救灾物资储备库项目建设任务，完成近三年救灾物资储备自查整改和冬春困难群众灾情救助，成立了215名灾害信息员队伍，建起避灾点128个，初步形成覆盖县、乡、村三级的避灾网络。

制定《岢岚县加强和改进生活无着的流浪乞讨人员救助管理工作的实施意见》《岢岚县进一步加强和改进临时救助工作的实施意见》，健全救助机构内部管理制度，完善受助人员档案，压实救助机构主体责任，提升救助力度，根据急难情形，发挥主动发现、重点帮扶的"救急难"作用。截至2019年5月，拨付县民政局农村救助站、各乡（镇）救助资金90万元，共救助困难群众和流浪乞讨人员565人次，救助金额42.91万元。

制定《岢岚县民政局2019年度特殊群体关爱专项行动计划》，健全信息管理、强制报告、应急处置、评估帮扶、监护干预五项机制；实施经济困难的高龄和失能老年人关爱行动工程；出台《岢岚县农村孝善养老奖补办法》，全县12个乡镇141个行政村均建立起孝善养老基金和理事会，推动社会养老蔚然成风；建立"三留守"人员动态管理信息库，将"三留守"人员住房问题纳入行业扶贫整体规划；将符合低保、特困人员条件的21名"三留守"人员纳入低保、特困人员范围；鼓励社会力量广泛开展"爱心家长""手拉手""爱心邻居结对子"等活动；总投资987万元的未成年人保护中心项目工程目前已建成投入使用。大力开展农村贫困残疾人实用技术培训，力争使残疾人掌握1—2门农村实用技术，不断提高其自我发展和创收增收能力。

案例二

岢岚县乔家湾贫困户江增虎夫妻俩都是残疾人，儿子28岁了还没有对象，是全村公认的最穷户。2017年岚漪镇搞产业扶贫，帮助江增虎家买了6只羊，在交通运输局帮扶责任人周在田同志的精心帮扶下，去年和今年江增虎家的6只羊收入都超过了万元，同时江增虎的儿子还学会了开挖掘机赚钱，全家的生活立马变了样，可村里不少人还是不服气，认为贫困户是因为国家给钱才有了变化。经过故事会上的讲解和讨论，大家都理解了，也服气了，知道人家的好日子一方面是全家人勤劳吃苦创业增收的结果，更是全家人不甘落后、不等不靠、主动上进的结果。如今不少人家经常去他家请教庭院养羊技术，让自家的孩子跟他家孩子去学艺。

授人以鱼，不如授人以渔。扶贫要着眼于长远发展，增强贫困户的"造血功能"，激发贫困人口脱贫致富的内生动力。按照"扶贫必先扶志"的理念，2019年8月9日，岢岚县人社局邀请忻州轻工职业技术学院的面点老师，为贫困劳动力开展面点培训。让贫困户就近就能有一技之长，争取实现培训一人、就业一人、脱贫一户的目标。此次培训为期10天，授课以通俗易懂的理论教学和手把手的实践教学让学员在短期内系统学习切、卷、包、擀、摊等面点成型技术以及烤、煮、烙等熟制技术，从而基本掌握面条、馅饼、油条、饺子等10多种面点的制作方法。培训中，老师详细讲解了各类面点的制作方法和注意事项，并对学员进行手把手教学。在培训老师的细心指导下，大家积极性高涨，很快便掌握了做面点的步骤和要领。

案例三

"这次培训真是太好了，等我学会了就找个地方打工，可以补贴家用呢。""是啊,有了技术才能找到赚钱的路子,学会了面点制作,解决了我们没有一技之长的难题,以后可以考虑开个早餐铺了。"学员们边品尝自己的面点成品,边相互交流学习心得、分享各自的学习感受,大家你一言我一语,纷纷表示能够免费学习到正规的面点制作技能,真是受益匪浅,非常感谢政府和就业局提供这样的培训平台,给他们的就业创业梦提供了实现的机会。

此次活动使贫困户掌握了劳动技能,提高了就业能力。这是人社局在西会村组织的第五次技能培训,近几年来,岢岚县就业局发挥职能优势,与县委组织部共同组织并积极推进就业培训工作,分别在西会村和杨家坪村培训 150 人次,协助有就业意愿和有劳动能力的贫困户与用人单位沟通联系,为其提供劳务、就业信息等。今后,人社局也将以技能培训为契机,拓宽贫困劳动力就业渠道,助力其脱贫致富。

二、健壮体魄:健康扶贫

健康是促进人的全面发展的必然要求,是经济社会发展的基础条件。实现国民健康长寿,是国家富强、民族振兴的重要标志,也是国家发展的必要条件。然而,我国贫困人口目前却普遍面临着较为严峻的"因病致贫""因病返贫"问题。据统计,在我国 7000 万农村贫困人口中,因病致贫人口占总贫困人口比重高达 42%,疾病是主要的致贫原因之一。为了打赢脱贫攻坚这场战役,贫困人口的健康问题成了扶贫工作的重点之一。

2015 年,中共中央、国务院在已颁布的《关于打赢脱贫攻坚战

的决定》中提出，要保障贫困人口的"教育、医疗和住房"；在
2018 年 6 月公布的《中共中央　国务院关于打赢脱贫攻坚战三年行
动的指导意见》中又再次提出"保障贫困人口基本医疗需求，确
保大病和慢性病得到有效救治和保障"。2019 年 5 月，国家卫生
健康委办公厅联合民政部办公厅等部门发布《关于做好 2019 年
农村贫困人口大病专项救治工作的通知》，强调要彻底解决关于
贫困人口大病专治的难题。自全面实施精准扶贫战略以来，国家
关心保障贫困人口基本医疗需求、阻断因病致贫的目标始终清晰
明确。

本部分主要通过总结岢岚县的健康扶贫工作，并对其健康扶贫的
工作成效及经验进行评估，以期能够较为全面地展示岢岚县健康扶贫
工作的全貌，进而为我国贫困山区更好地进行健康扶贫工作提供一定
的经验和参考。

（一）岢岚县健康扶贫基本情况

回顾岢岚县的发展历史，由于自然、经济、历史等方面的原因，
贫困人口曾面临较为突出的健康问题，"因病致贫""因病返贫"等
常常成为贫困人口彻底脱贫的最大羁绊。近几十年来，岢岚县贫困人
口健康方面所面临最为突出的问题表现在：岢岚县因地处吕梁山集中
连片特困地区，大部分的村庄分布在交通闭塞且信息不发达的山区，
多数村民无法享受到专业有效的医疗条件。由于以上客观条件，加之
许多村民常常缺乏"早发现、早治疗"的健康管理意识，往往会发
生"小病拖成大病"的情况，严重影响了一个家庭的劳动力供给。
同时，若家庭在此时选择到乡镇以及县市进行治疗，交通的花费与颠
簸，以及巨额的医疗费用往往都会给一个本不富裕的家庭带来更为沉
重的打击。据统计，岢岚县贫困人口致贫疾病排在前十位的病种分别
为：高血压、慢性阻塞性肺疾病、脑血管病、冠心病、糖尿病、类风

湿性关节炎、重性老年性支气管炎、白内障、重性精神疾病、关节病。而以上疾病大多属于发病周期长、需常年跟踪治疗以及服药的慢性病种。

岢岚县有县级医疗卫生单位5所（县人民医院、县中医院、县疾控中心、县卫生监督所、县妇幼保健计划生育服务中心），12个乡镇卫生院，141个村卫生室；有各类卫生技术人员465人，其中县级医疗卫生单位216人，乡村卫生院（室）249个；共有床位238张。经过创建，该县现有一所标准化二级甲等医院岢岚县人民医院。12个乡镇卫生院达到了标准化建设，标准化建设为100%。易地扶贫搬迁后，剩余的141个行政村村卫生室全部进行了标准化建设，标准化建设达到了100%。岢岚县公共卫生服务各项指标情况如表5-1所示。

表5-1　2019年岢岚县公共卫生服务各项指标

各项指标	2019年
卫生机构总数（个）	158
县级医疗卫生单位（所）	5
病床数（张）	238
卫生技术人员数（人）	465
新农合参保人数（人）	64126
居民电子健康档案建档率（%）	96.93

数据来源：岢岚县政府提供。

据2019年底数据显示，岢岚县全县建档立卡贫困人口19872人，其中因病致贫人口仍达3034人，占全县贫困人口15.3%。由此可见，"因病致贫"是岢岚县贫困人口致贫的重要原因之一。具体各乡镇因病致贫人口数量分布如表5-2所示。

表5-2　岢岚县各乡镇贫困人口及因病致贫人口分布表

乡镇	贫困人口（人）	贫困人口占全县比例	因病致贫人口（人）	占全乡贫困人口比例
高家会	1780	8.9%	248	13.9%
大涧乡	1782	8.9%	196	10.9%
岚漪镇	3422	17.2%	828	24.2%
李家沟	535	2.7%	123	23.0%
三井	1807	9.1%	172	9.5%
神堂坪	976	4.9%	151	15.5%
水峪贯	2444	12.3%	182	7.4%
宋家沟	2633	13.2%	571	21.7%
王家岔	742	3.7%	98	13.2%
温泉	1087	5.5%	117	10.8%
西豹峪	1141	5.7%	177	15.5%
阳坪	1523	7.6%	171	11.2%
合计	19872		3034	

数据来源：岢岚县政府提供。

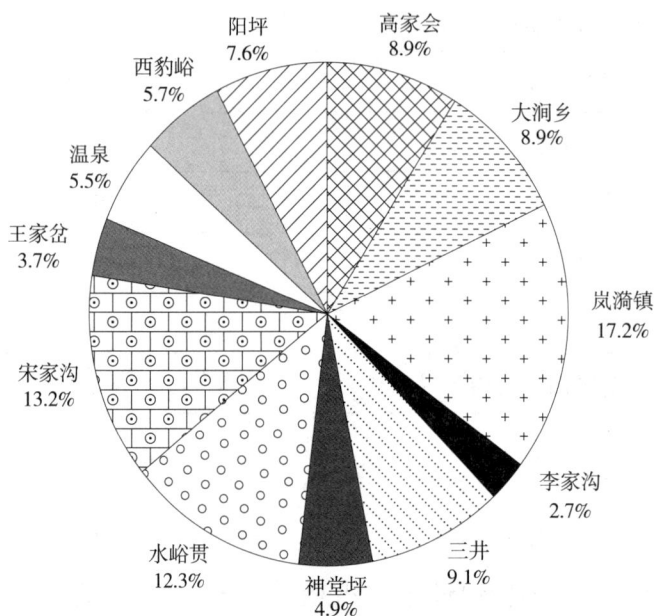

图5-3　岢岚县贫困人口在各乡镇的分布图

数据来源：岢岚县政府提供。

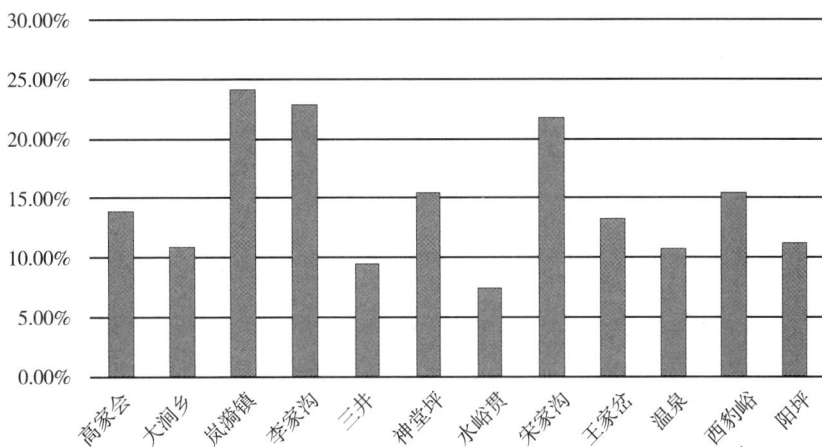

图5-4 岢岚县因病致贫人口占贫困人口比例图

数据来源：岢岚县政府提供。

（二）政策体系：健康扶贫系统化

1. "双签约"推进"双服务"，服务零距离

自2017年以来，岢岚县坚持开展"双签约"推进"双服务"活动，有效地打通了健康扶贫工作的"中梗阻"，让因病致贫、因病返贫建档立卡贫困户充分享受健康扶贫政策福祉，群众的满意度有了明显提高。

"双签约"推进"双服务"活动开展以来，卫健系统共开展活动111次，为全县大病及慢病患者2.4万余人次提供健康服务和政策保障服务，获得了群众高度认可。通过开展"健康扶贫双服务"，家庭医生团队上门为贫困人口进行健康指导、疾病诊治以及送药上门，对贫困人口的健康进行保驾护航，通过切切实实的服务提高群众对健康扶贫的满意度。同时通过开展建档立卡贫困人口免费体检、发放健康扶贫小药箱等活动进一步提高贫困人口的健康保障水平。政府通过购买服务的方式，组建了8人的外出服务团队，负责贫困患者的住院及报销事宜；同时与省级 5 家医疗机构、市级 2 家医疗机构签订了合作协议。

案例四　健康扶贫故事：困难群众的健康守门人

——大涧乡卫生院健康扶贫周六服务日工作纪实

健康扶贫工作作为脱贫攻坚工作中重要的一项内容，是实现健康中国的重要保障。而作为健康的守门人，广大医务工作者肩上承担着重要的责任，而大涧乡卫生院的医务人员就是其中的一部分。

4 月 28 日一早，随"健康扶贫周六服务日"大涧乡工作队来到大涧乡卫生院，一进大门就见大涧卫生院院长孙国辉在准备今天下乡所需的药品、健康手册、服务记录本，还有血压计等便携式医疗设备。做好准备后，他又进病房将护士叫到病人床前把今天要做的治疗安顿一番。离开病房时正有一位患者结算了费用，见我们一行便出来说："现在的政策可是好了，我住了好几天院一结算就和没花钱一样，再也不用怕生病看病了。"听了大爷这样说，我真正感受到好的政策只有让群众切身感到实惠才是真正的惠民政策。

从病房出来我们一行便随孙院长前往张家庄村。一进村卫生室，就见已经有好多群众在那里等候了，我们边给乡亲们做体检和健康咨询，边进行健康扶贫政策的宣传，乡亲们也是不断询问着各自的问题。忙碌一上午来不及喝水歇脚，孙院长又带我们到上午没有来的那几户，在路上听孙院长说那几户都是村里因病致贫户，且都已经年事已高，腿脚不灵便，每次他们都是上门看。午饭后我们又去了闫家庄村，我们的诊疗场所有卫生室，有百姓家里，更有田间地头。对此孙院长有这样的解释，眼下正是农民春耕的时候，你不能让老百姓放下手头的生计在家里或去卫生室找你，而应是我们这些群众健康的守护人主动去为他们提供服务，只要心中有爱，哪里都是健康扶贫的主战场。

我相信有孙院长这样一群真心真意为广大群众服务的医务工作者，我们肯定而且一定能够打赢健康扶贫这场硬仗，最终建设成健康美丽的新岢岚。

（作者 刘小虎）

（1）实施健康扶贫"双服务"

在前期"双签约"工作的基础上，推进"双服务"工作任务及职责。

第一，家庭医生服务团队。上门提供基本公共卫生服务和健康管理服务，解决群众看病就医问题，强化健康扶贫"守门人"作用。针对贫困人口健康状况和健康需求，按照"因人施策，因病施治"原则，逐户逐人制定个性化签约服务建议，提供上门访视、健康咨询、健康评估、医疗护理、康复等服务。

第二，乡村干部服务团队。提供健康扶贫政策宣讲，医保报销、大病保险、补充保险、民政救助的代办代报服务，解决群众就医报销问题，发挥政策保障"领路人"作用。

（2）实施"先诊疗，后付费"和免门诊挂号费

第一，建立机制。建档立卡贫困人口在县域内各个医疗机构就诊，一律"先诊疗，后付费"并免除门诊挂号费，全县各医疗机构不得以任何理由向贫困人口收取费用及押金。切实降低建档立卡贫困人口就医门槛，减轻他们的就医资金周转压力。

第二，落实程序。凡建档立卡贫困人口，就医时凭社保卡、本人身份证或户口本复印件，及时在住院处办理住院登记、接受诊疗。

第三，信息互通。扶贫办及时将动态调整后的建档立卡贫困人口花名提供给县医保局，由医保局及时进行系统贫困人口数据对接更新。县卫健局要及时汇总建档立卡贫困人口享受"先诊疗，后付费"情况，精准把握贫困人口就医就诊情况。

（3）实施"一站式"结算

第一，搭建平台。搭建"一站式"结算平台，即基本医疗保险、大病保险、兜底保障、补充保险和医疗救助"五位一体"的医疗报销服务平台。县域内各医疗机构在建档立卡贫困患者出院时通过"一站式"结算系统及时结算各项报销费用，患者仅支付自付费用即可。

第二，明确任务。县域内各医疗机构负责医疗服务费用结算，医保局负责基本医疗保险和医疗救助结算，人寿保险公司负责大病保险、补充保险以及"136"兜底保障报销费用。

第三，具体程序。患者在出院时，在医疗机构"一站式结算"窗口结算住院费用，各医疗机构通过"一站式结算系统"进行患者住院费用报销结算，并出具涵盖"基本医保、大病保险、补充保险、兜底保障、医疗救助的报销比例、起付线、报销额及个人自付费用"的结算清单，做到让群众一目了然、心中有数。

2. 强化因病致贫、因病返贫人口就医服务

（1）建立大病、慢病、重病贫困人口及时纳入机制

第一，核准因病致贫、因病返贫贫困人口。贫困人口"家庭医生"会同乡镇卫生院，初拟疑似大病、慢病、重病人员花名；政策保障团队和乡镇组织到县医院进行健康检查和疾病认定；县医院组建专家团队，对疑似人员通过相关检查，明确所患病种类，出具诊断建议书和就医就诊建议，并对照 31 种重大疾病和 52 种慢性疾病目录，结合实际情况，确定患有大病、慢病、重病建档立卡贫困人口；县卫健局负责把患者患病及救治信息录入全国健康扶贫动态管理系统，对患有重病、大病、慢病建档立卡贫困人口进行统一管理。

第二，及时纳入新发现或新患病贫困人口。就健康体检中发现的疑似大病、慢病、重病建档立卡贫困人口，乡镇卫生院要及时发现、及时向县医院报告，并组织进行确诊检查，将患病的贫困人口报县卫

健局纳入管理系统进行管理服务。就建档立卡贫困人口自主在县域内医疗机构就诊中确诊的大病、慢病、重病患者，各医疗机构要及时向县卫健局报告，由卫健局组织补充纳入系统进行管理。就建档立卡贫困人口在县外就诊中确诊大病、慢病、重病的，通过"家庭医生"随访和"双服务"及时掌握患者就医就诊信息并汇总上报卫健局，由县卫健局纳入系统管理。

（2）大病集中救治一批

第一，分级诊疗。对确诊并列入大病管理范围的建档立卡贫困人口，由县医院根据县级救治能力，确定县内救治或县外治疗。对确需县外治疗的患者，由县医院责专人提前做好与省内合作医疗机构的沟通协调，并出具《县外就医转诊单》，与患者家属签订《外出就医费用垫付协议》；由"家庭医生"做好救治跟踪服务，切实掌握其救治情况，若病情稳定，经本人同意可转回县内救治。

第二，县内救治费用及报销。在县内住院进行救治的贫困人口患者，由县医院组织专家团队或聘请上级医院专家进行救治，救治中要切实落实"先诊疗，后付费"，出院时在"一站式"结算窗口进行统一结算，并由患者家属交齐自付费用。

第三，县外救治费用及报销。在县外、省内定点合作医院接受救治的贫困人口患者，由县医院大病救治帮扶人员负责跟踪服务，若确需外出陪同的，由县医院大病救治帮扶人员陪同转院，并负责办理相关手续。

（3）慢病集中管理一批

第一，患者管理。对慢性病居家治疗的患者，全部纳入管理，由县医院专家和家庭医生团队制定临床用药治疗方案，进行服药治疗。

第二，用药确定。依据患者疾病需要，合理用药、合理治疗。严格按照政策规定为患者开具目录内药品，不得滥用药品和开具无关的辅助药品、保健品等，特殊慢性病患者年度支付结算的药品总量不超过日常用量总量。

第三，药品采购与配送。由县医院医疗集团建立基本药物采购平台，统一采购药品，并配送到各乡镇卫生院；乡镇卫生院根据患者用药情况派送到村卫生室，由签约团队中的乡村医生负责发放到患者手中，并观察疗效，做好诊疗记录。

第四，费用报销。目录内的慢病用药在限额内 100% 报销，封顶线外自费，患者自购的目录内药品由帮扶责任人凭门诊发票到所在乡镇卫生院报销。

（4）重病兜底保障一批

对患重病的建档立卡贫困人口，在新农合、大病救助和医疗补充保险保障的范围外，由重病患者向县医保局提出申请，由医保局审核并进行医疗救助。对重病患者姑息期居家治疗，按特殊慢性病管理，给予大病关怀、社会捐助、临时救助等多渠道予以保障。

（三）成效机制化：健康扶贫节奏稳定

1. 推进"双签约"服务，落实患病核准工作

健康扶贫"双签约"活动主要包括家庭医生团队与农村贫困人口签约和乡村干部与农村贫困人口签约。家庭医生签约团队的主要职责任务是发挥健康服务"守门人"作用，提供基本医疗卫生服务和健康管理服务，解决群众看病就医问题。而乡村干部签约团队的主要职责任务是发挥政策保障"领路人"作用，提供健康扶贫政策宣讲和医保报销、民政救助的代报代办服务，解决群众就医报销问题。

2017 年 7 月，岢岚县卫健局陆续发布《岢岚县建档立卡农村贫困人口健康扶贫"双签约"服务实施方案》和《岢岚县建档立卡农村贫困人口健康扶贫"双签约"服务行动计划》，并组织县乡村三级医疗机构医务人员组成的家庭医生团队与乡镇政府组建的政策保障团队共同组成"双签约"队伍，通过开展"双签约转双服务"以及

"健康扶贫周六活动日"的形式对该县建档立卡贫困人口进行摸底筛查,对其中患有慢病及大病的贫困人口进行筛查摸底登记。组织"双签约"服务团队108名工作人员逐户逐人逐病调查核实,2019年,因病致贫返贫核准率为100%,经核准其中患病人数3034人,同时与全县8481户20019人进行了"双签约",签约率为100%。

2. 切实执行"三个一批"行动计划

(1)大病集中救治

在过去的几年里,岢岚县逐步制定与完善了大病集中救治方案,并于2017年正式发布了《岢岚县农村贫困人口大病专项救治工作方案(试行)》。该救治方案覆盖了儿童先天性心脏房间隔缺损、儿童先天性心脏室间隔缺损、儿童急性淋巴细胞白血病、儿童急性早幼粒细胞白血病、食管癌、胃癌、结肠癌、直肠癌、终末期肾病等24种大病,其中儿童先天性心脏房间隔缺损等9种大病病种全覆盖。截至2019年底,累计救治大病患者638例,其中先天性心脏病6例、慢阻肺372例、急性心肌梗死35例、终末期肾病6例、血友病2例、白内障83例、食道癌7例、肺癌17例、肝癌4例、胃癌16例、结直肠癌14例、宫颈癌53例、乳腺癌20例。97例慢病签约救治,541例大病集中救治,638例大病患者已全部救治,救治率100%。9种大病集中救治措施,确定定点医院县级2所,省、市定点医院7所,制定了大病诊疗方案,确定了单病种付费标准。

(2)慢病签约服务管理情况

筛查确诊精准掌握政策保障对象是下一步落实帮扶工作的重要基础。2019年对2798名各类贫困慢性病患者通过家庭医生签约提供签约服务,对其中符合健康扶贫52种慢病管理的2426名慢病患者进行了门诊补偿,累计补偿10219人次,慢病门诊总金额361.12万元,基本医保报销309.89万元,大病、特殊病种、兜底等报销23.42万元,慢病报销比例达到92.30%。

岢岚县卫生健康与体育局全面建立了农村贫困人口健康卡，慢病签约服务 2798 人次，签约率为 100%。在规范管理率方面，该县针对高血压、糖尿病、重病精神障碍及结核病，除严格按公共卫生服务规范每季度上门一次随访外，还有每年一次健康体检。2019 年，52 种慢性病患者共摸底 3628 人，确诊符合 52 种慢性病门诊补偿的有 2426 人。此外，为了提升"双签约"服务效果，岢岚县从 2017 年 11 月 4 日起，启动了"健康扶贫双服务"专项行动，截至目前，共提供签约服务 24000 余人次。

（3）重视兜底保障长效机制建立

完善各项医疗保障制度，提高医疗保障水平。岢岚县通过为贫困人口参加城乡居民基本医保、大病保险以及补充医疗保险"三保险"防线来提高贫困人口的医疗保障水平。与此同时，通过落实贫困人口医保缴费救助、医疗救助和残疾人适配器具救助的"三救助"措施来减轻贫困人口的经济负担。

2019 年，岢岚县为全县 20271 名建档立卡贫困人口参加了城乡居民基本医保、大病保险以及补充医疗保险。其中居民基本医保参保个人缴费部分 220 元／人由财政通过缴费救助全部救助参保，共计进行医保个人缴费救助 20271 人，救助金额 4459620 元。为 20217 名建档立卡贫困人口进行 70 元／人的大病保险参保，参保费用共计 1418970 元，缴纳 100 元／人的补充医疗保险参保，共计 2027100 元。

3. 先诊疗后付费及"一站式"结算情况

通过开展"先诊疗后付费"和"一站式结算"工作进一步减轻贫困人口的就医负担。县域内住院患者出院时即按照"一站式结算"流程进行基本医保、医疗救助、大病保险和补充医疗保险的报销补偿事宜。为了保障边缘人群以及经"一站式报销"后自付仍较高的贫困人员不因病致贫返贫，县政府通过发动社会力量设立扶贫捐赠资金保障。卫健局还招聘了 8 名人员组成医疗帮扶团队帮助贫困人口外出就医时的医院联系、出院住院手续办理、病历索取等各项工作。

目前，岢岚县县域内所有的医疗机构都已落实了先诊疗后付费及免除贫困户患者门诊挂号费政策，并都开展了一站式结算工作。2019年全县建档立卡贫困人口共住院治疗5864人次，住院总费用4086.09万元，基本医保报销2595.73万元，"136"兜底报销383.34万元，特殊病种报销3.20万元，人寿保险公司补充医疗保险赔付80.66万元，大病保险赔付413.66万元，医疗救助278.71万元，平均报销比例达91.90%。

案例五 健康扶贫"一站式结算"报销典型案例

患者王××，2019年1月5日因急性支气管炎入院，2019年1月13日出院，共住院8天，住院期间共产生医疗总费用3379.76元，出院时在一站式结算窗口进行结算，结算后，其基本医疗保险补偿2216.01元，补充医疗保险报销了73.47元，兜底保障报销77.31元，医疗救助674.99元，患者个人自付为337.98元，自付占比10%。

患者刘××，2019年6月10日因混合痔入院，2019年6月25日出院，共住院15天，住院期间共产生医疗总费用15534.88元，出院时在一站式结算窗口进行结算，结算后，其基本医疗保险补偿7505.24元，补充医疗保险报销了1161.81元，大病保险报销802.8元，医疗救助4511.54元，患者个人自付为1553.49元，自付占比10%。

4. 妇幼健康工作持续推进落实

为了保障贫困妇女与儿童等弱势群体的合法权益，岢岚县政府针对妇女儿童开展了众多免费服务。例如，开展产前筛查，免费为城乡怀孕15—20周加6天的孕妇进行产前筛查等多项惠民实事。2019年，卫健部门完成孕前优生免费检查298对，达到市卫健委90%的考核要求。"两癌筛查" 3343 人，完成全年任务的 101.7%。针对贫困儿童，岢岚县实施了"贫困地区儿童营养改善项目"，2019 年，该县已经为全县 6—24 月龄的婴幼儿发放营养包总计 6264 包，月均 626 包，服用率为 90%。

（四）健康有希望：健康扶贫亮点汇集

1. 实施"三有"计划，保障贫困人口基本医疗需求

实现"两不愁三保障"是习近平总书记关于扶贫工作的重要论述，也是打赢脱贫攻坚战的底线任务和标志性指标，而实现基本医疗有保障是破解"因病致贫、因病返贫"突出问题的关键。实现基本医疗保障则要从有地方看病、有医生看病以及有制度保障看病三个突出问题来落实。岢岚县紧紧抓住这三个问题，结合实际，逐项解决。

（1）有地方看病

按照每个县必须有一所标准化的二级公立医院要求，同时为了进一步提升岢岚县人民医院的服务能力。岢岚县于 2019 年开工建设县人民医院业务大楼，设计面积 8141 平方米，预计增加床位 100 张，满足该县群众日常就医需求。

继续巩固 12 所标准化乡镇卫生院建设成果，摸底卫生院设备缺口，结合实际配齐补全，满足基层诊疗需要。村卫生室作为农村卫生工作的前沿阵地，岢岚县目前已完成 139 个行政村卫生室建设，并在保证居民三十分钟能得到医疗服务的前提下，通过资源整合、中心村卫生室覆盖等措施，对村卫生室进行了合并。同时为每个村卫生室配置居民常见病、多发病以及慢性病非处方药品，满足群众需求。

（2）有医生看病

首先，岢岚县不断充实医疗卫生人才队伍。积极通过校园招聘、

"三支一扶"为医疗集团和乡镇卫生院招聘录用医学人才。与此同时，继续农村订单定向免费医学生培养工作，为农村医疗卫生工作做好卫生人才储备。

其次，大力开展业务能力培训，提高服务能力。由卫健局、医疗集团以及各专业机构聘请省市专家开展公共卫生、临床诊疗、专项技术业务培训，累计培训近1300余人次，极大地开阔了该县各级卫生队伍的眼界，提高了自身业务水平。

再次，强化家庭医生签约队伍建设，深化"双签约"工作。为进一步做好"双签约"工作，更好为广大群众提高优质的签约服务，卫健局一方面增加家庭医生签约团队中县级医生的数量与质量，另一方面继续开展"健康扶贫双服务"活动，保证"双签约"工作有效高质开展。

（3）有制度保障看病

岢岚县一直以来在坚持实施"三保险、三救助""一站式结算"等各项健康扶贫政策的同时，也加强了对入院指征把握不严、无指征用药、滥用辅助药和营养性药品等违规行为的监督监管，严格规范诊疗行为，深入实施临床路径、处方点评、病历抽查等管理制度，守住医疗机构控费红线，确保医保基金持续。与此同时，设立扶贫捐赠资金，开展对建档立卡贫困患者住院治疗费用经"一站式"报销后个人自付费用较高、生活确实困难人员的爱心资助。2019年共救助了10户，救助金额共计70252.46元。

2. 开展健康扶贫"七个一"活动

岢岚县为有效遏制和减少"因病致贫""因病返贫"的发生，切实保障医疗保障服务对象的获得感与满足感，岢岚县卫健局在全县范围内，针对全县建档立卡贫困人口中因病致贫返贫患者，特地开展了健康扶贫"七个一"活动，确保各项健康扶贫政策落实到户。"七个一"活动内容主要包括：

（1）赠送一套健康手册：针对群众健康知识知晓率低、健康生活方式亟待改进问题，赠送一套图文并茂、通俗易懂、信息准确的健康知识手册。加强健康知识的宣传教育，促进其转变生活方式，降低患病风险。

（2）发放一本脱贫政策：围绕近期国家、省、市、县出台的健康扶贫政策，给全县所有贫困人口发放一本健康扶贫政策读本，使广大群众对健康脱贫政策家喻户晓。

（3）开展一次疾病筛查：针对该县患病群众心脑血管病高发，患病群众面广、多重疾病叠加等问题，开展一次量血压、测血糖活动。并针对快速检测结果，提出针对性的指导、干预和进一步治疗的建议。

（4）出具一份健康处方：以常见病、多发病为基础，出具一份科普科学、简单明了的健康处方，简明扼要说明疾病的致病因素、发病机理、诊断标准、中西医治疗原则和保健措施等，为因病致贫、因病返贫患者提供对应的健康处方。

（5）签订一项服务协议：乡镇卫生院、服务站、乡村医生与贫困家庭签订一项服务协议，与贫困人口签约，实行定期随访，提供基本公共卫生服务、疾病诊疗及康复指导和健康知识宣传等服务。

（6）留下一个亲情号码：充分利用精准识别结果，立足于就近、应急、便捷，为患病群众留下乡村医生、签约医生、乡镇卫生院的联系电话，便于患病群众问医问药、急诊急救，重点做好鳏、寡、独居老人、残疾人及留守儿童工作。

（7）开展一对一精准帮扶：县级医疗机构要组建医疗队，抽调高素质医务人员与因病致贫群众签订一对一医疗帮扶协议，为贫困患者提供力所能及的医疗卫生服务；新农合工作人员要下乡镇到农村进农户，精准政策落实到人、责任到人，解答群众关注的报销方面的疑难问题与方法步骤。

3. 开展具有特色的"健康扶贫宣传"活动

为了进一步深化健康扶贫工作成果，岢岚县开展了健康扶贫宣传活动。每周六，岢岚县领导与卫健局各组建十二个健康扶贫服务小组，入村入户，摸排贫困户患大病、慢病及报销情况和非贫困户的患大病情况，同时进行健康扶贫政策的宣传。与此同时，岢岚县政府还与时俱进地开发"岢岚县健康扶贫管理平台"微信公众号，使公众可以随时通过此平台实时了解该县的健康扶贫政策以及健康扶贫工作进展，起到良好的宣传和监督作用。同时，该公众号平台还针对纳入该县慢病管理的贫困患者提供发药提醒服务及用药指导服务。贫困住院患者还可通过此平台适时了解其"一站式"结算及县域外报销情况。

同时，岢岚县政府坚持"好的政策必须要让群众知晓，才能让更多的群众受益"的工作理念。县卫健局制作并印发《岢岚县健康扶贫政策一本通》一万多册，达到贫困人口和乡镇帮扶人员人手一本，从而更好地进行政策宣传。同时，通过发展"双签约"团队的进村入户宣传各项政策等途径，也很好地将健康扶贫相关政策直接带到贫困户的炕头上，从而让贫困户全面了解并掌握政策，进而更好地享受政策福利。

■ 小 结

健康扶贫工作是脱贫攻坚工作的一项重要内容，做好健康扶贫工作是破解因病致贫因病返贫问题的关键。从以上工作可以看出，近年来岢岚县在扎实推进、做好做实健康扶贫工作方面取得了显著的成就，在减少"因病致贫""因病返贫"等工作方面成效突出，切实保障了贫困人口的健康权益，使得贫困人口能够了解政策、享受政策并且积极配合健康扶贫的工作实施。通过整理岢岚县近年来有关健康扶贫的工作经验，可以总结为以下几方面：

1. 设立"双组长"制，强化组织领导

在健康扶贫工作过程中，岢岚县政府创新性地采取了健康扶贫"双组长"制度来保障政策的有效落实。并由县委常委、政府常务副县长与政府副县长任组长，卫健局局长任健康扶贫办公室主任、各相关部门一把手为成员的健康扶贫领导组统领岢岚县的健康扶贫工作。建立强有力的组织领导班子是顺利和有效开展健康扶贫工作的关键。

2. 科学规划，认真部署工作

开展健康扶贫，首先要对帮扶救助的对象摸清底数、精准识别。对此，岢岚县卫健局组织县乡村三级医疗机构医务人员组成的家庭医生团队与乡镇政府组建的政策保障团队共同组成"双签约"队伍，通过开展"双签约转双服务"以及"健康扶贫周六活动日"的形式对岢岚县建档立卡贫困人口进行摸底筛查，对其中患有慢病及大病的贫困人口进行筛查摸底登记。慢病认定过程中，对于行动不便、年老体弱的患者，专家团队亲自上门为其进行诊断。需要通过设备和辅助检查确诊的由乡镇卫生院和乡镇政府派专人送到县级医院进行确诊。对于重性精神障碍患者的确诊，卫健局和忻州市荣军医院沟通协商后，由荣军医院的专家大夫亲自到各乡村上门为精神障碍患者进行确诊和开具诊断建议。通过筛查确诊精准掌握政策保障对象，为下一步具体落实帮扶做好准备。

3. 精准施策，提高医疗保障水平

做好健康扶贫关键在于要切实减轻因病致贫返贫人员的就医就治负担，减少其因得病而增加的支出性开支。首先，要完善各项医疗保障制度，提高医疗保障水平。对此，岢岚县通过为贫困人口参加城乡

居民基本医保、大病保险以及补充医疗保险三道防线来提高贫困人口的医疗保障水平，通过落实贫困人口医保缴费救助、医疗救助和残疾人适配器具救助来减轻贫困人口的经济负担。其次，通过开展"先诊疗后付费"和"一站式结算"工作进一步减轻贫困人口的就医负担。

4. 加强政策宣传和服务，提高群众满意度

好的政策必须要让群众知晓才能让更多的群众受益。对此，卫健局印发一万多册《岢岚县健康扶贫政策一本通》，贫困人口和乡镇帮扶人员人手一本进行政策宣传。通过"双签约"团队的进村入户来宣传各项政策，把政策带到贫困户的炕头上，让群众了解掌握政策，并享受政策。与此同时，通过开展"健康扶贫周三双服务"，家庭医生团队上门为贫困人口进行健康指导、疾病诊治以及送药上门，对贫困人口的健康进行保驾护航。通过切切实实的服务提高群众对健康扶贫的满意度。同时通过开展建档立卡贫困人口免费体检活动、发放健康扶贫小药箱进一步提高贫困人口的健康保障水平。

第六章

合二为一——生态扶贫与产业扶贫

2005 年以来，在岢岚县县委、县政府的领导下，各级部门认真贯彻执行中央一号文件精神、山西省委、忻州市委农村工作会议精神，按照忻州市委、忻州市政府提出的现代农业"六·一工程"，创新农业经营机制体制，大力发展现代农业，扎实推进新农村建设，确保产业扶贫和生态扶贫的全方位发展。

一、生态扶贫：给大自然一个新的家园

岢岚县地处晋西北黄土高原，属吕梁山生态脆弱区。境内高寒干旱、沟壑纵横，植被稀疏，水土流失严重，又是吕梁山集中连片贫困地区，生态脆弱区与深度贫困区叠加成为制约区域经济发展的难题。2017 年习近平总书记视察山西期间明确指出，在生态环境脆弱区，要把脱贫攻坚同生态建设有机结合起来，这既是脱贫攻坚的好路子，也是生态建设的好路子。习近平总书记要求在"一个战场"上同时打赢脱贫攻坚和生态治理"两个攻坚战"，坚持下去，不断取得实效。

岢岚县按照生态治理与脱贫攻坚互促双赢的发展思路，着力破解深度贫困地区绿色发展难题，努力搭建群众参与生态治理、获取劳务收入的平台，带动了 5900 余名贫困人口在绿化家园的过程中稳定增收，生态扶贫取得了显著成效，国土绿化迈上了新的台阶。据 2019

年规划和自然资源部门"三调"数据显示，全县林业地面积 142.91 万亩，其中乔木林地 49.19 万亩、灌木林地 65.57 万亩、其他林地 28.15 万亩。全县森林覆盖率由"十一五"末的 16.01% 提高到了 26.03%，增加了 10.02 个百分点，林木绿化率达 41.99%。

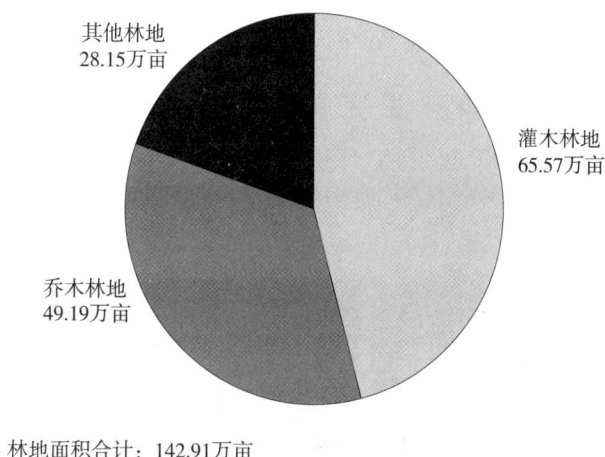

林地面积合计：142.91万亩

图 6-1　岢岚县林业资源分布图

数据来源：岢岚县林业局提供。

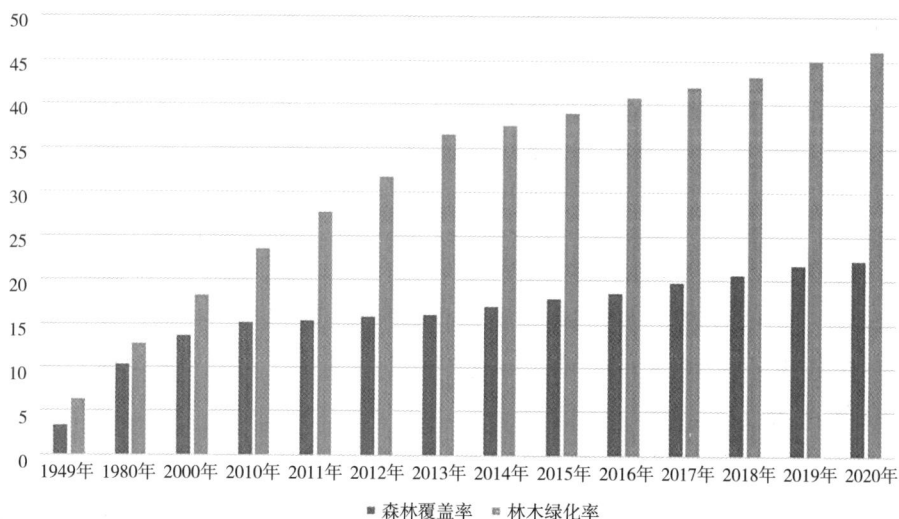

图 6-2　岢岚县森林覆盖率、林木绿化率分布图

数据来源：岢岚县林业局提供。

（一）五项生态建设重点工程

自脱贫攻坚以来，岢岚县共实施新一轮退耕还林工程、天然林保护工程、京津风沙源治理工程、三北防护林工程、吕梁山生态区治理工程等林业重点工程 23.3228 万亩。

新一轮退耕还林工程：共完成造林任务 5.1428 万亩，分别是 2015 年 0.7 万亩，2017 年 2.5 万亩，2018 年 1.2428 万亩，2019 年 0.7 万亩。

图 6-3 神堂坪乡与李家沟乡天然林保护工程区

图片来源：岢岚县林业局提供。

天然林保护工程：共完成人工造林 1.3 万亩，分别是 2015 年 0.2 万亩，2016 年 0.15 万亩，2017 年 0.15 万亩，2018 年 0.5 万亩，2019 年 0.3 万亩。岢岚县拥有国家公益林 26.45 万亩，其中国有 7.5 万亩，集体和个人 18.95 万亩。

京津风沙源治理工程：共完成人工造林 12.54 万亩，分别是 2015 年 1.8 万亩，2016 年 2.5 万亩，2017 年 2 万亩，2018 年 3.24 万亩，2019 年 3 万亩。

三北防护林建设工程：2019 年完成 1.6 万亩。

吕梁山生态脆弱区治理工程：2017 年启动实施，岢岚县共完成造林任务 3.44 万亩，其中 2017 年 0.94 万亩，2018 年 1 万亩，2019 年 1.5 万亩。

（二）"五个一批"生态扶贫政策

为推进生态扶贫建设，岢岚县联动实施了"五个一批"生态扶贫政策，包括退耕还林脱贫一批、生态治理脱贫一批、生态管护脱贫一批、沙棘林改造脱贫一批、林业产业脱贫一批。

1. 退耕还林工程

退耕还林工程分二轮。第一轮退耕还林工程共补 2000 元，时间跨度 16 年，前 8 年每亩补助 160 元，后 8 年每亩补助 90 元；新一轮退耕还林工程补助 5 年，国家补助 1200 元，分别是第一年补助 500元、第三年补助 300 元、第五年补助 400 元，省级补助 300 元，第二年、第四年各补助 150 元。

另外实施市级特色经济林，市县两级补助 3 年，每亩补助 800元，每年分别为 300 元、300 元、200 元。

表6-1 第一轮退耕还林政策标准

补助标准（元/亩）	前 8 年				后 8 年		
	160				90		
年度	合计	2000	2001	2002	2003	2005	2006
任务（万亩）	11.15	1.7	1.6	3.4	3.2	1.1	0.15
2019 年补助（万元）	112.5（2005、2006 年未到期面积补助款）						

数据来源：岢岚县林业局提供。

表6-2 新一轮退耕还林政策标准

补助标准（元/亩）	第一年	第二年	第三年	第四年	第五年
	500	150	300	150	400
年度	合计	2014	2017	2018	2019

补助标准 （元/亩）	第一年	第二年	第三年	第四年	第五年
	500	150	300	150	400
任务（万亩）	5.1428	0.7	2.5	1.2428	0.7
2019 年补助 （万元）	1286.42	—	750	186.42	350

数据来源：岢岚县林业局提供。

表 6-3　特色经济林政策补贴标准

任务	补贴标准（元）		
	第一年	第二年	第三年
6 万亩	300（市 200， 县 100）	300（市 200， 县 100）	300（市 100， 县 100）
2018 年补助（万元）	1800		

数据来源：岢岚县林业局提供。

2. 生态治理

按照"五个一批"生态扶贫政策要求，岢岚县成立了扶贫攻坚造林专业合作社，贫困户比例达到了 60% 以上，造林工程议标定标，全部交给合作社。每亩造林 800 元，其中 45% 用于劳务费，劳务费中 60% 以上归贫困户。每个参与劳动的贫困户可以获得 12000 元左右的劳务费。

表 6-4　生态治理带贫一览表

任务	议标合作社	注册社员	贫困社员	贫困社员占比
8.06 万亩	64 个	1828 人	1583 人	86.60%
投资	劳务费		贫困社员劳务费	
	合计	占比	合计	占比
6448 万元	2901.6 万元	45%	1740.96 万元	60%

数据来源：岢岚县林业局提供。

3. 生态管护

护林员日常工作为管护巡查、修枝抚育、森林防火。2019年底，岢岚县共有护林员557人，其中贫困护林员410人，占到73.6%，人均管护工资、养老保险每年1.2万元，可保障1095名贫困人口稳定脱贫。

4. 沙棘林改造

2017年，省林业厅首次将岢岚县确定为沙棘林改造试点县，在神堂坪乡老龙山实施沙棘林改造6000亩，成功总结出三种改造模式，并于8月份召开了现场会在全省范围内进行推广。到2018年全县共完成沙棘林改造任务5万亩，每亩补助200元，在全省开了先河，小沙棘做出了大文章。

表6-5 沙棘林改造带贫一览表

任务	议标合作社	注册社员	贫困社员	贫困社员占比
5万亩	10个	198人	169人	85.40%
投资	劳务费		贫困社员劳务费	
1000万元	合计	占比	合计	占比
	450万元	45%	270万元	60%

数据来源：岢岚县林业局提供。

5. 林业产业

林下可以开展种、养、加等活动，例如种植蘑菇、沙棘、中药材等，贫困户依靠劳动，人均增收可达到二三百元。经测算，通过以上五项生态扶贫政策，2017年全县贫困人口人均收入达到1551元，2018年全县贫困人口人均收入达到1670元，2019年全县贫困人口人均收入达到1549元。

表 6-6　2017 年生态扶贫收入测算表

项目	任务（万亩）	参与人数（人）	总收入（万元）	全县农业人口人均收入（元）	其中		全县贫困人口人均收入（元）
					贫困人口参与数（人）	贫困人口收入（万元）	
退耕还林	2.5	4555	1250	187	1747	506	369
生态治理	6.09	2761	3313.2	495	2162	930	679
生态管护	176.3	1381	514	77	1005	372	272
林业产业	0.7	66346	1550	231	13700	316.47	231
合计			6627.2				1551

数据来源：岢岚县林业局提供。

表 6-7　2018 年生态扶贫收入测算表

项目	任务（万亩）	参与人数（人）	总收入（万元）	全县农业人口人均收入（元）	其中		全县贫困人口人均收入（元）
					贫困人口参与数（人）	贫困人口收入（万元）	
退耕还林	7.65	9173	1730.5	215	2945	565.6	287
生态治理	8.06	5035	2901.6	437	4226	1740.96	883
生态管护	176.3	1449	537	80	1073	395	200
沙棘林提质增效	5	625	300	45	343	180	91
林业产业		66346	2000	301	19700	412.37	209
合计			7469.1				1670

数据来源：岢岚县林业局提供。

（三）林地确权颁证

作为林业大县，岢岚县集体林权制度改革从 2008 年开始试点，2012 年完成。集体林权制度改革共涉及 12 乡 183 村 50804 人，共确权集体林地 116.81 万亩，其中家庭承包 106.75 万亩，联户承包 1.06 万亩，股份经营 4.17 万亩，集体保留 4.76 万亩。

（四）生态扶贫成效

2015 年，岢岚县实施的生态扶贫政策主要有退耕还林与生态管护工程。

1. 退耕还林工程：岢岚县一期退耕还林总面积 11.15 万亩，涉及 12 个乡（镇）11000 户。2016 年发放的补助资金为 973 万元，涉及贫困户 2654 户 7427 人 23186 亩，补助资金 208 万元，贫困人口人均增收 281 元。

2. 生态管护：全县聘用护林员 357 人，其中建档立卡贫困护林员 76 人，带动 226 人增收脱贫。

2016 年岢岚县继续通过退耕还林与生态管护带动贫困人口增收脱贫。

1. 退耕还林：（1）2016 年提前启动实施的 2017 年度首批退耕还林 2.5 万亩，涉及 12 个乡镇 43 个行政村 1756 余户 5064 口人，其中贫困户 576 户 1535 人 6664 亩，直补人均 4.9 亩，按照每亩前两年合计补助 650 元计算，人均直补增收 3185 元。（2）第一轮退耕还林 9.45 万亩，补助资金 90 元/亩，资金 850.5 万元，涉及 9164 户，其中贫困户 2174 户 6098 口人，退耕面积 19845 亩，人均直补增收 292 元。（3）2014 年实施的新一轮退耕还林 0.7 万亩，涉及 817 户 1754 人，其中贫困户 209 户 625 人 2500 亩，第三年补助 300 元/亩，人均直补增收 1200 元。

2. 生态管护：全县聘用护林员 357 人，其中建档立卡贫困护林员 91 人，带动 245 人增收脱贫。

2017 年岢岚县以荒山增绿、群众增收为主线，以生态扶贫"五个一批"工程为载体，将生态建设与脱贫攻坚有效结合。

1. 退耕还林助力脱贫：2017 年退耕还林任务 2.5 万亩，涉及 12 个乡、42 个村、1595 户、4555 人，直补资金 1250 万元。其中涉及贫困户 646 户、1747 人、10120 亩，补助资金 506 万元。截至 2017 年 12 月底，直补资金已全部到户，1747 名贫困人口人均增收 2896 元。

2. 生态治理带动脱贫：全县有 48 个扶贫攻坚造林专业合作社，社员总数 1191 人，其中贫困社员 911 人，所占比例 76%。合作社 2017 年共承揽造林任务 6.09 万亩，总投资 4872 万元，产生劳务工资共计 1252.03 万元，其中贫困社员 834.68 万元，911 名贫困劳力人均增收 9162 元。

3. 生态管护保障脱贫：全县聘用护林员 514 人，其中建档立卡贫困人口 372 人，涉及贫困人口 1005 人，人均管护工资每年 1 万元，计 514 万元。另外每年为每名护林员缴纳农民养老保险 2000 元，保证 60 岁不担任护林员后能领到养老金不返贫。

4. 林业产业扶持脱贫：积极探索通过场社合作增收、企社户合作增收、企户合作增收等模式，实现林业产业增收脱贫的新路径，助力扶贫攻坚。据统计 2017 年，全县农业人口通过采摘沙棘果、野生食用菌、野生中药、出售树苗等共计增收 1550 万元，农村人口人均 231 元。

5. 经济林提质增效辅助脱贫：2017 年山西省林业厅将岢岚县确定为全省沙棘林改造试点县，实施沙棘林改造工程。以神堂坪乡昌茂生态林业专业合作社为依托的 8 个林业专业合作社完成沙棘林改造 6000 余亩，91 户贫困户通过合作社获得劳务收入 74 万元，户均收入 8131 元。另外，岢岚县与鸿泰农林科技开发有限公司签订协议，以 3 元/斤收购沙棘叶加工茶叶和提取微量元素，共计回收 3 万余斤。

2018 年，岢岚县积极贯彻落实国家生态扶贫政策措施，继续联动实施生态扶贫"五个一批"政策，取得明显成效。

1. 退耕还林助力脱贫一批：（1）第一轮退耕还林补助 4.45 万亩，每亩 90 元共 400.5 万元。其中涉及贫困户 2363 户 21617.54 亩，补助资金 194.65 万元。（2）2014 年实施的新一轮退耕还林 0.7 万亩，每亩补助 400 元共计 280 万元。其中涉及贫困户 352 户 3496.15

亩，补助资金 139.85 万元。（3）2018 年实施特色经济林 6 万亩，每亩补助 300 元共计 1800 万元。其中涉及贫困户 1078 户 24689.88 亩，补助资金 740.6964 万元。（4）"八道四治四建"绿化占地 1.9744 万亩，每亩补助 500 元共计 987.2 万元。其中涉及贫困户 526 户 6867.95 亩，补助资金 362.2 万元。

2. 生态治理带动脱贫：74 个扶贫攻坚造林专业合作社实施的 8.06 万亩人工造林和 5 万亩沙棘林改造，总投资预算 7448 万元，共产生劳务费 2426.9 万元。其中，贫困劳务费 2031.1 万元，占到总劳务费的 83.6%，贫困社员户均劳务费 11593 元。另外，邮政储蓄银行为 70 个扶贫攻坚造林专业合作社 697 户贫困户发放生态扶贫贷款 3412 万元，承接贷款的贫困户可享受资产性分红 170.6 万元，户均 2500 元。

3. 生态管护保障脱贫：2018 年全县聘用护林员 537 人，其中贫困护林员 395 人，占到 73.5%，人均管护工资每年 1 万元，保障了 1073 名贫困人口稳定脱贫。另外，继续为护林员交纳农民养老保险 2000 元，保证 60 岁不担任护林员后能领到养老金不返贫。

4. 经济林提质增效辅助脱贫：在前期示范改造的基础上，2018 年继续在神堂坪、西豹峪、李家沟、水峪贯、阳坪、岚漪镇六个乡镇实施沙棘工业原料林改造项目 5 万亩，全部由合作社实施完成。除了可通过"企业+基地+贫困户+退耕户"的模式带动贫困户除劳务增收以外，还可通过入股分红、出售沙棘果等获得资产性收益。

2019 年以来，岢岚县继续落实有关生态建设和脱贫攻坚工作，生态扶贫成效显著。

1. 退耕还林助力脱贫：（1）第一轮实施的 11.15 万亩退耕还林，到期 9.9 万亩，2018 年实补 1.25 万亩，共计 112.5 万元，涉及贫困户 243 户 4069.5 亩 36.63 万元。（2）2017 年实施的新一轮退耕还林任务 2.5 万亩，补助资金 750 万元。涉及贫困户 646 户 1747 人 10120 亩 303.6 万元。（3）"八道四治四建"绿化占地 1.9744 万亩，每亩补助 150 元共计 296.16 万元。其中涉及贫困户 526 户 6867.95 亩，补助资金 103 万元。

2. 生态治理带动脱贫：全县共完成天保、三北、治沙、吕梁山生态脆弱区治理、交通沿线荒山绿化等造林任务 11.39 万亩，总投资 5695 万元，共产生劳务费 1968.39 万元，贫困劳务费 1667.47 万元，占比 85%，带动 30 个合作联社 76 个成员社的 1718 名贫困成员人均增收 9705 元。

3. 生态管护保障脱贫：全县聘用护林员 557 人，其中贫困护林员 410 人，占比 73.4%，人均管护工资每年 1 万元，交纳保险 2000 元，共计 668.4 万元，保障了 1095 名贫困人口稳定脱贫。

4. 经济林提质改造辅助脱贫：富民、隆飞、兴盛绿、全晟 4 个合作社分别在温泉乡、西豹峪乡、水峪贯、高家会 4 个乡镇种植中药材 2000 亩，总投资 40 万元，带动 4 个合作社 64 名贫困社员人均增收 2390 元。

5. 林业产业扶持脱贫：全县农业人口通过采摘沙棘果、野生食用菌、野生中药材、出售树苗等增收 1984 余万元，农村人口人均增收 320 元。

案例一　人穷没有根，苦尽甘自来

2018 年 6 月 13 日，锣鼓声中，阳坪乡、村两级干部、驻村工作队把一块"勤朴传家"的牌子挂到了江永娥家的大门口。三个多月过去了，说起那天的情景，46 岁的江永娥仍满怀激动，还有一点羞涩："热闹哩，说老实话，敲锣打鼓的，结婚也没这么红火过！"

说起江永娥的"勤"和"朴"，不要说阳坪村，在全乡都是小有名气的。丈夫在王家岔工地做工，江永娥每天一个人做着卫生院和工程队两拨共二十余人的饭，还种着二十多亩地。江永娥每天早上 6 点前到地里出工，七点多再回来去卫生院给职工做饭，收拾停当再去地里，11 点赶回来做午饭。12 点前把卫生院的饭做好，再回到家给工程队师傅们做饭。两头都收拾停当，她再去地里出工，下午 6 点回来，做两头的晚饭。

天天如此！

一般人光是听这么一说，也觉得无法想象，而永娥却说得云淡风轻。"十几个人一拨的饭，不出一个小时，我肯定做好了！"卫生院的小刘是去年考进来的护士，小姑娘说：永娥姐做的饭每天都不重样，因为吃得可口，她和同事们都把卫生院当作家了。

村里的广场上经常会有村民聊天、晒太阳，永娥说，她根本顾不上，她无时无刻不在赶时间——那是真正的、毫不夸张的"赶"，马不停蹄，争分夺秒。

"苦吗？""咱不怕苦，不苦哪来的甜！"

"累吗？""过日子哪能怕累？只要把自家日子过好了，老的小的安稳了，我就觉得挺好。"

一切都是理所应当，一切都是情理之中。认定了苦尽甘来这个理儿，所以，这个纯朴的农家女子，把一切都搭在了这个家上。

事实上，听听永娥过去的故事，现在这样的"苦"和"累"，对她来说，确实已经不算个啥。"最苦的时候都熬过来了，这会儿孩子们都成家立业了，我已经有了孙子、外甥，家里日子在村里过得也算是好的。我们村变得干净了，好看了，我就是忙点，心里也是甜的哩。"

江永娥是 1991 年结婚的，丈夫兄妹八人，排行老大。永娥是阳坪村本村人，父亲一直是村里的队干部，她一个哥哥，一个弟弟，作为家里唯一的女儿，在娘家她并没吃过什么苦。公公婆婆在田家沟村放羊，结婚当天中午喜筵过后两位老人就回到田家沟了。

过门第一天的晚饭，就是永娥自己做的。用她自己的话说就是："从一开始就是自力更生，家里弟兄姊妹多，从来不指望谁来帮上一把，也不往那里想。"

房子倒是有，但破烂不堪，家里唯一的电器就是一台14英寸的黑白电视机。除了二十亩地和他们的两双手外，家里别无他物。这日子咋过？

结婚时，公公婆婆给了永娥2000块钱衣裳钱，加上自己积攒下的1000块钱，零的整的全部放到一起，一共是3000元。永娥向丈夫提出，不买衣裳了，公公不是养着羊吗？向他买上15只羊，让老人帮着放羊。钱又递到了田家沟的公婆手中，公公挑了15只肥壮的羊，羊角上抹上红漆。"这就是你们的了，下羔了，也都给你们抹上记号，我给你们放着。"婆婆逢人就说："娶了个过日子媳妇儿！"

为了贴补家用，女儿刚满月，丈夫就去煤矿打工了。女儿出生两年后，他们又有了儿子。丈夫在外，她一个人又要照料孩子，又要种地，怕孩子掉地上，只好一条绳子把孩子拴在炕上。"那个时候是最苦最累的时候，里里外外没人帮一下忙，经常是从地里回来娃娃哭，我也哭……"

丈夫知道妻子的苦，三年后，结束打工生活回到村里。丈夫回来了，他们的羊由15只变成了18只，永娥让丈夫把打工挣的钱又拿去买羊，让他和公公一起在田家沟放羊。她家的羊逐渐发展到了70多只，为了照看羊，丈夫就住在田家沟，家里的活儿仍然是她一个人做。不仅如此，除了原来的20亩地外，永娥又开荒20亩地，养了30只鸡，喂了两头猪，一刻也不闲着。尽管经常忙到饭也顾不上吃，但爱干净的她还总要把家里收拾得利利落落，清清爽爽。乡亲们眼里的永娥和她的孩子们，什么时候都是干干净净的。

永娥的丈夫脾气好，人缘好，又肯吃苦，村里乡亲们有什么事，经常会叫他帮个忙，只要能腾出手，他就会出手相助。2011

年，他帮村里的一家人修羊圈，羊圈年久失修，一根檩子冷不防掉下来，膝盖严重受伤。祸不单行，在大牛店医院侍奉丈夫时，永娥在医院附近被一辆大车给撞了，当时就昏迷不醒……

那年，她家的羊已经发展到170只，但夫妻俩同时受伤，羊放不成了，地也种不成了，庆幸的是两人有惊无险。没办法，两人商量着把羊全卖了。"结婚二十年，羊从15只发展到170只，这是我们全家的心血啊！"

卖了羊，永娥说，她难受了很久，那是真正的"心疼"。

当村里人在担心他们俩受伤后的日子咋过时，次年二月初三早上六点，一阵鞭炮声把睡梦中的村庄惊醒了。大家看到，江永娥家的房顶上，一面红旗正在晨光中飘扬。永娥家要盖新房子了！村里已经很多年没有动土，永娥家盖房子，成了全村的喜事。

就这样，夫妻俩拿到卖羊得来的钱，在原来的基础上重新盖起了四间敞亮的大正房，买了冰柜、洗衣机。两人身体都在康复期，重活不能做了，天生闲不住的永娥夫妇在弟弟的引荐下去神木硅铁厂打工，夫妇二人两年挣了8万元。因为儿子要结婚，俩人又回到了阳坪村。"感觉还是回来村里踏实，这次回来，我们也都出了四十岁了，两人就准备在阳坪安安稳稳地住下去。"

这些年里，一双儿女长大成人，相继成家，已是四十出头的永娥仍然像年轻时一样，充满着活力，看起来要比村里的同龄人年轻好多。她在种地的同时，给学校食堂做了几年饭，又开始在卫生院做饭，她的能干和干净是出了名的，所以乡里、村里有什么需要帮忙的，大家自然就会想到她。而只要她出手，总能保质保量完成任务。

永娥的生活就是一个字"忙"，农闲时，她的手里也闲不下，每年她都要给全家人每人纳一双鞋垫，夏秋时分，要上山采蘑菇晒干了卖。

"我觉得，靠自己的力量挣下的钱花得最踏实。穷又没根子，我文化不高，但就认一个道理：自力更生，苦尽甘来。"

在阳坪村的"感党恩、树新风"表彰大会上，江永娥通过村民推荐、小组审查、自治会审核、支部批准、张榜公示报乡领导集体通过，成为全村的勤劳自力楷模，被授予"勤朴传家"的牌匾，可谓实至名归。

案例二　生态护林员的故事

59岁的齐兰成是一名生态护林员。齐兰成是岢岚县宋家沟乡宋家沟村村民，全家3口人，夫妻身体都不好，女儿上学。2016年以前，齐兰成以种地为生，收入屈指可数，孩子上学开支大，日子过得捉襟见肘，全家生活极为困难。2016年10月，岢岚县开始从建档立卡贫困人口中招聘生态护林员，经过本人申请、村推荐、乡考核、扶贫办认定，齐兰成成了一名生态护林员，并于2016年12月培训后正式上岗。2017年底，他领到了9600元的管护工资，解决了这个家庭的燃眉之急，护林员的工作让这个家庭的日子不再那么拮据，孩子上学生活费也有了保障，加上平时的务农收入，齐兰成一家的生活有了很大改善。

案例三　退耕还林助力贫困户

61岁的王引梅是西豹峪乡甘钦村的建档立卡贫困户，丈夫早年意外身亡，留下她和儿子一起生活，她自己常年患有慢性病，不能劳动。2005年以前退耕24.71亩，现在领补助的12.71亩，能领1143.9元，2015年又退了2.5亩，补助1000元，2017年退了17.25亩，能领5175元，仅退耕还林一项她家一年就能领到国家补助7318.9元，对于这个贫困家庭来说这是很大一笔收入。现在，儿子也可以安心在外打点零工补贴家用，加上退耕还林补助，王引梅一家的生活有了保障。她说："是国家给的退耕还林补助支撑着我家渡过了最艰难的日子。"

二、产业扶贫：工业农业共融

岢岚县依托种植业、养殖业以及农副产品加工，走出了特色的产业扶贫道路。在岢岚县产业脱贫的战场上，依靠种植、养殖及农副产品加工是一大特色。岢岚既有农牧业发展传统，又有天然的农牧业优势资源，"晋岚绒山羊之乡""中华红芸豆之乡"等美誉又让岢岚在依靠农业脱贫上有了底气。

岢岚县在农业上获得了许多荣誉。岢岚是中国晋岚绒山羊之乡，历经 30 年培育的"晋岚绒山羊"在 2011 年通过了全国畜禽品种遗传资源委员会认证，这是继柴达木绒山羊、陕北白绒山羊之后我国第三个绒山羊新品种，也是山西省牛羊业唯一的国家级品牌。岢岚的畜牧业人均纯收入、畜牧业收入占农业收入比例、绒山羊饲养量、人均户均养羊数、绒毛产量五项主要指标连续多年来均居山西省之冠，有"骑在羊背上的岢岚"和"三晋绒山羊第一县"的美誉。岢岚也是中华红芸豆之乡，2010 年中国粮食行业协会授予"中华红芸豆之乡"殊荣。2012 年，获得国家质检总局授予的"国家出口红芸豆质量安全示范区"证书和牌匾殊荣。2013 年，国家质检总局批准对"岢岚红芸豆""岢岚柏籽羊肉"实施地理标志产品保护。

岢岚是沙棘资源开发大县，依托全县 60 万亩野生沙棘资源，从 20 世纪 80 年代开始对沙棘进行开发利用，逐步从食用转向药用。种植业、养殖业是岢岚的两大主导产业。农作物播种面积常年保持在 40 万亩左右，人均耕地 6 亩，盛产红芸豆、马铃薯、莜麦、谷子、杂豆类等优质小杂粮。经过 20 年培育发展的中华红芸豆种植面积稳定在 13 万亩左右，年产 2 万吨，具有颗粒硕大饱满、色泽鲜艳、味甘性温、高钙低糖、高纤维低脂肪、营养丰富等特点，是全国重要的红芸豆种植生产基地和加工出口基地。同时岢岚县总面积297万亩，其中天然草坡、宜林、宜草面积138万亩，占总面积的46.7%。宽广的牧坡、凉爽的气候、充足的水源，为岢岚发展养羊业创造了得天独厚的资源优势。全县羊饲养量62万只，存栏40万只，出栏25万只。以晋岚绒山羊为主的畜牧业和以红芸豆为主的杂粮产业，的确是岢岚大多数老百姓的"钱袋子"和"米粮仓"。

（一）按部就班：产业扶贫时间序列

1．"十二五"：夯实产业基础

"十二五"期间，岢岚县着重发展现代农业，在种植、养殖方面加大力度。

种植业方面，第一，将种植面积稳定在45万亩左右。第二，落实强农惠农政策，进行种粮补贴（玉米、马铃薯49元/亩，杂粮69元/亩）以及良种补贴（玉米和杂粮良种补贴10元/亩），并且进行一村一品示范村建设。第三，建设农业科技示范园区，引领农民应用农业科技增产增收。在北川三井镇、神堂坪乡、高家会乡3个乡镇建设5000亩红芸豆高产示范园区，建设马铃薯种薯繁育基地1500亩，高效蔬菜园区300亩，杂粮试验示范园区500亩。在岚漪镇石家会、玉龙两村建设优质玉米园区2000亩。建设谷子、莜麦、温室大棚瓜果蔬菜园区2500亩，科技示范园区总面积达11800亩。第四，建设重点投资项目，主要包括建设耕地生产能力、红芸豆地膜覆盖出口基地建设项目、现代农业玉米丰产方地膜覆盖项目、旱作农业地膜覆盖工程以及红芸豆绿色增产模式。

养殖业方面，岢岚县畜牧业以转型发展为抓手，在基础设施建设、安全生产方面加大力度。第一，加强基础设施建设。积极争取项目建设资金1271万元，在圈舍建设、饲草基地建设等方面加大投入，大力推进人畜分离规模健康养殖。新建、改建了28个标准化规模养殖场建设。全面完成农业部批复的水峪贯乡2万亩人工草地建设任务、"京津风沙源治理"项目所确定的李家沟乡胡家窑村0.2万亩人工草地建设任务、全县7000立方青贮窖建设任务。完成全县12个乡镇400台饲草加工机具发放项目。第二,加强安全生产工作。首先做好春防工作,全面完成全县畜禽的强制免疫工作。其次,在全县范围内对动物药品及饲料销售门店每月进行一次检查、督查,确保无伪劣药品及饲料流入市场。再次,对全县规模养殖场先期推行"羊保险"。最后,在2015年6月,岢岚县成立了"岢岚县支养贷业务工作领导组",出台了"支养贷"业务管理办法,政府为"支养贷"资金池注入300万元"风险补偿金",启动养殖户及养殖企业养殖贷款业务。这些发展种植业与畜牧业的措施为"十三五"打下了较好的产业发展基础。

2. "十三五":特色产业扶贫之路

为推进产业扶贫工作,岢岚县在"十三五"期间,先后制定了产业扶贫政策与行动,实施"1661"产业扶贫行动,以落实政银企保农"五位一体"金融扶贫和"一村一品一主体"产业扶贫政策为抓手,实施"1661"产业扶贫行动,即用好省级金融扶贫试点县这"1"平台,以规划引领投向,以项目承载资金,以增收考核成效,加大财政投入和资金整合力度,确保投入总量和增幅保持"双增长",确保扶贫资金统得好、用得好;扶持发展羊、小杂粮、多种养殖、食用菌、马铃薯主粮化、沙棘种植加工等"6"个特色产业;通过利益联结带动全县6002户建档立卡贫困户稳定脱贫;实现到2020年如期脱贫这一目标。

(1) 2016年:特色产业扶贫

2016年是"十三五"开局之年,岢岚县开始走特色产业扶贫道路,主要在稳定生产调整产业结构、粮食高产创建、实施地膜覆盖、科技示范园区推广、技能培训、新型农业经营主体培育发展以及打造杂粮之都等方面。

第一，稳定45万亩的播种面积，在种植业生产及产业结构调整上出台强农惠农政策、加大资金扶持。2016年共发放杂粮良种补贴172.8万元，玉米良种补贴98.3万元，粮食直补、农资补贴两项补贴2214.8万元。针对建档立卡贫困户在12月初杂粮每亩再追加补贴25元，薯类每亩补贴50元，中药材每亩补贴200元，发放三项补贴资金189万元。

第二，进行粮食高产创建项目，实施粮油高产创建与杂粮产业振兴项目。粮食高产创建项目投入19万元，承担两个任务，一是5000亩红芸豆高产示范片；二是100亩红芸豆绿色增产模式攻关点。杂粮产业振兴项目共推广10项杂粮高产先进实用技术及地膜覆盖实际面积达20万亩，培育杂粮产销专业合作社10个，通过宣传打造杂粮名优品牌（三品一标认证及商标注册），鼓励农户申报名优品牌的注册，创建杂粮千亩以上高产示范片区5个。在三井镇三井村建立的一个千亩红芸豆杂粮集成技术展示区，涵盖了地膜覆盖、优种包衣、配方施肥、机翻机铺机播一体化作业、病虫害统防统治等集成技术。

第三，实施地膜覆盖，2016年总投资200万元，采购地膜182.48吨，覆盖面积5万亩。结合科技示范园区建设、高产创建等种植业项目，采取县对乡镇、乡镇对村、村对农户的形式将地膜发放到种植户手中。项目实施区域涵盖了全县12个乡镇，覆盖了所有的贫困户，贫困户每户能分到5捆地膜，直接受益300余元。

第四，推广科技示范园区，扶持贫困户的农业产业。在2016年的科技示范园区建设中，根据县政府要求，结合省、市粮油高产创建项目，规划实施了红芸豆6100亩、马铃薯1000亩、谷子300亩、架豆300亩、藜麦100亩、干鲜果200亩、2个科研基地（农科院700亩、良种场300亩）1000亩，共计八大类10000亩农业科技示范园区。实施项目的乡镇（村）优先吸纳贫困户参与园区建设，农委给园区统一供地膜、化肥和优种，从资金和技术上扶持了贫困户的农业产业。

第五，进行技能培训，在春耕备耕及农时季节，农技人员下乡进村对广大农民进行了送政策、送法规、送科技、送信息活动。春耕播种期间，农委根据农民种植需求，派出70名农技人员深入所包的700户科技示范户，开展了技术咨询及送农资活动。

第六，推进杂粮之都建设。根据特色农业产业的实施规划，适时调整了产业结构，降低了玉米的种植面积1.5万亩，增加了特色杂粮的种植面积。并且选择贫困户的500亩红芸豆、小米、土豆作为实验基地，在地膜覆盖、种子包衣、统一病虫害防治、发放种植管理技术资料等综合措施的基础上，又在花期喷施富硒有机肥两次。10月15日将富硒作业的农产品集中进行了化验，检测结果证明产品可达到富硒的标准，已有公司以高于市场价格的20%，回收富硒农产品。

第七，推进畜牧业发展助力脱贫。首先，2016年岢岚县畜牧局通过对贫困户调查摸底，根据实际情况制定了"羊产业2521养殖模式"（即：贫困户在具备2个劳动力的基础上，每户购置50只基础母羊，建设200平方米标准化羊舍，通过精细化饲养达到年收入1万元左右，以帮助贫困户贷款并贴息，支持贫困户入股的方式带动2300户贫困户脱贫致富）。通过捆绑资金，在圈舍等基础设施和基础母羊购买上加大扶持力度。其次，进行畜禽养殖资金补助，对购买牛的贫困户每头牛补助5000元，购买羊的贫困户每只羊补助300元，购买猪的贫困户每头猪补助500元，购买鸡的贫困户每只鸡补助20元。全县的1423户贫困户共购买牛856头、羊19308只、猪662头、鸡28123只，共补助1100万元，全县贫困户实现净收入471万元。同时鼓励和用资金帮扶让贫困户以入股的方式和托管养殖的方式参与到养殖专业合作社，让贫困户增加经济收入。再次，利用畜牧项目建设带动贫困户致富。2016年岢岚县畜牧兽医中心申请上级项目17个，建设标准化棚圈1.5万平方米、青贮窖1万立方米、畜禽粪污处理设施

2座，总投资468万元，通过加强引导就业，带动贫困户308户，带动贫困人口409人，人均可增收520元。最后，引进外资，开发畜牧扶贫产业。2016年岢岚县招商引资，通过政府注资，企业担保，引进山西新大象集团养殖股份有限公司在建设存栏12000头基础母猪的养殖场2个，存栏20000头商品猪的养殖小区25个。

（2）2017年："一村一品一主体"产业扶贫

2017年，立足贫困面广、程度深的县情实际，岢岚县围绕产业布局，结合区域特点和产业扶贫实际，以区域内企业、合作经济组织等新型经营实体为带动主体，落实省市"8311"产业项目、县委政府"1661"产业扶贫行动计划为抓手，全面贯彻落实"一村一品一主体"产业扶贫政策，着力构建"五有"产业扶贫体系，并达到了全覆盖。

"一村一品一主体"产业扶贫政策主要有以下做法：

第一，成立产业扶贫领导机构，领导制定产业扶贫计划，并建立产业扶贫项目库，强化管理与督查。具体做法是：为特色农业产业扶贫办公室建立工作台账，按照《每周工作计划》的要求推进产业扶贫各项工作，并以周报告的形式向县脱贫攻坚领导组报送产业扶贫工作进展情况；县扶贫办根据各乡镇产业发展的实际情况，在以乡镇预报项目的基础上，建立产业扶贫项目库，项目入库后，经过审核下拨相应财政专项扶贫资金支持各乡镇用于产业扶贫。2017年已入库项目112个，经审核下拨相应财政专项扶贫资金2754.07万元；产业办根据工作需要，组织开展专项督导检查，对发现的问题及时反馈，并制定工作措施，及时指导各乡镇进行整改。

第二，落实产业扶贫项目，夯实产业扶贫实体。落实省市"8311"产业扶贫重点项目5个。中药材种植包括道地中药材种植500亩，分别由致远中药材、馨农农业种植2个专业合作社自筹资金，在李家沟乡、西豹峪乡种植板蓝根、黄芩、柴胡共计2510亩；蔬菜种植包括设施蔬菜200亩，露地蔬菜700亩。利用现有设施，在

3 乡 5 村落实设施蔬菜 218 亩，福晋公司流转耕地 553 亩种植各类稀缺绿色有机蔬菜，云海合作社流转土地 210 亩，全部种植辣椒，共计种植露地蔬菜 763 亩；粮改饲 1.2 万亩，各乡镇落实 1.27 万亩；沙棘种植加工 1 万亩，县林业局结合退耕还林种植沙棘 1 万亩，山地阳光公司创建 820 亩沙棘种植基地；生态林建设 1.8 万亩，县林业局结合"八道四治四建"绿化工程，在岢临高速沿线两侧规划荒山 1.92 万亩，采用 1.5 米高油松进行高标准绿化。

首先，推动"1661"产业扶贫行动计划。2017 年全县羊饲养量达到 65 万只，出栏 22 万只，其中贫困户养羊 27272 只。羊产业共带动贫困户 2214 户，年户均增收 3080 元；全县饲养生猪 2.67 万头，其中 480 户贫困户散养生猪 631 头，年户均增收 1314 元。引进新大象集团新建存栏种母猪 10000 头的种猪场一个，年出栏肉猪 20000 头育肥场 2 个，带动 409 户贫困户。生猪产业共带动贫困户 889 户，年户均增收 3470 元。岢岚县还在实践中探索出畜牧业脱贫新模式：对有条件进行养殖产业脱贫的贫困家庭通过"2521"养殖模式实现稳定脱贫；对没有条件的建档立卡贫困户、乡村组织，通过资金入股合作社或养殖大户托管分红等方式获得稳定收入；帮助就业增加贫困户收入，对贫困户进行养殖技术培训，为养殖场提供养殖、管理技术人员，带动全县农户 221 人（贫困户 73 人）在养殖场务工增收，年人均收入 3 万元以上。

其次，通过科技创新实现脱贫。高家会乡上川坪村养羊户贾义生通过品种把关（自繁自养）、分群饲养、草料搭配等技术使母羊的双胎比例特别高，72 只母羊产羔 123 只，产羔率高达 170%。提高了养殖效益，同时也解决了羊群数量扩张对生态的破坏问题，达到了绿色发展的目的。贾义生同时带领本村 5 户贫困户成立了养羊专业合作社，无偿提供技术，各成员获得了很好的养殖效益，实现了科技创新带动贫困户稳定脱贫；以建档立卡贫困户为重点对象联合养殖经营主体，实行"养殖企业+贫困户"的模式，实施粮改饲发展草牧业

10000 亩，带动 1131 户贫困户，户均增收 3000 元以上；以山神庙生态养殖专业合作社为试点，实行畜牧业生态养殖旅游观光项目，带动周边的贫困户增加经济收入。通过"五位一体"金融扶贫模式，6 家羊产业企业带动 966 户贫困户，每户贷款入股 5 万元连续三年每年分红 4000 元，实现稳定增收脱贫；通过山西大象公司的养猪（"1+1+1+1"模式）在宋家沟乡和岚漪镇实施 409 户贫困户，每户贷款 5 万元入股分红的方式带动贫困户脱贫致富，每年每户分红 6000 元，人均 2631 元。

第三，创建农业科技示范园区，发展特色农业产业扶贫规模化种植。

结合省市县种植业供给侧改革、产业结构调整精神，2017 年岢岚县在北川三乡创建了以红芸豆、马铃薯、谷子等特色优势小杂粮为主的 10 个集高产创建、规模化种植、标准化栽培、"三新"成果推广、良种繁育、科研于一体的农业科技示范园区，共计 5050 亩。

以红芸豆为主的小杂粮产业：岢岚县气候冷凉，生态良好，污染源少，具有小杂粮种植生产的先天优势，种植面积达到 22 万亩，其中红芸豆种植面积 10 万亩，是出口红芸豆主产区。主要是实施部级绿色高产创建红芸豆种植项目 3 万亩，带动 4302 户有劳动能力的建档立卡贫困户种植红芸豆 11736 亩、实施渗水地膜谷子 3 万亩。以红芸豆为主的小杂粮产业带动 4302 户贫困户，年户均增收 1502 元。

马铃薯产业：马铃薯是岢岚县传统优势农作物种植品种之一，全县种植面积达到 10 万亩。主要是薯宴食品、鑫源绿叶两家公司和相关合作社通过订单农业、"五位一体"精准扶贫小额贷款入股分红、雇用贫困人员务工、高于市场价回收鲜薯等形式与贫困户建立了相对稳定的利益联结机制，共带动 484 户贫困户，全县贫困户种植马铃薯 11408 亩，户均 2.65 亩。马铃薯产业共带动贫困户 925 户，年户均增收 2390 元。

沙棘产业：山西山阳生物药业公司、山地阳光、芦峰食品三大沙棘生产企业通过"五位一体"金融扶贫模式，带动1200户签约贫困户实现户均年收入4000元。沙棘产业共带动贫困户1980户，年户均增收3180元。

食用菌产业：方圆农副产品有限公司和上元新能源有限公司合作新建光伏食用菌大棚500座，可带动800户建档立卡贫困户，户均年均增收3000元，同时可提供200个贫困人口的就业岗位。

第四，依托产业扶持政策和产业扶贫项目，引进培育新型经营主体。

近年来，通过政策引导、项目支持、政策性专项奖补资金扶持等形式，以"一村一品一主体"为载体，培育引进、发展壮大各类新型经营主体。2017年新增农民专业合作社191个，目前全县合作经济组织总数达到500个，家庭农场330个，种粮大户800余户，涉农龙头企业发展到28个。

概括来说，2017年，产业扶贫成效如下：贫困户户均增收3000元。经统计，全县91个贫困村每村户均新增产业收入都达到3000元以上，最高增收21188元，最低增收500元。经评估测算，全县有劳动能力的贫困户户均增收3212元；各类带动主体主要通过8种模式与贫困户建立利益联结机制："五位一体"金融政策扶贫支持下的"1+1+1+1"模式、贫困户直接入股分红模式、订单农业扶贫模式、降成本模式、劳务输出模式、强化服务模式、扶贫专项资金入股模式、扶贫资金补贴模式。带动主体以紧密、半紧密联结方式带动有劳动能力的贫困户50%以上。91个贫困村有劳动能力的贫困户都与企业、合作社等带动主体建立起紧密、半紧密的利益联结机制，吸纳带动有劳动能力的贫困户达到98%—100%，带动贫困人口4788人；建立股份合作经济组织的贫困村达到本市县贫困村的30%以上。有41个贫困村与合作社通过集体资源资产、贫困户承包经营权、财政专项扶贫资金折股量化等形式，组建了股份制合作经济组织，占贫困村总数的45%；有条件且需要通过产业脱贫的贫困户都有增收项目。

全县有劳动能力的贫困户 2050 户，有增收项目的贫困户 2327 户（项目有交叉），需要通过产业脱贫的贫困户均有 1—3 个产业扶贫项目。

（3）2018 年："6+3"特色农业产业扶贫行动

2018 年是岢岚县脱贫摘帽之年，这一年，岢岚继续实施省市"8311"产业扶贫重点项目，全面推进县委、县政府制定的"6+3"产业扶贫行动，发展绒山羊、红芸豆、马铃薯、沙棘、食用菌、生猪六大传统农业产业和光伏、中药材、乡村旅游三个新型产业扶贫专项行动。

为进行"6+3"产业扶贫行动，岢岚县从以下三方面入手：

第一，突出主导产业支撑。出台特色农业种植、特色养殖、中药材种植、特色经济林四个补贴办法。大力发展羊、豆、马铃薯、沙棘、食用菌、生猪"六大农牧产业"，实施晋岚绒山羊育繁推一体化项目，全县羊饲养量稳定在 65 万只以上；建设红芸豆、马铃薯等有机旱作农业园区 95965 亩；新建沙棘种苗基地 200 亩，改造沙棘林 3 万亩；依托上元农光互补光伏项目，建设食用菌大棚 500 座；实施新大象集团生猪养殖项目，建成 2 个生猪育肥场投产运营，年出栏生猪 5000 头以上。

在畜牧业发展上，2018 年，岢岚县畜牧局抓住 115 个深度贫困自然村整体搬迁机遇，利用搬迁村的牧坡广、土地多、容易集中经营及预留的搬迁村房屋的优势，支持村委和养殖户进行新建圈舍和修缮圈舍。一是在全县移民搬迁村新建养殖小区 12 个，完成新建圈舍 10215 平方米，目前入住养殖户 90 户，其中贫困户 72 户，涉及贫困人口 188 人。二是在 5 个乡镇 9 个村利用搬迁村的预留房屋经修缮改造成养殖圈舍，共完成修缮圈舍 6615.3 平方米，项目涉及养殖户 44 户，其中贫困户 23 户，贫困人口 56 人。项目补助养殖户修缮圈舍每平方米 100 元。继续对贫困户进行资金补贴，购进能繁母驴、母牛 1400 头，每头补助标准为 3000 元。扶持对象为 12 个乡镇贫困户和带动贫困户比例不少于80%的养殖企业、合作社、养殖大户。

第二，强化特色产业提升。投资1.2亿元建设30万只肉羊屠宰加工项目；投资3136万元研发沙棘茶、沙棘口服液等新产品；扶持山阳药业、正心圆食品等4个企业推进沙棘系列产品研发；投资1500万元新建1个电商服务中心、12个乡镇电商服务站、71个电商创业加盟店，覆盖70%以上的贫困村，解决农产品销售难、效益低问题。

第三，落实责任落地体系。实行县委书记县长双组长、县委副书记常务副县长双协同、纪检组织部门双督核的工作机制，严格责任落实制、分类考评制、奖惩激励制，常态化坚持"天天到现场"工作机制，长效做到一周一盘点、一旬一督核、一月一验靶、一季一考核，确保193支驻村工作队和4054名干部全覆盖包村包户现场施工、一线攻坚、兑现任务。

2018年底，岢岚县的90个贫困村（整村搬迁销号后）实现了"五有"扶贫工作机制全覆盖。主导产业涉及种植、养殖、加工、林果业4类，其中以红芸豆为主的小杂粮产业58个村，带动贫困户1011户2528人；以养羊为主的畜牧产业45个村，带动贫困户631户1578人；农副产品加工与销售产业48个村，带动贫困户848户2102人。共有22个企业、346个合作经济组织作为产业经营主体，与贫困户建立起紧密（入股）、半紧密（订单农业、购销协议）的利益联结机制，共带动农户9848户25108人，其中贫困户4548户11215人，有劳动能力且需要通过产业扶贫实现脱贫攻坚的建档立卡贫困户基本得到了全覆盖。户有产业扶贫项目3个以上。纳入2018年产业扶贫范畴的贫困户，户均新增产业收入可达3500元以上。

（4）2019年：巩固提升阶段

按照《岢岚县2019年脱贫巩固提升实施方案》的要求，岢岚县继续进行脱贫巩固提升。

第一，完善"一村一品一主体"产业扶贫，实施特色产业种植园区项目。农委牵头，乡村两级规划建设红芸豆、马铃薯、谷子等杂粮及食用菌、瓜果蔬菜等区域特色明显的种植园区 10 万亩；继续实施中药材种植项目。对 2019 年实施的 21630 亩中药材的后续管护和发展给予支持；继续实施有机旱作（红芸豆）封闭示范片项目。支持焦山村建设以红芸豆为主的有机杂粮封闭式种植 2000 亩，辐射带动周边村庄发展试验示范种植 2000 亩；实施地膜覆盖试验示范项目。推广使用可降解地膜覆盖技术，示范种植杂粮 1.2 万亩；推广使用渗水地膜覆盖技术，种植渗水地膜谷子 4 万亩。

第二，培育新型经营主体和服务主体。扶持龙头企业。积极对接上级部门组织的市场营销活动、支持企业营销的"五进活动"，引导、组织企业积极参与"农博会"及"农民节"展销活动，倒逼农产品加工龙头企业延伸产业链，提升产品质量，努力开拓国内外市场，突显产业的固脱贫促振兴效益。

落实惠农政策，培育壮大新型规模经营主体。持续落实各类项目建设奖补资金向农民专业合作社和农业社会化服务组织倾斜，加快推动土地合法流转，逐步增加新型规模经营主体的数量，提升新型服务主体的服务能力和水平，在实践中培育和壮大新型规模经营主体的实力，推动绿色生态农业的快速发展。

结合乡村旅游开发和人居环境改造项目，大力发展观光休闲农业。首先，继续建设总面积 4000 亩的油菜种植园区，助力王家岔"宋长城"开发项目；其次，积极争取项目资金支持周通绿色农业生态园区、吴家庄休闲、观光生态园区建设；再次，加快开发地域特色、人文景观浓厚的农牧休闲观光点、农家乐建设，促使观光休闲农业尽快成为农民增收的新产业。

第三，立足资源优势，大力发展有机旱作农业。由"岢岚县希顺小杂粮专业合作社"组织，在三井镇焦山村、孟家坡村划定区域，以"一增两减、轮茬倒作、秸秆还田、残膜回收"为主要技术措施和管理手段，创建以有机红芸豆种植为中心的有机农作物种植基地

2000亩。引领带动周边村庄的农户种植红芸豆、马铃薯、谷子有机旱作农业封闭示范区5000亩，创建岢岚县有机杂粮的品牌，为"产业兴旺"奠定坚实的基础。

第四，扎实打造特色农产品新品牌。维护"晋岚绒山羊""中华红芸豆之乡"荣誉，建设"岢岚柏籽羊肉""岢岚红芸豆"品牌，并努力打造特色农产品新品牌。一是借助全省振兴小杂粮之东风，全市打造中国杂粮之都之契机，整合全县小杂粮加工销售资源打造"岢岚小杂粮"品牌。二是随着马铃薯主食化战略的不断深入，结合马铃薯产业化发展，支持企业扩大生产规模、改进完善生产设备、开发马铃薯系列产品，做大做强马铃薯品牌。三是在食用菌产业化发展的进程中，重点打造"银盘蘑菇""岢岚羊肚菌"品牌。同时，在基地创建、产业发展的过程中加强"三品"认证力度。

第五，围绕乡村振兴，探索特色产业发展新路径。首先，与大型集团（企业）合作，立足资源优势，积极探索发展沟壑经济的有效途径，以"绿水青山就是金山银山"为理念，努力推动类似王家岔、沙麻沟等流域的科学开发，大力发展生态农业、观光农业，为乡村旅游积累资源注入活力。其次，积极引进大型劳动密集型企业，把带着农户特别是贫困户一起干作为土地流转和项目支持的前置条件，千方百计增加城乡剩余劳动力的就业比例，夯实一人就业全家脱贫致富的基石。再次，积极引进或大力支持类似"晋粮一品""薯宴食品""正兴园"等大中型农产品深加工企业，在创建"名优特"品牌、大打品牌战的同时，延长产业链条研发"功能食品"，扎实推进县城周边大中型农贸市场、物流园区建设，做强做大"功能农业""城郊农业"，促进农户在产业发展中受益。最后，加快晋岚生物科技有限公司项目的建设力度，完善畜牧业基础设施产业链条，推动岢岚县尽快建设成为晋西北畜牧产业的集散地，带动农户增收。

（二）多元配置：资源性扶贫

通过十几年的产业扶贫举措，岢岚县已经形成了几大特色扶贫产业，产业布局明确，产业扶贫效果明显。

1. 沙棘产业

岢岚是沙棘资源大县，境内有野生和人工沙棘林 49 万亩，2017 年以来，通过落实"8311"和"1661"产业扶贫行动，依托本地优势沙棘资源，在规模化发展、专业化改造、产业化经营方面进行了积极探索，沙棘产业逐渐成为破解区域生态和脱贫难题的重要支撑。

（1）建基地。一是 2017 年依托退耕还林工程在西豹峪乡新植沙棘 1 万亩，使该区域形成 5 万亩的新旧沙棘原料林基地。二是山地阳光公司在岢岚县李家沟乡胡家洼村采用土地流转形式与 50 户贫困户（142 人），签约了 2000 亩为期 5 年的沙棘种植协议，当年栽植沙棘 812.9 亩。三是 2018 年在 83 个整村搬迁村腾退出的耕地中，实施特色经济林项目新植沙棘林 6 万亩。四是 2018 年对 5 个乡镇的 5 万亩沙棘林进行了改造，通过改造，沙棘林的效益得到了很大的提高。

（2）扶龙头。一是用好用足企业帮扶政策，在项目审批、建设用地、环评办理、税收优惠等方面给予政策倾斜。二是通过"五位一体"小额信贷，山西岢岚芦峰食品有限公司共承用"五位一体"扶贫小额贷款 1325 万元，山西省山地阳光食品有限公司共承用"五位一体"扶贫小额贷款 1855 万元，山西山阳生物药业有限公司共承用"五位一体"扶贫小额贷款 685 万元。三是扶持山阳药业新上年转化 2 万吨沙棘果生产高纯黄酮系列产品生产线项目，促成与高原圣果等大公司签约 7 个"健"字号品牌合作项目。

（3）创红利。初具规模的有山地阳光、山阳药业、芦峰食品和正心圆四大公司。其中山地阳光食品有限公司是省级重点龙头企业，现有沙棘果汁饮料、凉茶、保健品、纤维板 4 大系列 22 个产品，2016 年实现销售收入 1.2 亿元。山阳生物药业有限公司是山地阳光食品饮料有限公司为进入资本市场而分离设立的有限责任公司，主要经营沙棘保健食品、沙棘系列化妆品等。芦峰食品有限公司也是全省农产品加工龙头企业之一，主要以生产"净爽"牌沙棘原汁及沙棘系列饮料制品为主，2016 年销售额达 4500 多万元。正心圆投资 2000 万元引进了沙棘茶和沙棘口服液 2 条生产线，正式投产后，预计年产值可达 6000 万元。上述这些企业每年可向本地农民收购沙棘果 3 万余吨，农民直接收入 6000 万元。

（4）带农户。一是农户参与项目实施和基地建设，增加劳务收入。如在 2018 年沙棘林改造过程中，10 个合作社 169 名贫困社员户均增收 1.2 万元。二是贫困户参与"五位一体"金融扶贫分红，每户每年 4000 元。三是从事采摘沙棘果增加经营性收入，2019 年全县共收购沙棘果 3000 余吨，农民人均增收 110 元。四是通过企业用工增加工资性收入，如宋家沟功能食品有限公司通过"发展产业+转移就业"模式，解决 60 名贫困人口的就业岗位，直接带动 580 人每人每年增收 1000 元，间接带动 30 个合作社约 3000 名贫困人口通过沙棘采摘等产业人均增收 3680 元。

2. 羊产业

岢岚县是养羊大县，羊产业过去是民生产业，大部分人通过养羊发家致富。它在产业扶贫中因覆盖面广、带动力强成了名副其实的脱贫产业。自从 2011 年底"晋岚绒山羊"通过农业部国家畜禽品种资源委员会认定后，岢岚县便把"晋岚绒山羊"良种繁育作为全县"一县一业"主导产业，把扩繁推广、提质增效、转型发展作为主要抓手来推进产业发展，晋岚绒山羊新品种推广成效显著。

2012 年岢岚县投入近 6500 万元资金新建了集生产和科研功能为一体的晋岚绒山羊种羊场，建成 13 个晋岚绒山羊扩繁场。为提高晋岚绒山羊质量，岢岚县与省农科院畜牧研究所和山西农业大学动物科技学院展开合作，探索晋岚绒山羊发展新技术。从2012年至2015年种羊场和扩繁场累计为本县及周边县市提供晋岚绒山羊种母羊12000余只，种公羊8000余只，为本地及周边县市改良绒山羊近90000余只。

在畜牧业生产服务体系方面，先后完善了8个基层中心站、6个改良点、25个村级服务网点，逐步形成了以县繁改站和兽医防治站为依托、中心站为支点、村级改良点和畜牧兽医服务网点为终端的三级服务网络，构建了纵向到底、横向到边的畜牧业服务体系。

2015年，羊产业市场整体下行，岢岚县出台了资助羊产业发展实施办法（羊十条），整合各类支农、惠民资金5901万元，撬动、激活金融资金10000万元，对养殖技术培训、防疫服务、饲料补贴、规模以下圈舍建设、引种扩群、种公畜引进、养殖贷款、羊产业保险、畜禽交易市场建设等方面予以补贴和扶持，力求实现羊产业的可持续发展。

2015年岢岚县积极争取项目建设资金1271万元，在圈舍建设、饲草基地建设等方面加大投入，大力推进人畜分离规模健康养殖。新建、改建了28个标准化规模养殖场建设，包括"一县一业"基地建设所申报的岢岚县盛岚绒山羊养殖专业合作社等5个养殖场建设项目、"雁门关生态畜牧经济区建设"及"中央现代农业"项目申报的新宇养殖专业合作社等13个养殖场建设项目、"退耕还林棚圈建设"项目下达的周通养殖场等6个养殖场1.2万平方米圈舍建设任务、"京津风沙源治理"项目所确定的晋岚绒山羊养殖园区合作社等4个养殖场建设项目。到2015年全县已建成标准化晋岚绒山羊规模养殖场50多个，其中存栏1000只以上的规模养殖场14个，500—1000只的规模养殖场40余个。规模养羊40000余只；全县100只以上规模养殖户1520户，30只以上100只以下的养殖户4130户。

2016年通过对贫困户调查摸底，根据实际情况制定了"羊产业

2521 养殖模式"，主要针对有条件进行养殖产业脱贫的贫困家庭，即贫困户在具备 2 个劳动力的基础上，每户购置 50 只基础母羊，建设 200 平方米标准化羊舍，通过精细化饲养达到年收入 1 万元左右。通过"2521 养殖模式"，2016 年带动 610 户 1846 人脱贫。在政府、下乡工作队、帮扶单位的资助下每户购置 50 只基础母羊，通过扶贫资金及项目资助，建设 200 平方米标准化羊舍，通过精细化饲养，第一年生产羊羔 50 只左右增收 1 万元，第二年羊发展到 150 只左右收入 3 万元。

对没有条件的建档立卡贫困户、乡村组织，通过资金入股合作社或养殖大户托管分红等方式获得稳定收入。神堂坪乡政府为 80 户建档立卡贫困户在岢岚县山神庙生态养殖场每户入股 3000 元，高家会乡政府为 120 户建档立卡贫困户在岢岚县金晟农牧业养殖有限公司每户入股 1500—3000 元，平均每年现金分红不低于 10%，帮助贫困人口有固定的红利收入，逐年扩大贫困人员的入股数量，直至贫困人员的年收入达到脱贫标准。宋家沟乡政府为 8 户建档立卡贫困户每户在岢岚县祥熙农牧业养殖有限公司托管养殖 20 只绒山羊，后期每年每户返还 10 只绒山羊帮助贫困户脱贫。

2017 年通过"2521"模式、入股分红模式带动贫困户 649 户，通过"五位一体"5 家羊产业企业带动 687 户贫困户每户每年分红 4000 元。羊产业共带动贫困户 2214 户，年户均增收 3080 元。

2018 年实施晋岚绒山羊育繁推一体化项目，全县羊饲养量稳定在 65 万只以上。在 8 个乡镇规划建设羊养殖园区 13 个，总圈舍面积 13064 平方米，预算资金 587.88 万元。晋岚生物科技有限公司，通过订单养殖、保底收购等方式，帮扶带动 1272 户贫困户每户每年增收 1000 元，直接安排就业 150 人，间接带动牧工、羊经纪人、物流快递等 500 人，人均年增收 2 万元。

截至 2019 年 6 月，岢岚县羊饲养量 59 万只，存栏 38 万只，出栏 21 万只，羊绒产量 136 吨，羊毛产量 257 吨，羊肉产量 3642 吨。

完成了晋岚绒山羊产业园项目的设备购置，目前正在进行种羊的引种工作，正在建设长水柏籽羊 2 号基地。

3. 小杂粮

岢岚县盛产红芸豆、马铃薯、莜麦、谷子、杂豆类等优质小杂粮。

"十二五"期间，对于小杂粮产业的补贴主要通过种植补贴，马铃薯 49 元/亩，杂粮 69 元/亩。同时通过建设农业科技示范园区，引领农民应用农业科技增产增收。"十二五"期间，岢岚县在北川三井镇、神堂坪乡、高家会乡 3 乡镇建设 5000 亩红芸豆高产示范园区，建设马铃薯种薯繁育基地 1500 亩，高效蔬菜园区 300 亩，杂粮试验示范园区 500 亩。在岚漪镇石家会、玉龙两村建设优质玉米园区 2000 亩。建设谷子、莜麦、温室大棚瓜果蔬菜园区 2500 亩。

2016 年共发放杂粮良种补贴 172.8 万元。针对建档立卡贫困户在 12 月初杂粮每亩再追加补贴 25 元，薯类每亩补贴 50 元。

2017 年小杂粮种植面积达到 22 万亩，其中红芸豆种植面积 10 万亩，是出口红芸豆主产区。主要是实施部级绿色高产创建红芸豆种植项目 3 万亩，带动 4302 户有劳动能力的建档立卡贫困户种植红芸豆 11736 亩、实施渗水地膜谷子 3 万亩。以红芸豆为主的小杂粮产业带动 4302 户贫困户，年户均增收 1502 元。马铃薯是岢岚县传统优势农作物种植品种之一，全县种植面积达到 10 万亩。主要由薯宴食品、鑫源绿叶两家公司和相关合作社通过订单农业、"五位一体"精准扶贫小额贷款入股分红、雇用贫困人员务工、高于市场价回收鲜薯等形式与贫困户建立了相对稳定的利益联结机制。共带动 484 户贫困户，全县贫困户种植马铃薯 11408 亩，户均 2.65 亩。马铃薯产业共带动贫困户 925 户，年户均增收 2390 元。

2018 年，通过优质杂粮种植以及特色农业种植园区建设，小杂粮产业发展迅速。2018 年种植优质杂粮 1 万亩。结合部级红芸豆高产创建项目组织实施，分别在三井村、焦山村、高家会村、李家坪村、西会村、丈子村、西洼村、铺上村、马坊村、石家会村建设 10 个千亩核心示范园区，建设总规模 10035 亩，带动贫困户 3000 余户，8500 余人。并且由农委牵头，各乡（镇）立足本地优势产业发展实际，尊重农户意愿，按照产业扶贫"五有"标准模式，投入专项奖补资金 893.4 万元，通过合作社规划实施红芸豆、马铃薯、谷子、杂粮、玉米、高粱、瓜果蔬菜、观光油菜等区域特色明显的 8 大类特色产业种植园区 9.6 万亩。带动农户 7923 户 20485 人。其中，贫困户 3412 户 8854 人，实施规模 4.4 万亩，户均增收 1690 元；普通农户 4511 户 11631 人，实施规模 5.2 万亩，户均增收 1280 元。

2019 年岢岚县制定出台了《关于支持 2019 年度特色农业产业发展的实施意见》（岢政办发〔2019〕16 号），明确了 2019 年创建特色农产品种植基地（园区）的奖补办法和奖补标准。各乡（镇）突出区域特色和优势杂粮品种，以"五有"工作机制为载体，以"合作社+基地+园区+农户"为模式，择优选择农民专业合作社为承建主体，强化与农户特别是贫困户的利益联结，规划落实红芸豆、马铃薯、谷子、高粱、莜麦和食用菌、瓜果蔬菜等区域特色明显的 7 大类特色农产品种植基地（园区）共计 28 万亩，其中红芸豆 10 万亩、马铃薯 10.3 万亩、谷子 5 万亩、高粱 1 万亩。

4. 中药材种植

2017 年，通过实施"8311"产业扶贫项目，道地中药材公司种植 500 亩，致远中药材、馨农农业种植 2 个专业合作社自筹资金在李家沟乡、西豹峪乡种植板蓝根、黄芩、柴胡共计 2510 亩。

2018 年，岢岚县引进山西振东制药股份有限公司，通过签订相关协议，在当地党委政府的管理监督下，推行"公司+基地+农户"模式，投入专项补贴资金 1531 万元，在 115 个搬迁村规划种植中药材 21630 亩，强化与搬迁户特别是贫困户的利益联结机制，带动搬迁户 1679 户 4108 人，其中贫困户 1030 户 2552 人，种植各种中药材 13651 亩，户均增收 2650 元；非贫困户 649 户 1556 人，种植各种中药材 7689 亩，户均增收 2360 元。

2019 年，出台了《岢岚县 2019 年中药材种植奖补管理实施细则》，在明确 2018 年奖补政策延续、奖补标准 350 元/亩不变、确保农户受益的同时，强化了对去年建成的 21630 亩道地中药材基地的管护措施，重点是清除杂草、补植补种和禁止牛羊在中药材基地放牧。

■ 小 结

任何一个地区的扶贫工作，都需要处理好产业与生态之间的关系。产业意味着对于自然资源的再利用、再生产、再销售，因此可能造成对当地自然资源的不合理使用而导致的生态问题。生态扶贫则是立足于自然资源的环保型使用而使当地经济得以发展。

岢岚县的脱贫思路，既依托自然资源发展了产业，也依托自然资源做了生态保护的工作，将看似冲突的一对关系，在对自然资源的合理使用中实现了统一。

第七章

破解"孤岛"——电商扶贫催生希望

一、政策脉络：电商扶贫的依据

2016 年，习近平总书记在网络安全和信息化工作座谈会上指出："可以发挥互联网在助推脱贫攻坚中的作用，推进精准扶贫、精准脱贫，让更多困难群众用上互联网，让农产品通过互联网走出乡村，让山沟里的孩子也能接受优质教育。"李克强总理在中央扶贫开发工作会议上强调："贫困群众利用互联网的能力相对较低，要实施好电商扶贫工程。"

2014 年底，国务院扶贫办首次明确提出把"电商扶贫工程"列为"十三五"期间精准扶贫十大工程之一，要求"在贫困村开展电子商务扶贫试点，发挥市场化电子商务渠道的作用，促进贫困地区农产品销售和农民增收"。汪洋副总理多次做出重要指示批示，对做好电商扶贫工作提出明确要求。

2015 年出台的《中共中央国务院关于打赢脱贫攻坚战的决定》明确指出："加大'互联网+'扶贫力度。完善电信普遍服务补偿机制，加快推进宽带网络覆盖贫困村。实施电商扶贫工程。加快贫困地区物流配送体系建设，支持邮政、供销合作等系统在贫困地区建立服务网点。支持电商企业拓展农村业务，加强贫困地区农产品网上销售平台建设。加强贫困地区农村电商人才培训。对贫困家庭开设网店给予网络资费补助、小额信贷等支持。开展互联网为农便民服务，提升贫困地区农村互联网金融服务水平，扩大信息进村入户覆盖面。"这是基层政府做好电商扶贫工作的重要指导思想和基本遵循。

2015 年 11 月 9 日国务院办公厅发布的《关于促进农村电子商务加快发展的指导意见》（国办发〔2015〕78 号）指出："农村电子商

务是转变农业发展方式的重要手段,是精准扶贫的重要载体。通过大众创业、万众创新,发挥市场机制作用,加快农村电子商务发展,把实体店与电商有机结合,使实体经济与互联网产生叠加效应,有利于促消费、扩内需,推动农业升级、农村发展、农民增收。""全面贯彻党的十八大和十八届三中、四中、五中全会精神,落实国务院决策部署,按照全面建成小康社会目标和新型工业化、信息化、城镇化、农业现代化同步发展的要求,深化农村流通体制改革,创新农村商业模式,培育和壮大农村电子商务市场主体,加强基础设施建设,完善政策环境,加快发展线上线下融合、覆盖全程、综合配套、安全高效、便捷实惠的现代农村商品流通和服务网络。""到2020年,初步建成统一开放、竞争有序、诚信守法、安全可靠、绿色环保的农村电子商务市场体系,农村电子商务与农村一二三产业深度融合,在推动农民创业就业、开拓农村消费市场、带动农村扶贫开发等方面取得明显成效。"《意见》把电子商务纳入扶贫开发工作体系,但还没有更多具体部署。

2016年11月4日,国务院扶贫办等中央16部委联合出台《关于促进电商精准扶贫的指导意见》(国开办发〔2016〕40号),首次系统提出了电商扶贫的指导思想及主要目标,明确了三大重点任务和七个方面的具体举措。而稍早于这个时候,中央网信办、国家发展改革委、国务院扶贫办于2016年10月联合印发《网络扶贫行动计划》,提出实施"网络覆盖工程、农村电商工程、网络扶智工程、信息服务工程、网络公益工程"五大工程,在电商扶贫的基础上进一步拓展了互联网与扶贫工作结合的范围。若对照广义电商扶贫与狭义电商扶贫的概念,则这两个文件刚好分别进行了定位,电商扶贫的顶层设计有了整体框架。

随着政策出台的一步步深入,电商扶贫的政策逻辑逐渐明晰:一是促进贫困地区产销衔接,二是电子商务进农村改善商品流通,三是提升农村发展数字化水平。

2017 年以来，岢岚县县委县政府紧紧抓住"互联网+"和国家开展创建电子商务进农村综合示范县的政策机遇，以国家关于电商精准扶贫的政策为抓手，在《岢岚县 2017 年脱贫攻坚行动计划》中明确指出将电商扶贫作为专项攻坚六大工程之一，以脱贫攻坚服务平台为突破，建立农村电子商务服务中心，打造 12 个乡镇电子商务服务点，推进特色农产品网上销售平台建设，促进农产品增值增收，打造全省试点。以高端化切入、市场化运营、品牌化推广、订单式管理、效益化联结、精准化服务的模式，结合红芸豆、柏籽羊等国家标志保护产品产业优势，电商引流，文旅搭台，产业唱戏，全力上行，初步形成了文创、旅游、电商、产业联动（文旅电产联动）、产业全面落地、精准对接市场的良好局面。2017 年 11 月 15 日，岢岚县召开了电商扶贫专题推荐会，会上听取相关负责人赴贵州省贵定县考察学习电子商务进农村示范项目后的初步想法和建议，研究讨论岢岚县的电商扶贫模式。县委书记王志东指出："电商扶贫工程是推动互联网创新成果与扶贫工作深度融合，带动建档立卡贫困人口增加就业、拓宽增收渠道的重要途径。相关负责人要在外出考察学习后，结合岢岚实际，进一步系统梳理、深入思考岢岚电商扶贫模式。要在'卖点'上下足功夫，着眼于怎么卖、卖给谁，真正找准岢岚县电商发展的落脚点和着力点，把外出考察学习成果总结、提炼、简化，通过创新转化为岢岚县的特色；要依托岢岚县柏籽羊、红芸豆、沙棘等特色农副产品，针对不同客户群体，深度挖掘与思索岢岚县的理念、创意、品牌、品质，充分发挥市场的主体性和决定性作用，着力打造岢岚县区域品牌；要因地制宜，突出特色，试点先行，为贫困群众搭建农产品与电商平台间的桥梁，边探索、边总结、边推广，让电商扶贫成为岢岚县精准扶贫的重要手段，成为群众增收致富的重要渠道。"从此正式展开了岢岚县电商扶贫的华丽篇章。

二、实践出真知：电商扶贫播下希望的种子

（一）"授人以鱼不如授人以渔"

"授人以鱼不如授人以渔"指的就是电商扶贫，其核心在于意识和思路上的脱贫，摆脱"贫困恶性循环"，使贫困地区具有自我"输血"和"造血"功能，电商扶贫恰恰为贫困人口脱贫提供了平台和手段，破解了贫困地区发展的"信息鸿沟"和"孤岛效应"，对接了市场，降低了交易风险和交易成本，促进扶贫客体脱贫致富。比起政府直接拨款救济贫困地区的居民，不如通过电子商务将农村的资源传递出去，扩宽当地人的商业贸易渠道。前者只能解决一时之困，后者帮助居民获得致富的能力，从根本上解决了问题。那么农村电子商务就可以运用互联网信息技术，利用电子交易方式进行农产品交换、销售等活动。农村电商精准扶贫作为精准扶贫方式之一，通过利用电商渠道打通农村市场，对扶贫对象进行针对性扶持，让农民受益，享受互联网的方便和快捷，因地制宜地实现农产品的流通，实现合理分配扶贫资源，带动农村经济发展，帮助农村脱贫致富，达到精准扶贫的效果。

岢岚县全县农业人口 6.7 万人，耕地 5.2 万亩，马铃薯、玉米、红芸豆、小杂粮等种植作物产量很高，同时还有"岢岚柏籽羊肉""中华红芸豆"这样的国家地理标识产品，但时常找不到销路，农民卖粮卖羊有很大的困难，为了解决这个问题，岢岚县紧紧抓住互联网电商扶贫的机遇，逐渐从互联网电商平台的发展过程中慢慢实现农产品网络销售，效果非常好，既有效地解决了农副产品的销路又增加了农民的收入，还提高了农副产品的附加值。

（二）品牌建设：电商扶贫产业有望

1. 政府高度重视，"双组长"制领导组落实工作

岢岚县成立电商扶贫领导小组并施行"双组长"制度，县长任电商扶贫领导组组长，负责电商扶贫工作的整体推进和进度监督；分管商务部门副县长任电商扶贫工作主要实施者，负责解决和落实电商扶贫过程中存在的问题及在需要调配的资源和环节中出现的其他问题。

自岢岚县国家电子商务进农村综合示范项目开展以来，在电商扶贫领导小组领导下，先后出台了岢岚县电商扶贫专项资金管理办法、岢岚县电商扶贫整体规划等管理文件，并成立了岢岚电商协会，将引导岢岚县电商扶贫工作向着系统化、科学化的方向发展。

2. 完善硬件建设，打造"县+乡+村"电商平台

（1）建成县级电商公共服务中心

在县域发展电商的难点是本地没有电商生存生长的土壤，基础设施不完善、基本电商教育缺乏等限制了电商在岢岚县的落地生根。为了解决这个难题，山西晋粮一品农业科技有限公司在岢岚规划建设了1800平方米以上的电商服务中心，在中心建成后，将为岢岚电商提供办公环境、品牌商标注册、企业孵化和货物储存等电商运营所急缺的功能性服务。岢岚电商公共服务中心的存在是在国家电商扶贫的政策下产生的，作为国家项目，它的最终目的是通过县里一部分人的富裕带动和帮助贫困户实现脱贫致富，这就要求对政府和政策变动有敏锐的察觉力。而岢岚电商公共服务中心作为国家支持的扶贫项目，自然具备这样的优势，也能以最快的速度，带领岢岚人民逐步实现脱贫计划。因此，岢岚电商公共服务中心成为了岢岚电商事业的孵化园，

持续开展电商知识培训活动,给岢岚县民众普及基础及最新的电商知识,确保每一个需要电商知识的人都可以及时学习到相关的电商知识。电商中心还免费提供设备和器材,以及最便利的电商学习平台。岢岚电商公共服务中心还是岢岚物流的中转站,当地人们的销售货物主要是农副产品,在发货以及货物储存上都有一定的难度,电商服务中心的存在就很好地解决了大家发货难、发货不便的问题。

2017年11月下旬,岢岚县电商公共服务中心的外立面改造完成,2018年5月全部建设完成。2019年底,岢岚电商中心常驻服务人员已经达到12人,配合项目实施团队达到50人,职位设置包括店铺运营、培训讲师、美工设计、文案策划、前台接待、物流专员、仓库管理等多个围绕电商设置的岗位,为岢岚电商事业提供技术和智力支持。目前中心已具备较高接待能力水平,办公区满足电商办公条件且配套库房已投入使用。岢岚电商中心分为一楼农特产品和文创旅游产品展区、二楼电商孵化中心和流程服务中心、四楼产品研发室、电商协会和培训中心,为县域电商发展提供品牌认证、网店办理装修和运营、村站加盟、三品一标申请代办、电商培训等提供服务,为全县电商发展提供基础保障。

截至2019年底,岢岚电商中心具备农副产品研发、销售、本地信息服务及同城配送服务等功能,传统转型企业等入驻企业16家,通过电商中心开设岢岚京东特产馆1个、淘宝店铺60多个,微信加盟店铺300多个,不断带动农户增收,运营良好。

(2)制定乡级、村级服务站点运营制度

乡级、村级电商服务站是真正联系农户的服务站点,是农副产品外销的媒介。制定乡级、村级服务点运营机制,并将乡村进行梯度划分,依据市场需求,依次进行网点的铺设是乡村电商服务的基本要求。应当借助村级电商服务站点的铺设,完善县域物流体系的最末梢,才能让村级电商服务点在整个县域电商进农村项目中,发挥电商知识普及推广、政策宣传、费用代缴、话费充值等职能。由此对工业品下行，村级电商服务点起到"最后一公里"配送的作用，对农业品上行，根据各村的实际情况，村级电商服务点能够起到初级农品采购信息发布、初级农品临时仓储以及终端快递件收取的作用。

网店铺设过程中，依据岢岚 12 个乡 202 个村的青壮人口比例、农产品出产情况、工业化程度、采销需求情况，制定乡级、村级服务点运营机制，并将乡村进行梯度划分，依据市场需求，依次进行网点的铺设。截至 2019 年底，岢岚县已完成 83 个站点（12 个乡站，71 个村点）的建设选址工作，46 个站点投入运营使用，这些站点供本乡（村）农户使用，也可服务本村外来网店店主。站点按照统一风格装修，按需配有电脑、电视、货架、电子秤、托盘、展示柜等电商发展需要物资，并发展一个网上店铺，以满足农村地区的代买代卖、代缴话费、家电下乡、农产品上行等需求。村中很多农户已注册网店，可以直接在网上销售农副产品。

表 7-1 村级网店设点梯度划分依据

项目	人口基数	青壮占比	消费力	下行需求量	上行需求量	工业化
第一批	500	50% 以上	强	强	有	有
第二批	300—500	30%—50%	良好	良好	有	有
第三批	100—300	10%—30%	一般	一般	无	无
第四批	100 以下	10% 以下	差	差	无	无

资料来源：根据岢岚县电商扶贫工作总结进行编制。

申请网点需要申请人向乡镇"电子商务进农村工程"项目运营管理中心提出申请，或直接向县电商服务中心提出申请，在广泛发动和宣传的基础上，结合企业与县商务局等的一些走访活动，由乡镇运营管理中心或县电商服务中心在五个工作日组织评审并将评审结果告知当事人，经审核确定对象合格后，由电商服务中心代理承办企业与准网店店主签订"电子商务进农村工程"项目协议书。

（3）完善物流仓储等基础设施建设

初步在岢岚县形成东川、西川西山、南川、北川四条物流快递运输路线，为支持农村电商发展，解决"物流最后一公里"提供基础保障，同时设立村邮政服务点，为农户农产品的寄来送往服务。建立物流仓储信息管理系统，实现信息发布和信息共享功能，通过系统实现物流小包信息的查询及物流需求信息的发布，进一步丰富系统功能。

3. 积极打造品牌，做足羊豆文章

岢岚县以培育农场经济新的增长点和增加农民收入为切入点，着力培育"晋岚绒山羊"、"中华红芸豆"为"一乡一业"的主导产业和"一村一品"的主导产品。立足"晋岚绒山羊"是全国第三、全省唯一的牛羊业品牌，红芸豆是全球知名品牌，出口免检且具有国际市场话语权。要进一步加大与科研机构和经济实体的合作，通过高端策划、市场研发、媒体运作、品牌推介等模式，全面提升知名度和竞争力，把品牌优势转化为市场优势，把市场优势转化为经济优势。

柏籽羊公用品牌设计稿已通过，全套 VI 设计已定稿，针对岢岚柏籽羊设计的柏籽羊精准切割礼盒装、羊肉一口香、柏籽炖羊肉等产品通过微信、朋友圈和线上商城等电商渠道在网上进行销售，截至2019 年 5 月柏籽羊销售额 2000 万元，2018 年 12 月 12 日在北京鸟巢举办岢岚柏籽羊品牌发布会，县域公用品牌初步形成。基于岢岚柏籽羊作为国家地理标识产品的背景，和十万亩柏籽羊核心产区的"稀缺性、独特性、唯一性"，通过地域区隔的方式，建立岢岚柏籽羊的第一道门槛；同时，借助柏籽羊常年自主觅食柏叶和柏籽的特性，依托柏籽安神养心的中医药性，结合柏籽羊纯天然坡放散养的特点，着力形成"柏籽羊，更安心"的品牌概念区隔。通过对区域+概念双层区隔的方式形成的"山羊"形象和"柏籽羊，更安心"的标语，为岢岚柏籽羊公用品牌设计了回头羊的经典 LOGO 造型，及对应卡通

IP 形象，让岢岚柏籽羊公用品牌更易辨识和记忆。

图 7-1　柏籽羊肉品牌线下店

图片来源：岢岚县电商扶贫工作报告。

　　岢岚县为打造柏籽羊公共品牌，扶持柏籽羊养殖龙头企业发展壮大，补齐柏籽羊垂直细分全产业链短板，在温泉乡、西豹峪乡等柏籽树林密集、自然生态保持良好、柏籽羊养殖历史悠久的乡镇，打造约10万亩岢岚柏籽羊精准扶贫示范项目和晋粮一品柏籽羊核心产区示范基地。项目定位高端，实施市场化运营，以产品开发、资质导入、项目建设、市场拓展、扶贫联结为工作抓手，紧紧围绕"十万亩核心产区"的"稀缺性、独特性、唯一性"，讲好岢岚柏籽羊品牌故事，打造以柏籽羊物联网化智能养殖为核心，溯源系统和标准化示范养殖为保证，集生态循环农业、创意农业、沉浸式观光旅游、农事体验等于一体的田园生态综合体，从而打造柏籽羊品牌高地和中国山羊第一品牌。

岢岚县围绕做大做强红芸豆产业、打造"中华红芸豆第一县"品牌的目标，采取区域化布局、规模化经营、标准化生产、产业化发展的方法，坚持不懈推进全县红芸豆的生产与流通。从1992年引进种植以来，经过历届县委县政府近17年的全力推进，使全县的红芸豆种植规模逐年扩大，种植效果越来越好。全县农民仅种植红芸豆年收入可达7500万元，人均种豆纯收入800元，占年种植业人均纯收入的68%，占年度人均总纯收入的33%。岢岚县红芸豆的出口总量占全国的三分之一强，稳坐全市小杂粮出口的头把交椅。

为着力打造岢岚品牌互联网宣传矩阵，围绕公用品牌定位同发一种声音，从政府到协会、到企业甚至到从业家庭，每个人积极参与，充分发挥"长征精神"——人人都是宣传员，人人都是播种机，时时把公用品牌放在突出位置，在传播上统一口径，在营销上统一步伐，把原来分散的力量凝结成一种合力，在激烈竞争中用强大的"拳头"去面对挑战，更好、更快树立县域公共品牌。

从岢岚县品牌宣传建设以来，紧紧抓住优质的柏籽羊和红芸豆，展开电子商务为主的销售工作，先后开发出开袋即食的"时光豆子"和红芸豆罐头，从4月10日开袋即食的"时光豆子"上市以来，3个月时间完成了67万元的销售额。原来每斤4元左右的红芸豆，通过精深加工，每斤红芸豆可以产生86元左右的销售产值，从而极大提升了红芸豆附加值，而企业盈利能力的提升，保障了保价包销等精准扶贫措施的扎实推进。晋粮一品开发的柏籽羊精准分割礼盒，分别选取柏籽羊的蝴蝶排、腱子肉等精华部位，共计6斤，售价888元，相当于一斤柏籽羊卖出了148元的好价格，在岢岚柏籽羊30多年的发展历程中，创造了一个历史记录。这款礼盒在长江以南地区很受欢迎，深圳客户的复购率达到了11%。

4. 实施奖励政策，促进电商产业化

为推进全县脱贫攻坚工作，就业局在电商扶贫方面制定了电商奖

励政策，出台了企业入驻物流中心管理办法及入驻条件，实施了国家电子商务进农村项目和柏籽羊基地建设项目，开展了电子商务相关的工作，如品牌建设、电商人才培训及站点建设等。这些政策、措施及推进方式的实施大大促进了岢岚县电子商务的发展和农副产品的网上销售，解决了农民卖粮难问题，提高了农民的收入。

（1）电子商务销售奖励政策

《促进电子商务企业发展扶持办法（试行）》（以下简称《办法》）规定，对于从综改区外新迁入的电子商务企业，迁入当年交易额达到500万元的，给予3万元奖励，交易额500万元以上的每500万元增加1万元奖励，最高不超过50万元。对获得国家级电子商务示范企业称号的，给予30万元的一次性奖励；对获得省级电子商务示范企业称号的，给予5万元的一次性奖励。对获得奖励后又被认定为更高级别称号的给予差额奖励。对年交易额达到2亿元以上、年均增长达到10%以上的龙头电子商务企业搭建电子商务服务平台、第三方支付平台进行支持，支持标准为平台建设软硬件设备投入的20%，最高不超过100万元，同一企业仅支持一次。此外，《办法》规定了对电商企业经营用房、规模拓展、融资、人才培训等方面进行补贴的政策。其中，对于新设立两年之内的初创电子商务企业，租赁综改区办公场所的，经评审合格，给予实际租金补贴。注册资金10万元至100万元的，给予不超过100平方米的租金补贴；注册资金100万元以上的，给予不超过200平方米的租金补贴。凡年交易额达到5000万元以上、同比增长15%以上的电子商务企业，租赁综改区集团公司管理运营的办公场所的，给予上一年度实际租金补贴。年交易额在5000万元（含5000万元）至1亿元之间的，给予单家企业不超过80万元的租金补贴；年交易额在1亿元（含1亿元）至2亿元之间的，给予单家企业不超过120万元的租金补贴；年交易额在2亿元（含2亿元）以上的，给予单家企业不超过150万元的租金补贴；累计补贴不超过十年。

（2）物流上行奖励政策

整合传统产业资源，着力为全县电商企业提供特色农产品品牌策划、包装、宣传、加工、销售、产品认证、技术支持和电商人才培训等全链条服务，坚持市场导向，倒逼产业升级和产品更新换代。重点开发"柏籽羊、红芸豆"为主导的各种产品，附带开发以多种小杂粮为主的功能、休闲食品。

5. 培训电商人才，注入新鲜血液

电商创业为农村创业带来了新商机，但是，需要给创业农民普及更多的电商创业知识，这样才能够保证创业质量。岢岚县的电商人才培训，旨在进一步提高全县新型职业农民的互联网意识，加快推进农村电子商务的建设和发展，助力新型职业农民增收致富。岢岚县多次举办电商培训会，采取"理论+实践操作+创新市场新思维+实战体验演练"的新模式，分专题讲座、实地观摩、动手操作三个阶段进行。其中，理论学习从大家感兴趣的怎样开网店、怎样与客户建立关系、怎样销售产品三方面进行讲授，内容涉及电脑的基本操作、农产品电子商务实用技能、第三方平台、淘宝等网络营销手段。实践操作由培训教师在电脑教室进行"手把手"指导，详细介绍如何运用电商平台实现网络销售，并现场为新型职业农民进行答疑解惑。

2019年，电商培训已完成4500人次以上及12个乡镇的培训工作，培训贫困户人数达到500人次以上，目前正在通过县经信局商议贫困村第一书记网店运营培训和在电商中心开展网店运营、淘宝美工、快递发货等专业技能培训，计划培训人数1000人以上。在各村农村电子商务服务网点名单（包括已开网店店主）核准后的30个工作日内，由承办单位负责组织培训工作，要求各乡镇积极配合，帮助落实培训所需的场地、设备、仪器以及培训人员召集等，为培训工作创造便利条件。培训结束后，由培训机构组织对学员进行考核，考核通过者当场发放合格证书，并为学员提供网店注册相关资料。

表7-2 网点补贴标准

	服务点人员仪装	服务点人员业务水平	服务点基础宣传工作	服务点日清日报情况	快递错单率
100分	优	优	优	95%以上完成率	低于5%
90分	良	良	良	80%—95%	5%—10%
80分	中	中	中	60%—80%	10%—15%
70分	差	差	差	60%以下完成率	15%以上

资料来源：课题组根据岢岚县电商扶贫工作总结进行绘制。

电商培训以实践为主、理论为辅。通过在电商中心的孵化场所举行多样化的实践活动，检验电商培训结果，培养实干型人才，引导人才开设网店、创办电商企业、参与电商扶贫，提高电商培训实际转化率。

（三）机制模式

1. 线上线下一体化　建设长效扶贫机制

2018年，岢岚县整合资金370万元建设县级物流园区，整合资金500万元为柏籽羊核心产区配套建设水电路网等基础设施，整合资金150万元作为电商销售、产业、物流上行专项奖励，整合资金300万元建成电子商务扶贫超市，为广惠园扶贫移民小区24000余名群众提供优质服务。充分利用第三方服务的契机，坚持人才团队战略，大力开展电商培训工作，形成人才带人才、公司带公司的机制，把全县83个站点的经营者孵化成为出色的电商人才，为今后能持续发展电商产业，留下一个带不走的服务团队。通过公司带公司，形成连绵不断的产业链，带动更多的贫困户脱贫致富，通过提供产前、产中、产后服务，最后通过电商上行，解决销售问题。通过对市场需求分析，形成产业升级发展的方向，倒逼供给侧端的优化，突破传统农业县域农产品上行瓶颈，实现县域物产的市场化对接。

线上方面：在太原组建了"岢岚电商太原中心"，在阿里产业园区组建了"岢岚电商杭州运营中心"，依托淘宝、京东、阿里国际站、亚马逊、天猫、"岢岚电商扶贫超市"等电商平台进行本地农副产品的上行销售，对特色农产品进行标准化改造、品牌塑造推广。

线下方面：在太原成立了"国贸六馆柏籽羊形象店"销售生鲜柏籽羊肉和其他岢岚农副特产，并在上海筹建"岢岚柏籽羊肉上海营销中心"，在太原筹建"柏籽羊药膳馆"和"聚贤居柏籽羊餐饮旗舰店"，打造品牌，形成影响力，并逐渐复制推广至全国。

2. "政府+农业产业龙头企业+电商企业+农户"模式

岢岚县政府聚焦本区域的资源特色，凭借其所在区域资源禀赋独特、产业优势突出，打造了极具优势特色的红芸豆和柏籽羊品牌，同时加强优质农产品资源的整合，大力发展"种养加销"全产业链建设，做大、做强、做优特色优势农产品，形成特色产业，提升品牌效应和效益。同时，通过举办各类型活动及媒体宣传，推介本区域及特色农产品，扩大知名度和美誉度，赢得消费者的青睐；构建服务优、带动能力强的各级电子商务综合服务平台，提高各类主体的电子商务应用能力，扩大特色农产品的销售量，有效带动贫困户创业和就业。

案例一 创业的返乡大学生

焦小刚，1987 年生于岢岚，现任共青团岢岚县委兼职副书记、大学生创业园团委书记、岢岚县晋鑫电子商务有限公司负责人、岢岚青年志愿者协会会长。他是一个互联网时代成长起来的"新农人"，一个团员青年的带头人，一个地地道道的 80 后创业青年，2018 年入选山西省"三晋英才"支持计划青年优秀人才。

岢岚县是一个农业大县，气候冷，种植的杂粮作物品质特别好。生于农村、长于农村的焦小刚从小就对农民的生产生活非常熟悉。看到农民辛苦一年种出的粮食要么卖不出去，要么卖不到好价钱，他从小就立志：以后一定要帮助农民过上好日子。2012年大学毕业后的焦小刚第一次接触到了网购，他很快想到，是不是可以通过互联网帮农民卖粮食呢？随即就开始了几个月的学习考察之旅，一边学习电商知识一边帮助父母务农。

可是创业是一条异常艰辛的路，2013年，焦小刚回到老家，注册了岢岚县第一家淘宝店铺，在县城租了不到十平米的房子，买了锅碗瓢盆，就这样简简单单拾掇了一下，开始走上了创业路。开始比较盲目，不知道卖什么，抱着试一试的心态把自己家种的红芸豆、小米、黑豆等农作物都上架到自己网店进行销售，上架一个星期内没有售出一单货。焦小刚开始找原因，他发现店铺流量寥寥无几，然后就每天查百度想办法，偶然发现QQ聊天软件上面有好多糖尿病交流群，他想到，岢岚的粗粮对于糖尿病人养生是有帮助的，就试着加了几个群。起初在群里不知道说什么，一直在观察别人在讨论什么；在群里潜伏一周后，突然发现有人在聊吃粗粮对糖尿病患者有好处，然后他第一次在群里说话，谈到莜面中含有钙、磷、铁、核黄素等多种人体需要的营养元素和药物成分，可以治疗和预防糖尿病、冠心病、动脉硬化、高血压等多种疾病，这样的信息得到了其他群友的响应，然后就有人问在哪里可以买到正宗的山西莜面，他就把店铺链接发到群里。就这样，他的网店迎来了第一个顾客，成交记录破零。慢慢地，店铺别的产品也开始陆陆续续有了订单。

焦小刚最初销售的红芸豆都是他父亲种的，卖出去一袋，就回村里拉一袋进来发货，后来，父亲不让拉，原因是光看见他"糟蹋"粮食了，没看见他赚到钱。焦小刚解释说，现在做生意都是通过网上交易，没有现金流转，老父亲不相信，因为这父子俩吵了嘴。从那以后，货源就断了。再加上租来的房子没有暖气，需要自己烧炉子取暖，为了防止一氧化碳中毒，他经常大半夜起来看看炉子里有没有还未燃尽的炭，饭也不会做，生活似乎没有一点光亮,创业的信念一点一点被磨灭。焦小刚想过放弃,但是再三考虑后,还是坚持了下来。他分析了店铺的经营状况:销量少,不敢囤货,也没钱囤货。然后想到了一个变通的办法:先在网店接单,再去本地一些土特产店买杂粮通过快递发出去。这样做基本没有利润,但他还是坚持做下来了,一方面赚到了销量,另一方面赚到了口碑。创业初的光杆司令焦小刚没有想到他的公司会发展成为雇用 8 名大学生的规模,他也不敢想象公司的销售额从零发展到年均利润 20 万元,然而,这一切都真真实实地发生了。

焦小刚作为一名团干部无疑是非常具有责任心的,他牢牢抓住服务青年、引导青年、团结青年这条主线,在短时间内将大学生创业园团委吸收扩大到 70 余人,并以此为抓手,积极带动返乡大学生、农村青年发展电商。共免费开展电商培训 4 次,带动了一批青年自主创业、发展电商。同时,免费为他们提供咨询服务,对于发展农村电商的青年,焦小刚亲自上门为其服务。通过他的努力,目前岢岚的电商企业如雨后春笋般蒸蒸日上,受到了县委、县政府的高度赞扬。

作为新时代的年轻人,焦小刚觉得自己应该主动承担社会责任,而当前社会的主要任务之一就是脱贫攻坚。2016 年下半年,他多次带领电商企业、团员青年到团县委所包的贫困村、贫困户家中摸底调查,了解脱贫致富的症结所在。了解到贫困户手中的黑豆滞销后,他联系一家电商以高于市场价的 20% 全部收购贫困户滞销黑豆,目前已经收购 3 万余斤。他深深知道,要想帮助贫困户稳定增收,必须制定可持续的帮扶措施。通过与县政府多次沟通,针对贫困户的现状,充分利用自身优势,焦小刚创造性地提出了"电商+贫困户"的脱贫发展模式,让贫困户负责种植特色无公害农产品,由政府提供农资补贴,种出的产品由他以高于市场价 20% 的价格收购,真正让利于贫困户,达到脱贫增收的目标。

焦小刚说，作为一名团干部，有义务带领广大年轻人不虚度青春、不空耗时光；作为一名农民子弟，他有义务帮助像父亲一样的农民过上好日子。

3. 宋家沟电商扶贫示范点

宋家沟乡位于岢岚县以东芦芽山方向，距离县城19公里，与五保高速黄道川高速口相近，辖9个行政村，总人口0.3万人，总面积92平方公里，是典型的农业乡镇，也是岢岚县易地搬迁安置点和新农村建设示范点。由于农村地区交通不便、乡镇距离县城较远、农民车辆普及率低和乡镇村居民整体年龄偏大、受教育水平低等原因，造成宋家沟乡农民每年优质的农副产品卖不出去、城市工业产品下不来、农民收入低、农村居民整体生活质量不好等现象。岢岚电商示范项目运营商山西晋粮一品农业科技有限公司（以下简称"晋粮一品"）在了解宋家沟乡状况后，多次进行实地调研，与当地政府协商，建立起国家电商进农村综合示范项目宋家沟乡镇级站点，通过电商途径，整合本乡优势资源，完善站点功能，为村民提供电商上行、代发快递、代缴话费、代买代卖等实用服务，通过引进文旅等新概念，与贫困户创立新的联结机制，创新扶贫方式，发挥示范标杆作用，推动全县电商扶贫工作发展。宋家沟电商扶贫的主要做法有：

（1）按需选点，合理布局，既要求覆盖率，也要求盈利能力。在乡镇站点选址的过程中，晋粮一品坚持按照当地实际需求进行站点规模和功能布置的原则，力求每一个站点功能与当地需求相匹配，覆盖本乡本村服务范围最广，并且能够自负盈亏，可以持续进行。

在宋家沟站点选取过程中，晋粮一品三级物流体系建设团队明确了以下三条基本原则，作为全县物流体系站点的选择标准：

第一，站点经营者/运营者必须是岢岚本地户籍，在本地区有较好口碑，且具备一定电脑操作能力；

第二，站点经营者需要有过成功经商经验，具备 2000 元以上铺货能力；

第三，站点面积需要在 15 平方米以上，且最佳位置需位于乡镇、村中心或交通要道旁，日均来往人群超过本乡镇/村常住人口总数，每日站点开放时间不应少于 8 小时。

（2）整合资源，完善功能，搞好服务，提高群众满意度。在乡村站点建设中，晋粮一品团队坚持实事求是原则，以当地需求为导向，整合乡村内优势资源，发挥本地特色，提供有利于民的电商服务。

在宋家沟乡站建设过程中，晋粮一品团队多次下乡调研，了解宋家沟乡常住人口和贫困人口比例、乡镇地理和人文建筑结构、当地特色农副产品和工业基础情况等，并与乡镇政府、乡村建设者协会等单位进行协商讨论，最终得出宋家沟乡得天独厚的政治优势（岢岚易地搬迁安置和新农村建设示范点）和众多的文化旅游元素（3A 景区宋家沟、燕山寺千年古松等）可以成为宋家沟乡站电商扶贫的一个亮点的结论，并在随后的站点装修、布置、运营人员的选择和培训方面做了针对性的侧重，在和其他乡村站点一样满足县到乡村快递发送、商品网上代买代卖、代缴电费话费等基础功能外，突出宋家沟站点的文化旅游扶贫特色。

（3）微商开路，文创助力，创新扶贫方式，打造电商扶贫示范站。电商示范县一个重要的内容是电商平台的选择。电商平台可以说是一个地区电商工作的特点，比如全国小商品集散地义乌被称为"淘宝窝"，比如山西武乡县岭头村因为依靠微信平台销售农副产品而被称为"微商村"。

宋家沟乡级服务站在运营上选择淘宝和微商村"两架马车"齐头并进的形式。将有生产厂商、商标、资质齐全的产品通过淘宝平台销往全国各地，将手续暂未齐全、但品质优良的、本乡本土特色的农副产品通过岢岚扶贫微商村销售出去。同时，服务站的负责人与县级电商中心合作，利用宋家沟 3A 景区较为可观的客流量，将岢岚县域公用品牌宣传形象柏籽羊等做成群众喜欢的布娃娃、小摆件等在景区、电商商城进行本地文化产品的销售；与宋家沟商户合作，推出宋家沟景区游购娱套票，将本地文化、旅游与电商结合，创新本地产品内容形式、丰富产品种类，利用微信公众号等自媒体在网上进行宣传销售，力求打造一个具有独特个性的电商扶贫乡级示范站。

三、岢岚电商扶贫未来规划

岢岚县作为农村电子商务示范县，目前主要不足在于：第一，电商行业尚未形成统一管理；第二，农村电商人才缺乏，很多地方乡村站点运营人员都在本地找不到；第三，三级物流体系建设进度缓慢，乡村站点覆盖贫困村率未达到 70%，贫困村"三员"任务待推进；第四，农特产品品牌影响力小且生产规模有限，本地缺乏标准化生产企业，代加工依赖程度高，无法满足大型订单的订货需求。

针对以上不足，岢岚县未来的规划有：

第一，进一步加强组织领导和政策扶持力度。岢岚县电商扶贫领导组及成员单位和办公室要更加明确任务，压实责任。强化电商行业办、电商中心职能，对县域内电商企业、个人网店进行核查登记和相关资质认证，针对行业内现状设置行政岗位并形成管理机制。

第二，加强人才培训。根据实际情况，在工作培训中，更多地吸引本地、本县的大学毕业生、复员退伍军人。实现资源更加优化，向贫困户倾斜，开展电商人才定点培训，由电商中心负责，达成 141 个行政村每个村一个电商业务负责人的培训目标。

第三，扩大贫困村电商的覆盖范围。在建设好 71 个站点同时，对乡村、村村周边的行政村实现电商服务全覆盖，按照市场化运作的方式鼓励电商企业对村级服务站点的培育和指导，在不适合建站的村建设代买代卖代收等"三员"，完成70%行政村、70%贫困村以上站点覆盖率，为下一步农产品上行做好铺垫。

第四，扩大特色农产品种植面积。通过保价包销协议、种植补贴等措施进一步扩大特色农产品种植面积，在本地扶持一到两家杂粮加工企业。通过电商中心与农村签订保价包销协议、农业部门给予特色农产品种植补贴（资金或种子化肥等生产资料）的方式，扩大农特产品种植面积；鼓励农村施行土地流转，成立种植合作社，将土地和农民集中起来进行专业化农业生产；在本地扶持一到两家有一定规模的杂粮加工企业，改进生产车间和设备，建立一个能满足电商适销产品生产的现代化的加工企业。

根据上述规划，提出以下推进措施：

第一，制定并实施2019年电商中心招商和孵化计划，明确引进企业、培育企业的思路、办法、资金和管理办法，报上级部门批准后实施并接受监督审计。

第二，以商务局、电商中心为实施主体，出台物流中心运营管理办法和快递物流企业入驻管理措施，由相关负责人落实执行；将县域内现有快递企业整合在一起，提供一定年限内免费办公场地，通过园区运营方式降低快递企业成本，进而降低农村快递上行单价。

第三，由县电商中心牵头，扶贫办、人社局、共青团、农委配合进行电商人才培训，电商中心是实施主体，扶贫办是监督主体，共青团、人社局负责县城内返乡青年、退伍军人等群体的联系组织，农委根据受训人员籍贯提出创业人群销售产品建议，落实"每村一个电商业务负责人"目标。

第四，电商项目承包企业山西晋粮一品农业科技有限公司负责四套公用品牌的设计和产品研发工作。

第五，县电商行业办、电商中心、电商协会负责将全县已有电商企业进行统计摸底，通过奖补和组织扶贫活动形式（如延长电商孵化中心免费租赁时间和享受更优惠上行发货价格等），将电商企业进行分片分村扶贫，提高贫困村农民收入达到1000户，300元/人。

第六，商务局对电商扶贫工作进行总结并积极主动联系宣传部、新闻办等宣传单位在县级政府网站进行工作公示；电商行业办、电商中心要总结提炼岢岚电商扶贫做法，形成模式和示范效应，在工作过程中与上级新闻单位进行合作，在省级媒体、政府网站进行岢岚电商扶贫模式宣传，以扩大岢岚电商工作效益。

第七，结合电商扶贫，消费扶贫上加大力度。消费扶贫是精准扶贫的一种创新理念，通过线上和线下多元渠道购买贫困户的农特产品和服务，将爱心行为、慈善行为与经济行为、消费行为等有机结合，是一种人人皆愿为、人人皆可为、人人皆能为的创新扶贫模式。消费者既可以通过网络线上平台或从线下贫困村、扶贫合作社、乡镇集市等处购买农副产品、手工艺品，也可以通过参与乡村旅游、农家乐等形式购买旅游产品、劳动服务，以市场消费的形式帮助贫困户拓展收入来源，从而切切实实帮助贫困群众增收脱贫。

2015年全国两会期间，全国人大代表、福建省南安市梅山镇荣中村党委书记李振生提出"产业扶贫+消费扶贫"思路，呼吁人们多消费贫困地区的产品，以此带动当地脱贫致富。这一思路得到了相关部门的大力支持和广泛实践。此后全国各地均在尝试搭建各类电商和线下销售平台，推动消费扶贫发展。2019年，国务院办公厅发布了《关于深入开展消费扶贫助力打赢脱贫攻坚战的指导意见》，指出消费扶贫是社会各界通过消费来自贫困地区和贫困人口的产品与服务，帮助贫困人口增收脱贫的一种扶贫方式，是社会力量参与脱贫攻坚的重要途径。大力实施消费扶贫，有利于动员社会各界扩大贫困地区产品和服务消费，调动贫困人口依靠自身努力实现脱贫致富的积极性，促进贫困人口稳定脱贫和贫困地区产业持续发展。近年来，有关地区和部门在消费扶贫方面积极探索实践，积累了一些有益的经验和做法，需要进一步加强引导和完善政策。

山西省人民政府正式印发《关于开展消费扶贫促进精准脱贫若干措施的通知》（以下简称《若干措施》），通过 9 个方面具体措施，加大贫困地区产销对接，鼓励引导社会各界消费来自贫困地区贫困群众的产品和服务，以消费促进贫困群众增收，促进精准脱贫。《若干措施》以 10 个深度贫困县为重点，覆盖全省 58 个贫困县，以建档立卡贫困村贫困户为支持对象，以购买贫困群众农特产品和服务为主要手段，鼓励党政军机关、企事业单位、高校带头示范，民营企业、社会组织积极跟进，社会各界广泛参与，形成消费扶贫新格局。其中提出，商务部门搭建机关单位、企业、学校、医院、军营与贫困地区农产品供需对接平台，鼓励引导党政军机关、企事业单位、高校的食堂、餐厅选用贫困地区农产品、畜产品，双方建立长期定向采购合作机制，引领全社会开展消费扶贫工作。

2019 年，岢岚县坚持政府引导、社会参与、互利共赢的原则，在山西省《若干措施》的指导下为消费扶贫把脉定向，号召各级党政机关、企事业单位率先垂范，调动社会各界积极参与，带头消费贫困群众的农产品、畜产品、旅游产品和劳务服务等，为早日实现脱贫致富、乡村振兴奠定坚实基础。

2019 年 9 月 6 日，岢岚县山西印象岚漪农贸有限公司山西工程技术学院消费扶贫展销店隆重开业。学院党委副书记韩永清、副院长王振林带领学院党办、组织部、宣传部、工会、后勤处、团委负责人参加。宋家沟乡党委副书记范利飞说："扶贫展销店的开业，是宋家沟乡今年的一件大事、喜事，它代表着岢岚县和宋家沟乡优质特色农产品将走出大山，走向城市，让更多的城里人认识岢岚、认识宋家沟，让更多的宋家沟人得到实惠，这一平台的搭建，是山西工程技术学院扶贫工作的又一创新，也是秉承历年扶贫精神的行为体现，而这种精神可以归结为六个字，就是'奉献、务实、坚守'，有了你们和众多扶贫工作队的无私付出，才有了我们宋家沟的华丽蝶变。"

岢岚县山西工程技术学院认真贯彻党中央、国务院及省委、省政府关于扶贫工作的重要指示精神，积极发挥高校区域、人员、供应集中优势，切实强化政治责任和社会责任，千方百计调动贫困群众自主脱贫的积极性，鼓励他们依靠自身努力实现脱贫致富。此次学院在设施和资源紧张的情况下，在人流量大的地方挤出两间门面店，免除了租金、水、电等三万多元费用，全力支持面向岢岚开展消费扶贫，是深入贯彻落实习近平总书记关于产业扶贫"要突出解决市场营销问题，在扶持贫困地区农产品产销对接上拿出管用措施，加快完善县乡村物流体系，推动特色产业持续稳定发展"的重要指示精神，加大贫困地区农特产品产销对接，以消费促进贫困群众增收，促进精准脱贫的最好体现，是确保省政府贫困地区农特产品"五进"工作落地"进高校"的具体举措。目前，学院在落实消费扶贫中充分利用后勤采购、教工福利、个人消费等时机，切实推进消费扶贫取得实质进展，已经采购岢岚县农特产品 20 多万元，一大批贫困群众得到实惠。

■ 小 结

从电商扶贫工程实施近五年的历程来看，首先，在国家层面上，电商扶贫被作为脱贫攻坚的重要抓手。电商克服了传统农村产品上行中遇到的地理限制，促进贫困地区农产品产销对接。而且，政府也越来越关注以电商为代表的互联网新业态在农村教育、医疗等公共服务方面的作用，可以预见，电商扶贫将会由商品流通服务为主转向更多兼顾"互联网+社会民生服务"。其次，电商扶贫被作为"互联网+"行动的重要组成部分。"互联网+"行动已经在城镇取得了世界瞩目的成绩。电商赋能对农村人口，尤其是贫困人口同样重要。如何让农村贫困人口分享"互联网+"带来的产业红利和生活便利，是电商扶贫政策的主攻方向。再次，电商扶贫也是农业农村现代化的一部分。电商扶贫的一个重要内容就是把信息化的基础设施延伸到广袤的农村地区，有助于在广大农村地区布局现代信息技术的基础与应用，从而为农产品电商储存、农业物联网建设、"互联网+"农村民生服务等提供前提。

岢岚县在实施电商扶贫过程中，注重品牌化、信息化、产业化，力图解决信息孤岛和数字鸿沟的问题，在信息流畅、技术扩散的基础上，实施电商工程，效果显著。

第八章

因地制宜——金融扶贫与光伏扶贫

一、精准施策，金融扶贫显威力

金融扶贫是扶贫开发事业的重要组成部分，岢岚县金融扶贫开发工作始终以本县建档立卡贫困人口长期稳定增收脱贫为出发点和落脚点，对有劳动能力、有致富愿望、有收入保障、有贷款意愿，信用观念好、遵纪守法好的"四有两好"贫困户进行扶持，全面构建"政府主导、农信参与、政策支持、保险介入、风险共担"的金融扶贫工作机制，合理配置金融资源，实施利率优惠政策，创新金融产品与服务，积极发展农村普惠金融，为实现岢岚县全面脱贫战略目标提供强有力的金融支持和服务保障。

（一）金融扶贫：政策阐释

党的十八大以来，我国精准扶贫、精准脱贫取得重大进展。巩固脱贫成果，防止返贫成为一项长期任务。作为脱贫攻坚的生力军，金融机构近年来不断探索创新扶贫模式，打出精准扶贫"组合拳"，使源源不断的金融"活水"流向田间地头。

2014年3月，为贯彻落实党的十八大、十八届三中全会精神以及习近平总书记关于扶贫开发的重要指示和政府工作报告对扶贫开发工作的部署要求，进一步完善金融服务机制，促进贫困地区经济社会持续健康发展，中国人民银行、财政部、银监会、证监会、保监会、国务院扶贫办、共青团中央联合发布《关于全面做好扶贫开发金融服务工作的指导意见》（银发〔2014〕65号），提出扶贫开发金融服务工作的总体规划及重点领域，并强调要合理配置金融资源，创新金融产品和服务，完善金融基础设施，优化金融生态环境，积极发展农村普惠金融，着力支持贫困地区经济社会持续健康发展和贫困人口脱贫致富，并针对贫困地区经济社会发展的薄弱环节，确定贫困地区基础设施建设、经济发展和产业结构升级、创业促就业和贫困户脱贫致富、生态建设和环境保护四个方面作为金融支持的重点领域。

2015 年 12 月，国务院印发《推进普惠金融发展规划（2016—2020 年)》（详见国发〔2015〕74 号）（以下简称《规划》），普惠金融是指立足机会平等要求和商业可持续原则，以可负担的成本为有金融服务需求的社会各阶层和群体提供适当、有效的金融服务。小微企业、农民、城镇低收入人群、贫困人群和残疾人、老人等特殊群体是当前我国普惠金融重点服务对象。大力发展普惠金融，是我国全面建成小康社会的必然要求，有利于促进金融业可持续均衡发展，推动大众创业、万众创新，助推经济发展方式转型升级，增进社会公平和社会和谐。《规划》指出要提高金融服务覆盖率、提高金融服务可得性及提高金融服务满意度，将发展普惠金融帮助贫困地区减贫脱贫提升至国家扶贫开发战略的高度。

2016 年 3 月，中国人民银行等七部门联合印发《关于金融助推脱贫攻坚的实施意见》（以下简称《意见》），紧紧围绕"精准扶贫、精准脱贫"基本方略，提出精准对接脱贫攻坚多元化融资需求等六个方面的政策措施，全面提升金融扶贫的有效性。《意见》要求，人民银行分支机构要加强与各地发展改革、扶贫、财政等部门的协调合作和信息共享，及时掌握贫困地区特色产业发展、基础设施和基本公共服务等规划信息，指导金融机构认真梳理精准扶贫项目金融服务需求清单，找准金融支持的切入点。各金融机构要积极对接建档立卡贫困户，建立精准扶贫金融服务档案，精准对接特色产业发展、贫困人口就业就学、易地扶贫搬迁、贫困地区重点项目等领域的金融服务需求，增强贫困户发展能力，支持贫困人口脱贫致富。

2016 年 9 月，中国证监会印发《关于发挥资本市场作用服务国家脱贫攻坚战略的意见》，提出优先支持贫困地区企业利用资本市场资源，拓宽直接融资渠道，提高融资效率，降低融资成本，不断增强贫困地区自我发展能力。

2018 年 2 月 14 日，中国银监会办公厅发布《关于做好 2018 年银行业三农和扶贫金融服务工作的通知》（银监办发〔2018〕46 号），指出银行业金融机构要回归服务实体经济的本源，坚守定位，深入推进三农和扶贫金融服务专业化体制机制建设，形成各具特色、相互补充的农村金融服务体系。政策性银行要专注于政策性业务领域，加大对乡村振兴的中长期信贷支持。开发银行要加大对农业农村基础设施等方面的中长期信贷投放。农发行要继续加大对粮食多元化市场主体入市收购、重大水利工程、高标准农田建设等领域的支持力度。开发银行、农发行要发挥扶贫金融事业部作用，完善金融扶贫"四单"工作机制，优先保障扶贫信贷规模。进出口银行要支持农业产品、企业、产能"走出去"。

2019 年 5 月 27 日，中国人民银行印发《关于切实做好 2019 年—2020 年金融精准扶贫工作的指导意见》（银发〔2019〕124 号），要求统筹做好金融扶贫和乡村振兴金融服务政策衔接，提升乡村振兴金融服务水平。加强对已脱贫地区金融政策运用，确保脱贫攻坚期内脱贫不脱政策，强化市场化激励约束，激发贫困地区内生发展动力。加强金融精准扶贫贷款专项统计和评估考核。推动金融机构农户小额贷款利息收入免征增值税、涉农贷款增量奖励等政策落实，强化政府性融资担保公司的风险分担能力，加大扶贫贷款贴息力度，提高金融扶贫可持续性。

随着金融扶贫政策探索的逐步深入，我国金融扶贫政策整体呈现以下特点：一是金融扶贫各部门的联动有所增强，形成了由政策制定者、金融管理者与金融机构等多方参与的金融扶贫新格局。二是金融扶贫手段更加多元，由原先单一信贷扶贫转变为现阶段信贷扶贫、保险扶贫、资本市场扶贫、担保扶贫等协同推进。三是金融扶贫内容更加深化，金融扶贫的重点不仅在于增加农民收入，而且还在于推动贫困地区生态建设、环境保护、产业结构升级、基础设施建设、创业促就业等，"造血"功能明显增强。

2015 年以来，岢岚县积极迅速开展金融扶贫工作，在山西省扶贫开发办公室印发的《山西省金融支持特色产业发展富民扶贫工程2014—2018 年实施方案》（晋开发办〔2014〕150 号）的指导下开始实施扶贫小额信贷工作，根据 1∶8 放贷比例要求，向合作金融机构共注入风险补偿金 2658.75 万元，其中农村商业银行 1878.75 万元，邮储银行 730 万元，农业银行 50 万元。在开展扶贫小额信贷工作过程中，按照符合贷款条件的建档立卡贫困户自身发展能力，采取直接带动和间接带动两种方式。2017 年，山西省委提出要把金融扶贫作为脱贫攻坚的一项重要工作，以"五位一体"为抓手，推进扶贫小额信贷工作。即"政府、银行、保险、实施主体、贫困户"五位一体精准扶贫小额信贷机制，形成"政府搭台增信、财政风险补偿、银行降槛降息、贫困户承贷并受益、实施主体使用、保险保证"的多方联动、互利共赢扶贫信贷模式。因此，岢岚县人民政府办公室印发《关于岢岚县"五位一体"推进全县扶贫小额信贷工作的实施方案的通知》（岢政发〔2017〕19 号），充分发挥金融服务在脱贫攻坚中的造血功能，逐步建立和完善了"富民贴息贷款、五位一体、惠农易贷三种模式运行；政府、银行、保险机构三方审查评估；财政、保险、司法三方保障；包村乡干部、第一书记、村干部、帮扶责任人、企业负责人和金融机构信贷人员六位服务"的"3336"差异化、多层次、全方位扶贫小额信贷工作机制。2018 年和 2019 年岢岚县继续实施"五位一体"扶贫小额贷款发放工作并积极改善农村金融服务情况，进行财政贴息，减轻贷款负担，县级财政对扶贫小额贷款给予贷款利息补贴和投保费用补贴。保证保险保费财政补贴比例不高于贷款额的 1.5%，低于贷款额 1.5% 的按实际发生额全额补贴，高于

1.5%的按贷款额的1.5%予以补贴。贷款贴息业务对象众多，扶贫到户贷款贴息重点扶持建档立卡贫困户，一律按年利率5%的标准进行贴息；创新金融产品，满足贫困地区的融资需求，针对种植、养殖户和中小微企业融资难、融资贵的问题，充分发挥农村金融主力军作用，推出支种贷、支养贷和支企贷的"三支贷"产品，在发挥信贷引导作用下，社会资本向种植、养殖、农产品深加工等县域特色产业倾斜。岢岚县的金融扶贫政策有效提高了社会资金的利用率，激发了县域经济活力，促进了岢岚县经济发展，助力精准扶贫。

（二）策略性资金，助力金融扶贫

1. 推进小额信贷，促进脱贫致富

岢岚县于2015年开始实施扶贫小额信贷工作，在开展扶贫小额信贷工作过程中，按照符合贷款条件的建档立卡贫困户自身发展能力，采取直接带动和间接带动两种方式。自身发展能力强的建档立卡贫困户，对其给予直接信贷支持即采用"富民贴息贷款"模式直接为其发放贷款，解决发展资金不足问题；自身发展能力弱或无发展能力的建档立卡贫困户，采用"五位一体"和"惠农易贷"模式，由企业进行带动帮扶增收。2017年逐步建立和完善了"富民贴息贷款、五位一体、惠农易贷三种模式运行；政府、银行、保险机构三方审查评估；财政、保险、司法三方保障；包村乡干部、第一书记、村干部、帮扶责任人、企业负责人和金融机构信贷人员六位服务"的"3336"差异化、多层次、全方位扶贫小额信贷工作机制。此外，岢岚县在开展扶贫小额信贷过程中，严格执行"5321"的政策要求，即贫困户5万元以下贷款额度、3年以内贷款期限、2免（免抵押、免担保）和1贴息（扶贫贴息）。

以贷款对象精准、发放区域精准、贷款用途精准、贷款方式精

准、扶贫政策精准"五个精准"为着力点，深入贯彻落实金融扶贫机制，富民贴息贷款把岢岚县财政扶贫资金作为风险补偿，由信用社放大 8 倍金额，针对县扶贫办建档立卡贫困户及能人大户，利用农村信用社贷款品牌和贷款优势，打造农户贷款的"绿色通道"。岢岚县扶贫办按年贴息率 5% 进行利息补贴，贷款额度为建档立卡贫困户最高 5 万元，能人大户最高 20 万元。

2017 年，山西省委提出要把金融扶贫作为脱贫攻坚的一项重要工作，以"五位一体"为抓手，推进扶贫小额信贷工作。即"政府、银行、保险、实施主体、贫困户"五位一体精准扶贫小额信贷机制，形成"政府搭台增信、财政风险补偿、银行降槛降息、贫困户承贷并受益、实施主体使用、保险保证"的多方联动、互利共赢的扶贫信贷模式。具体来说，是由建档立卡贫困户将其承贷的扶贫小额贷款通过帮扶协议委托给实施主体集中使用并获得收益，实现增收脱贫；政府对扶贫小额贷款提供风险补偿和贴息；人保财险公司对贫困户贷款提供保证保险，政府对贫困户贷款保证保险费用进行补贴，且坚持"谁使用，谁负责，谁偿还"的原则，第一偿还责任人为实施主体。"五位一体"扶贫小额信贷与"一村一品一主体"等工作紧密结合，确定了 12 家实施主体企业承用符合贷款条件的贫困户每户 3 年期 5 万元扶贫小额贷款，连续三年每年由实施主体企业向承贷的建档立卡贫困户分红 4000 元。

"惠农易贷"则是由邮储银行岢岚县支行与山西新大象养殖股份有限公司合作，贫困户承贷并受益的扶贫小额信贷委托经营模式业务。山岢岚县新大象养殖股份有限公司承用符合贷款条件的贫困户每户 3 年期 5 万元扶贫小额贷款，连续三年每年由岢岚县新大象养殖股份有限公司向承贷的建档立卡贫困户分红 6000 元。

2016 年扶贫小额信贷发放 323 笔共计 1471.06 万元；2017 年发放 3058 笔共计 15031.92 万元，其中，截至 2017 年全县累计发放"富民贴息"贷款 735 笔 3416.92 万元，发放"五位一体"扶贫小额贷款 2046 笔共计 1.023 亿元，发放"惠农易贷"157 笔 785 万元，每户分红 4000 元，共计分红 62.8 万元。2018 年发放扶贫小额信贷 1750 笔共计 8474.91 万元。三年累计发放 5131 笔 24977.89 万元，其中"五位一体"发放 2047 户共计 10235 万元；"惠农易贷"发放 445 户共计 2225 万元。2019 年，全县扶贫小额贷款发放任务为 3500 万元，上半年就已累计发放扶贫小额贷款 2094.63 万元，任务完成率为 60%。"五位一体"扶贫贷款，已有四家企业兑现分红 304 户共计 121.6 万元，实现了"带动贫困户增收，带动企业发展"的"双带双赢"效果。到 2019 年底，总计发放扶贫小额贷款 772 笔共计 3636.29 万元，超额完成任务。

表 8-1   2016—2019 年岢岚县扶贫小额贷款发放情况表

年份	2016	2017	2018	2019	总计
发放笔数	323	3058	1750	772	5903
发放金额（万元）	1471.06	15031.92	8474.91	3636.29	28614.18

资料来源：课题组根据岢岚县金融扶贫资料编制。

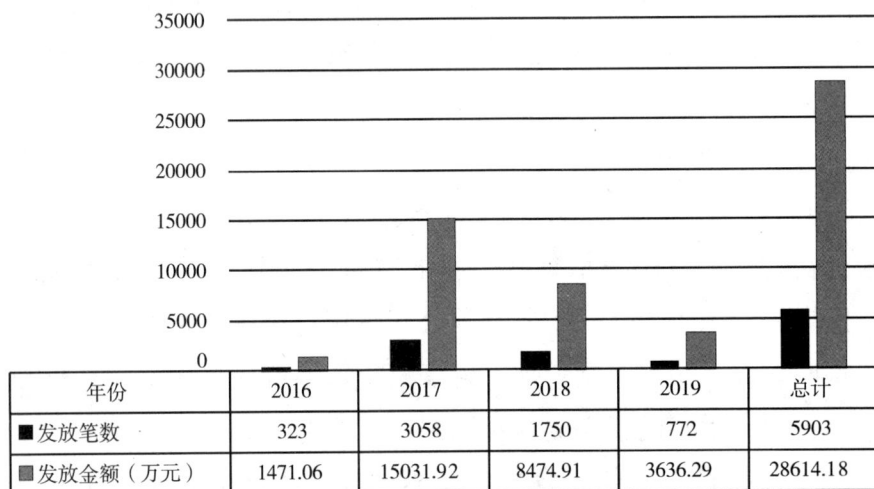

年份	2016	2017	2018	2019	总计
■ 发放笔数	323	3058	1750	772	5903
■ 发放金额（万元）	1471.06	15031.92	8474.91	3636.29	28614.18

图 8-1   2016—2019 年岢岚县扶贫资金小额贷款发放情况

资料来源：课题组根据岢岚县金融扶贫资料编制。

2. 进行财政贴息,减轻贷款负担

岢岚县县级财政对扶贫小额贷款给予贷款利息补贴和投保费用补贴。贷款贴息业务对象众多,扶贫到户贷款贴息重点扶持建档立卡贫困户,一律按年利率5%的标准进行贴息,对贫困户用于发展生产经营的贷款5万元以下(含5万元)予以贴息。对通过"能人大户"等带动贫困户共同致富的项目,贷款贴息资金总额不得超过1万元,大户贴息额不得超过省下达到户贷款贴息资金总额的50%。对通过能人、大户牵头领办的扶贫专业合作社等新型经济组织(参合贫困户需占30%),有带动支持贫困户生产增收的具体措施、具体收益的,给予贴息支持,但不得超过岢岚县贴息资金的40%。对贫困户实施易地扶贫搬迁的建房贷款(需有银行、乡镇、扶贫部门出具的证明)也给予贴息支持。对贫困户和通过能人大户牵头领办的扶贫专业合作社等新型经济组织从事合法性生产经营、增加收入的贷款均给予贴息支持,包括种养业、服务业、运输业、农家乐旅游业及小型加工业等。

2016年至2018年三年共计给予扶贫小额贷款贴息1194.02万元。一是自主贷款,2017年贴息18.57万元,2018年贴息134.95万元。二是"五位一体"贷款,2017年贴息326.48万元,2018年贴息471.98万元。三是"惠农易贷",2017年贴息18.56元,2018年贴息94.98万元。四是造林扶贫贷款,2018年贴息80.54万元。

表8-2 扶贫小额贷款贴息情况表 （单位:万元）

年份	2016	2017	2018	2019
自主贷款贴息	47.96	18.57	134.95	106.48
"五位一体"贷款贴息	—	326.48	471.98	468.81
"惠农易贷"贴息	—	18.56	94.98	112.64
造林扶贫贷款贴息	—	—	80.54	138.82

数据来源:课题组根据岢岚县脱贫攻坚相关数据编制。

（单位：万元）

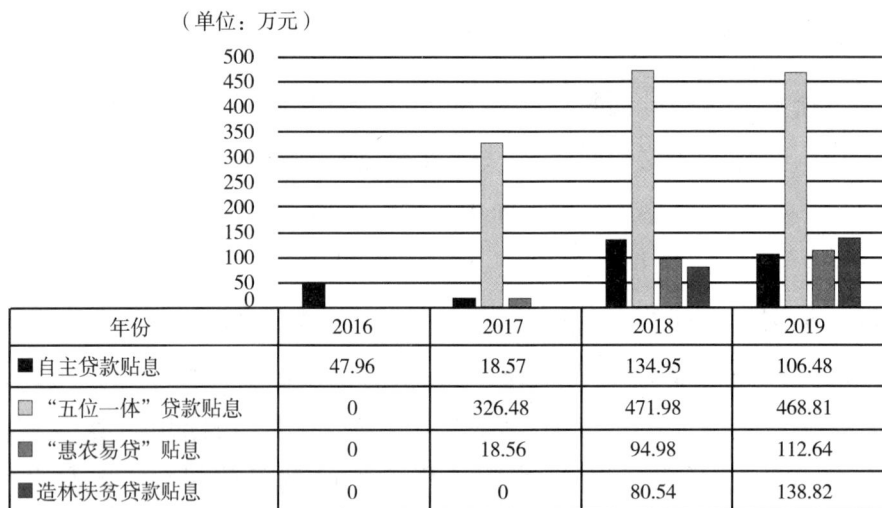

年份	2016	2017	2018	2019
■ 自主贷款贴息	47.96	18.57	134.95	106.48
□ "五位一体"贷款贴息	0	326.48	471.98	468.81
■ "惠农易贷"贴息	0	18.56	94.98	112.64
■ 造林扶贫贷款贴息	0	0	80.54	138.82

图 8-2　岢岚县小额扶贫贷款贴息情况

数据来源：课题组根据岢岚县脱贫攻坚相关数据编制。

3. 创新金融产品，满足融资需求

"三支贷"贷款业务面向认定的资助对象发放，以借款人自愿缴纳一定比例的风险补偿金和政府提供的风险补偿金共同组成"资金池"，依托借款人信用作为增信手段的信贷业务。"支种贷""支养贷""支企贷"分别以相关部门认定的种植户、养殖户和重点中小企业为业务对象，政府初期分别注资 240 万元、300 万元和 1000 万元作为风险补偿金，在贷款发生损失时，按一定比例进行补偿，岢岚县联社加大信贷支持，相应放大 10—20 倍金额投放贷款，撬动信贷资金 2.15 亿元，单户最高贷款额度分别达到了 20 万元、30 万元和 3000 万元。"三支贷"均根据贷款对象的信用等级、贷款方式、还款方式及对农村信用社贡献度，实行差别化的利率定价，贷款期限原则上不超过一年，在贷款授信期内可随时贷随时还，也可采取到期一次性还款方式。

2016 年"三支贷"投放 443 笔，共计金额 14924.46 万元，其

中，"支种贷"发放373户，金额1388.72万元；"支养贷"发放54笔，金额519.74万元；"支企贷"发放16笔，金额13016万元。截至2016年末，累计发放"三支贷"21028万元，余额14278万元，净增8581万元，带动1146户农户创收，136户建档立卡贫困户受益。

（三）降低风险，助力金融扶贫

1. 对接扶贫项目，加大金融支持

对接林业项目，推进造林扶贫贷款。邮储银行岢岚县支行以扶贫小额信贷为抓手，立足贫困地区的资源禀赋，找准金融扶贫的切入点，精准对接林业产业，通过"生态造林、合作社牵头、贫困户参与、金融帮扶"，构建了"林业部门+银行+合作社+贫困户"的"岢岚模式"，解决了贫困户"缺资金、缺产业、缺技术"等问题。

扶贫攻坚造林合作社是山西省林业厅2016年出台政策鼓励成立的扶贫合作组织，主要承担各地造林绿化任务，政府按照每亩800元标准给予补贴，合作社社员中建档立卡贫困户社员占比不得低于60%，邮储银行山西省分行通过向其中的建档立卡贫困户社员发放扶贫小额贷款，用于合作社造林过程中的树苗、人工及其他造林支出，合作社完成造林绿化任务获取政府补贴后，优先偿还银行贷款本息，剩余资金用于贫困户的分红，参与劳动的社员还可以按照造林劳动量获取劳务报酬。邮储银行岢岚县支行严格执行扶贫贷款"5321"政策，为全县70个造林专用合作社发放造林扶贫贷款，共发放697户3412万元，直接带动了1000余户合作社贫困户户均增收10000元。

案例一

家住岢岚县温泉乡土鱼坪村的侯亮青，家有5口人，主要在

家种地，打一些零工，刚能维持生活，2015 年妻子生病，导致家庭成为贫困户。2018 年年初，在岢岚县支行的帮助下，侯亮青加入了岢岚县绿洲扶贫攻坚造林专业合作社，获得生态造林扶贫贷款 5 万元，另外其在合作社中也参与造林工作，获得劳务报酬，2018 年底前实现脱贫。

除了与造林产业的产融结合，金融扶贫还对接其他扶贫项目。岢岚县统筹规划易地扶贫搬迁和后续产业发展，统筹制定融资服务方案，充分运用农发行现有信贷产品，根据易地搬迁项目安排、建设进度和信贷资金需求，按照"精准识别对象、新区安置配套、旧村拆除复垦、生态修复整治、产业就业保障和社区治理跟进"要求，用好统贷统还模式，适当简化贷款手续，理顺贷款机制，加快资金拨付，努力为易地扶贫搬迁提供高效务实便捷的贷款服务，使贫困人口"搬得出、稳得住、能脱贫"。2017 年农发行投放易地扶贫搬迁专项贷款 1874 万元。另外岢岚县持续推广光伏扶贫贷款，在水利、农村基础设施方面给予融资支持，以金融扶贫助力脱贫攻坚。

案例二

仲冬时节，风雪严寒，山头采剪沙棘果枝的贫困户干劲十足，风火依旧。阳光格外青睐笑脸，严寒仿佛退避三舍，勤劳的人们载着满车沙棘果，向着岢岚农商银行产业扶贫支持企业——山西省山地阳光食品有限公司进发。

山西省山地阳光食品有限公司是岢岚县农商银行重点支持的特色产业项目，是以野生沙棘为主要原料，集产品研发、生产、销售于一体的沙棘加工企业，也是省级龙头企业。

近年来，岢岚县农商银行在省、市联社的坚强领导下，在县委县政府的大力支持下，积极发挥农村金融服务优势，践行服务

"三农"社会责任，深入探索金融扶贫发展道路，从产业扶贫、项目扶贫、扶贫小额信贷等多方入手，从过去的救济式扶贫变成了以金融全面支持产业扶贫为主题的开放式扶贫，实现了由单纯的"输血"到既"输血"又"造血"的转变。通过在产业扶贫上不断创新思路，岢岚县农商银行借助支持产业发展带动贫困户脱贫致富的模式，将信贷资金注入山西省山地阳光食品有限公司，既对企业向好经营发展雪中送炭，又为贫困户自身发展开启致富之门，形成了银行、企业、贫困户"三赢"的生动局面。

岢岚县农商银行对山西省山地阳光食品有限公司进行信贷资金支持，有效助推该企业扩大生产经营规模，加强原料储备能力，促进了产业开发体系的完善，进一步丰富了该企业沙棘产品研发结构，有效推进了产品的升级换代。山地阳光食品有限公司通过进一步巩固本土市场，拓展外围市场，增加沙棘产品的销量，打造属于自己的品牌，增强了市场竞争力。岢岚县农商银行依托本地资源优势，帮助该企业打造产业引领贫困户的联结机制，以银行信贷支持为后盾，以"农商行+农业企业+贫困户"为模式，从以下4个方面带动贫困户增收致富。

一是协议带动。通过"间接带动模式"引领贫困户增收。岢岚县农商银行通过政策宣传引导，有效实现了建档立卡贫困户和山西省山地阳光食品有限公司的科学合作。岢岚县8个乡镇的371户精准贫困户与山地阳光食品有限公司签订帮扶协议，通过带动贫困户投资，可实现每年每户4000元的收益，年增收可达148.4万元。

二是原料带动。2018年山西省山地阳光食品有限公司通过收购沙棘果带动贫困户750户全年增收180万元，每户增收2400元，个别如韩俊才等采摘大户，当年采摘收入可达1.3万元。

三是用工带动。岢岚县农商银行在金融信贷支持的基础上进一步强化社会责任，在山西省山地阳光食品有限公司 2018 年招工期间，推荐该公司吸收 6 名建档立卡贫困户进厂工作，每人年收入约 24000 元，36 名贫困人口也可以通过季节性临时用工，每人每年可增收 7000 元。

四是商贸带动。通过岢岚县农商银行的信贷支持、政策指引和利率优惠，有效推进了山西山地阳光食品有限公司的良好发展，也进一步增强了该公司的社会责任感。2018 年该企业根据县岢企发〔2018〕1 号文件精神，以商贸扶贫形式与 3 个乡 20 个村 830 户贫困户签订了采摘沙棘果收购合同，并作为该公司沙棘林综合经营基地，明确规定了收购贫困户沙棘果在市场价的基础上每吨上浮 400 元。预计每户采摘沙棘果 1 吨，每吨 3400 元（每吨上浮 400 元），830 户贫困户共增收 282 万元。

岢岚县农商银行通过"农商行+农业企业+贫困户"的模式，在扶持当地产业项目同时通过支持企业建设，进一步带动贫困户发展，安排贫困户就业，增加企业劳务用工，拓展企业产品运销，有效实现了银企合作，深入推进了全产业链助力脱贫攻坚，全力带动贫困户增收致富。

给钱给物，只能解一时之困，不是长久之计，只有恢复贫困地区的"造血"功能才能彻底断掉穷根、开掘富源。

2. 发展农业保险，提供风险保障

各保险公司积极开发与群众生产经营密切相关以及结合岢岚县特色产业的种植养殖险种，完善多种形式的农业保险，切实在防范自然风险和经营风险方面提供保障，以保证农户不因自然灾害导致的农作物减产损失致贫返贫。岢岚县根据玉米、马铃薯和红芸豆的地域特色作物优势，开发了玉米种植保险、马铃薯种植保险和红芸豆种植保险，由人保财险等三家保险公司对符合条件的农作物进行承保，保费根据"低费率、低保障、广覆盖"原则，采取"保险公司优惠+政府补贴+农户自费"的方式缴纳，在保险期限内由于限定原因直接造成保险作物的损失，且损失率达到规定标准时，保险公司依照保险合同的约定负责赔偿。除了这三大类，各保险公司也设置有其他特色的农业保险，如小杂粮保险、中药材保险等。

人保财险 2018 年承保玉米种植险 18674.26 亩，其中贫困户 7360.67 亩，每亩 25.2 元，保险金额每亩 360 元，财政缴纳 15.7666 万元，贫困户部分人保财险减免。非贫困户 1.131359 万亩，每亩 25.2 元，保险金额每亩 360 元，财政缴纳 24.23371 万元，农户自缴 4.27654 万元。国寿财险 2018 年承保玉米 27586.2 亩，收取保险费 65.32 万元，承保红芸豆 26005.04 亩，收取保险费 36.41 万元，承保小杂粮 6324.88 亩，收取保险费 8.85 万元，承保能繁母驴保险 188 头，保险费 7.9 万元，承保森林险 458348.7 亩，保险费 82.5 万元，承保中药材 16000 亩，收取保险费 76.8 万元。2018 年预计支付赔款玉米 20.34 万元，红芸豆 23.4 万元，中药材 46.78 万元。中煤保险 2018 年土豆保险 35000 亩保费收入 84 万元，玉米保险 6700 亩保费收入 16.8 万元。

表 8-3　2018—2019 年农作物保险情况表

承保农作物	保险费（元/亩）	保险金额（元/亩）	贫困户			非贫困户			赔付情况	
			面积（亩）	财政补贴保费（万元）	减免保费（万元）	面积（亩）	财政补贴保费（万元）	自缴保费（万元）	面积（亩）	赔付金额（万元）
玉米	25.2	360	44099.3	94.4	16.67	62635.32	134.3	23.7	23316.93	112.4
马铃薯	24	400	37249.4	71.52	17.88	15693.62	264.68	66.17	2822.83	35.7
红芸豆	14	280				45959.37	51.87	12.96	2374.03	41.44
小杂粮	18	360	5646.8	8.1	2.03	43728.49	53.83	22.3	3038.4	28.64

数据来源：课题组根据岢岚县金融扶贫资料整理绘制。

表8-4 2018—2019 年中药材、养殖保险情况表

类别	保险费（元/亩、头）	保险金额（元/亩、头）	数量（亩、头）	财政补贴保费（万元）	自缴保费（万元）	赔付情况	
						数量（亩、头）	赔付金额（万元）
中药材	48	800	33233.08	127.61	31.91	4421.72	98.8
育肥猪	25	500	18461	36.92	9.23	521	11.74
能繁母驴	420	7000	188	3.95	3.95	23	16.2
能繁母牛	420	7000	2	0.042	0.042	1	0.6

数据来源：课题组根据岢岚县金融扶贫资料整理绘制。

3. 优化金融环境，提升服务水平

一方面，打击非法集资，维护金融市场秩序。2016 年始，全县上下联动、严防严控，多次开展防范打击非法集资专项行动，进行风险排查，并认真组织宣传教育活动，建立健全了"疏堵并举、防治结合"的打击和处置非法集资综合治理长效机制，积极开展打击非法集资专项行动，取得了显著的效果。另一方面，加快金融综合服务网点建设，实现行政村服务站全覆盖，积极推进网上银行、手机银行等新型电子支付业务，提升服务水平。2017 年建立了包村乡干部、第一书记、村干部、帮扶责任人、贫困户、扶贫合作社（或龙头企业）负责人和金融机构信贷人员"6+1"联合服务机制。2018 年岢岚县全面开启"农村金融服务站+"行动，将服务站同时建设为扶贫工作站，为农村居民提供足不出村的金融服务，真正方便农民各项跨行转账、支农补贴发放、小额取现、转账消费和余额查询等基本金融服务。2016 年建有农村金融综合服务站 133 个，其中信用联社 85 个，农业银行 36 个，邮政储蓄银行 12 个。全县共配备自助设备 471 部，其中 ATM 机 25 部、POS 机 315 部、转账电话 131 部。到 2018 年已建成农村金融综合服务站 154 个，为辖内群众提供了效率高、成本低的金融服务，为农户脱贫致富创造了有益的金融环境。

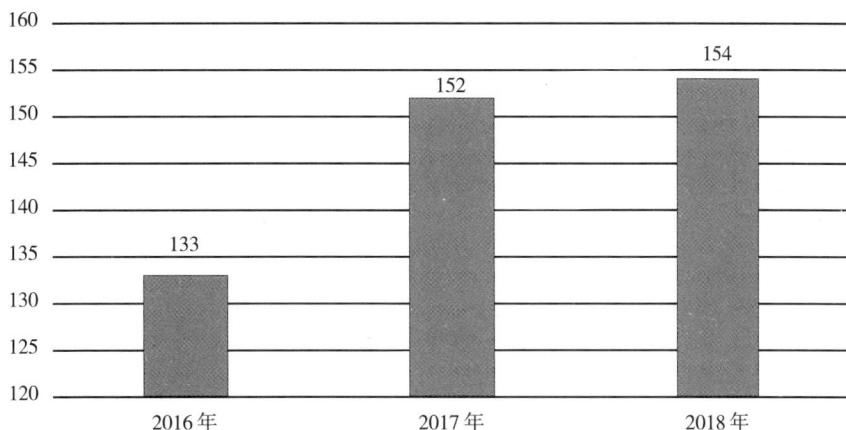

图 8-3 2016—2018 年岢岚县农村金融综合服务站建设情况

数据来源：课题组根据《岢岚县金融服务中心 2016 年工作总结》《岢岚县 2017 年金融扶贫
工作总结和 2018 年工作计划》《岢岚县 2018 年金融工作总结和 2019 年工作计
划》编制。

表 8-5 2016—2018 年岢岚县农村金融综合服务站建设情况表

年份	2016	2017	2018
信用联社服务站	85	59	—
农业银行服务站	36	36	—
邮政储蓄银行服务站	12	14	—
省银联服务站	0	43	—
总计服务站	133	152	154

数据来源：课题组根据《岢岚县金融服务中心 2016 年工作总结》《岢岚县 2017 年金融扶贫
工作总结和 2018 年工作计划》《岢岚县 2018 年金融工作总结和 2019 年工作计
划》编制。

4. 加强信用建设，实现风险防范

风险是金融扶贫要应对的问题，岢岚县政府针对这一问题，主要
有两大举措：

（1）实行良好信用环境保护机制，以"诚实守信"为主题开展
信用宣传活动。印制大量图文并茂的信用知识彩色宣传单等宣传资料
向过往群众、农贸市场的商家及群众散发，并通过设立宣传咨询点、

悬挂横幅、LED 滚动播放宣传语、电视广告投放等形式向农村宣传信用知识，促进农村社会信用状况的逐步改善。同时加强信用乡（镇）、信用户建设，加大打击逃废债力度，加大对失信行为的惩治力度，巩固开展信用工程创建活动，营造"穷可贷、富可贷、不讲信用不能贷"的信用氛围。

（2）实行风险补偿基金与保证保险相结合的风险补偿机制，由保险、政府、银行共同分担贷款风险。出现风险后，保险公司、风险补偿基金、银行机构分别承担风险损失比例 70%、20%、10%，乡镇不良贷款率达到 3% 时启动熔断机制，年度扶贫小额贷款保证保险业务赔付率达到 130% 时，承办保险叫停办理新业务，达到 150% 时停止赔付。风险补偿金按规定及时拨付到位，专款专用、专款专存、封闭运行，做到"应补尽补、应补快补"。

（四）在大山深处播种希望

岢岚县在地理位置上，并不具有先天优势，但就是在大山深处，通过金融扶贫工程，脱贫攻坚工程播种下了脱贫与致富的希望。

案例三

"扶贫小额信贷"是农商银行的主打产品。银行因地制宜，不断加强扶贫小额信贷宣传，积极探索扶贫小额信贷发展道路，重点支持贫困户发展小杂粮种植、畜牧养殖等产业，成功带动贫困群众发家致富，切实做到了"真扶贫，扶真贫"。宋家沟乡主导产业以红芸豆、莜麦等小杂粮种植、猪羊等牲畜养殖业为主，宋家沟支行充分借助该村毗邻宋长城景区和荷叶坪高山草甸景区优势，利用小额扶贫贷款，帮助贫困群众发展红芸豆种植、蔬菜大棚建设、猪羊养殖、土鸡养殖、农家乐旅游等特色产业，带动村内贫困户脱贫致富。

33 岁的吴计刚是个地地道道的农民，上有老，下有小，曾经只能靠自己养的几头猪和几亩贫瘠的土地艰难度日，老实本分的他从未想过靠贷款来发家致富。

有一次，吴计刚去宋家沟支行办理业务，农商行大厅里村民们围着客户经理问个不停，仔细一听才知道是岢岚县农商行全面推出了惠农贷款——"扶贫小额贷款"，大家都在咨询新贷款政策，吴计刚也拿过一份"扶贫小额贷款"的宣传材料认真地看了起来。这一看，让他在宋家沟支行大厅里站了许久。等村民们都散去了，他才走向客户经理，低声问道："高经理，我可以申请'扶贫小额贷款'吗？"客户经理回答道："可以啊，现在咱农商行支持大家搞养殖、搞种植，支持大家找项目发家致富，只要符合条件就可以给你办理。"

晚上回到家后，吴计刚左思右想，难以入睡，他在犹豫：到底要不要办贷款？万一赔了可咋办？终于，一夜未眠的他做出了决定：就算是赔，也要拼一回，贷！第二天一早，吴计刚拿着各种证明来到宋家沟支行顺利地办理了"扶贫小额贷款"手续。12 月 24 日，贷款发放到手。12 月 26 日，吴计刚拿着这五万元贷款到外地精心挑选了 20 头猪买回家。他暗下决心，既然贷款了，就一定不能赔，一定要把猪养好，他重新改造扩建了自家的猪圈，将大棚和猪圈并在一起，上了护栏、做了通风、通了下水、砌了粪便排污池，一系列的工作随着 20 头猪仔的运回如期完成。

贷款以来，吴计刚夫妇起早贪黑，专心致志地照料着他们的猪宝贝。把猪圈和大棚设计在一起，一方面粪便可以实现蔬菜种植有机肥料的供给，另一方面大棚的温度适合生猪保暖，蔬菜废料可以直接作为生猪的饲料，双管齐下的同时吴计刚还不忘更新养殖技术，多次向养殖户以及网络请教。为了保障猪肉质量，春入夏时吴计刚走远路去滩地挖野菜，风雨无阻，每天都是村里起得最早，睡得最晚的。功夫不负有心人，慢慢地，吴计刚的猪仔成了村里最肥、最壮的优质猪，吴计刚夫妇二人心里都乐开了花。

到八九月份猪、羊肉上市的黄金时期，吴计刚家膘肥体壮的猪仔卖出了可喜的好价钱。11月，前往宋家沟支行结算利息的吴计刚激动地对客户经理说道："现在卖了一部分猪，再补充些猪后明年生了小猪还是钱。今年赚到了！真是太感谢农商行了！如果没有你们的'扶贫小额贷款'，肯定没有我吴计刚的好日子！"

借着岢岚县农商行"扶贫小额贷款"的东风，吴计刚用勤劳的双手为自己开辟了一条致富之路。随着养猪规模的日益壮大，吴计刚的致富梦想已经不再遥远，而我们真心希望的是能够帮助更多"吴计刚"踏上脱贫致富的阳光大道。助农致富，我们在路上！

案例四

他叫芦军，38岁，岢岚县水峪贯乡沙塔村人，虽然是个农民，但是他却与众不同。他爱看书，爱看报，喜欢琢磨事儿，最喜欢观看中央电视台七套农业节目，是村里少有的"知识分子"。

它叫"支种贷"，半岁了，来自岢岚县农村信用社，是一个惠农贷款新产品。它乐观向上，爱帮助人，最爱帮助那些人穷志不穷的农民朋友，是岢岚县农民朋友的好伙伴。

2015年5月，他和它相遇了，相见恨晚，很快便擦出了"致富"的火花。岢岚县水峪贯乡因其独特的气候，特别适宜土豆种植，水峪贯乡土豆种植面积很大，家家户户种植土豆。但是最近两年村里土豆产量开始逐年下降，农民的收入少了，喜欢琢磨事儿的芦军开始探寻其中的原因。经过查阅资料，发现原来是一个土豆品种长时间在一个地区生长会造成产量降低，加上近年来岢岚县干旱少雨，所以造成土豆减产。查明了原因，芦军决定从别处引进土豆良种进行种植。正巧中央电视台七套农业频道播放了关于土豆改良的一期节目，节目中详细介绍了土豆品种改良、种植技术、田间管理等内容，芦军则认认真真地做了笔记。

说干就干，芦军马上开始联系外地的土豆良种和优质肥料。但是良种和化肥需要一笔不小的资金，芦军犯了愁。这时，大化信用社客户经理听说了芦军想要改良土豆品种又缺乏资金的事情，主动上门为芦军办理了"支种贷"贷款。芦军用"支种贷"贷款买回了土豆良种，村民们听说芦军买了土豆良种，都跑去看，可是外来的品种大家都不了解，如果今年试种失败，那意味着今年的土地将没有收入。看见大家都犹豫不决，芦军决定自己开始试种。仅仅有两户农民抱着试一试的心态跟着芦军种了新品种。芦军把全家16亩土地全部用于种植土豆新品种，播种、除草、施肥，每一步芦军都严格按照科学的步骤操作，几个月以后，差距出来了。芦军的土豆长势旺盛，秧苗明显比其他品种的土豆更加健壮，绿油油的秧苗分外惹人爱，芦军提着的心稍微放了下来。但也有人在议论："别看秧苗长得大，底下土豆长得好才行！"芦军听了这话，没有说什么，只是一个人默默地走进了土豆地，继续按照自己的方法施肥、除草……

九月，收获的季节，芦军全家来到土豆地里，期待着今年的好收成。村里的百姓也来帮芦军挖土豆，大家都想看看这外来的土豆能长出多少新花样来。终于，芦军的辛苦没有白费，他的土豆个头大，产量也高，品质更好，外来的客商们争相收购。芦军的土豆成了名副其实的"金豆豆"。

如果没有岢岚县信用社"支种贷"的帮助，芦军就没有资金购买土豆良种和优质肥料；如果没有土豆良种，芦军的土豆就不会丰收。我们在行动，岢岚信用社正在将致富的希望播种在岢岚的大山里。

二、因地制宜，光伏扶贫效力强

（一）光伏扶贫：政策阐释

2015 年 11 月，习近平总书记在中央扶贫开发工作会议上强调："到 2020 年我国现行标准下农村贫困人口实现脱贫，贫困县全都摘帽，解决区域性整体贫困。""所有贫困地区和贫困人口一道迈入全面小康社会。"①

2015 年 11 月，中共中央、国务院发布《关于打赢脱贫攻坚战的决定》（中发〔2015〕34 号），该决定指出要大力实施产业扶贫。2015 年 12 月，国家能源局《关于印发加快贫困地区能源开发建设推进脱贫攻坚实施意见的通知》（国能规划〔2015〕452 号），要求贯彻中央扶贫开发工作会议精神及《中共中央国务院关于打赢脱贫攻坚战的决定》要求，进一步做好能源扶贫工作，强调应坚持因地制宜的原则，从贫困地区的能源资源、环境承载力等基本条件出发，遵从发展规律，深入研究论证，采用适宜当地的能源扶贫方式，讲求实效。落实六大重点任务，其中包括精准实施光伏扶贫工程，自从国家各相关部门相继出台光伏扶贫政策以来，各地区发改委、能源局和扶贫办积极响应，把光伏扶贫作为精准扶贫的突破口，研究出台具体的工作实施方案，有序开展光伏扶贫工作。

---

① 《习近平在中央扶贫开发工作会议上强调　脱贫攻坚战冲锋号已经吹响　全党全国咬定目标苦干实干》，《人民日报》2015 年 11 月 29 日。

党的十八大以来，国家能源局坚决贯彻党中央决策部署，在国务院扶贫办的指导下，结合能源产业特点，积极探索发展光伏扶贫模式。2014年，启动了光伏扶贫试点工作，2015年初下达了安徽、河北、山西、宁夏、甘肃、青海等6省（区）光伏扶贫试点专项建设规模150万千瓦。

光伏扶贫是精准扶贫、精准脱贫的重大政策创新，是资产收益扶贫的重要方式。山西省作为全国光伏扶贫首批试点省份，把光伏扶贫列入脱贫攻坚"八大工程、二十项行动"，作为脱贫攻坚超常规举措。2016年发布《山西省人民政府关于开展光伏扶贫工作的指导意见》，深入贯彻落实精准扶贫精准脱贫基本方略，充分发挥山西省光照资源充足、荒山荒坡广阔等优势，计划以吕梁山、燕山—太行山两大连片特困地区为主战场，将光伏扶贫作为打赢全省脱贫攻坚战的超常规举措，按照市场化运作、企业化运营的方式，支持贫困村、贫困户建设村级、户用光伏电站，引导企业参与建设农光互补电站和地面集中扶贫电站。通过光伏扶贫资产收益，支持贫困村增加集体经济收入，支持无劳动能力深度贫困人口增收脱贫。

岢岚县为深入贯彻落实党的十八届五中全会精神，加快推进光伏扶贫工作进度，根据山西省发展和改革委员会、山西省扶贫开发办公室《关于开展我省"十三五"光伏扶贫计划编制工作的通知》要求，制定了《岢岚县"十三五"光伏扶贫计划》，计划包括岢岚县基本情况、光伏扶贫工作内容和目标及效益，将光伏扶贫作为脱贫攻坚战"四大战役"之一，通过科技创新，打响"光伏扶贫战"。将光伏扶贫作为地区挖掘资源禀赋优势、破解产业匮乏难题的有力抓手，实现县域转型发展，通过光伏推广应用、产业扶贫和精准扶贫三者相结合，实现"输血式扶贫"向"造血式扶贫"转变。

2016年3月，国家能源局会同国家发展和改革委员会、国务院扶贫办等联合印发了《关于实施光伏发电扶贫工作的意见》（发改能源〔2016〕621号），指出："光伏发电清洁环保，技术可靠，收益稳定，既适合建设户用和村级小电站，也适合建设较大规模的集中式电站，还可以结合农业、林业开展多种'光伏+'应用。在光照资源条件较好的地区因地制宜开展光伏扶贫，既符合精准扶贫、精准脱贫战略，又符合国家清洁低碳能源发展战略；既有利于扩大光伏发电市场，又有利于促进贫困人口稳收增收。各地区应将光伏扶贫作为资产收益扶贫的重要方式，进一步加大工作力度，为打赢脱贫攻坚战增添新的力量。"从此光伏扶贫在全国全面展开。

2016 年 10 月、2017 年 12 月国家分两次各下达光伏扶贫专项规模 516 万千瓦和 418 万千瓦，2017 年明确 8 个省（区、市）共 450 万千瓦普通电站规模也全部用于光伏扶贫。据国务院扶贫办统计，截至 2017 年底，全国共有 25 个省（区、市）、940 个县开展了光伏扶贫项目建设，累计建成规模 1011 万千瓦，直接惠及约 3 万个贫困村的 164.6 万户贫困户。光伏扶贫在带动群众脱贫致富、增强村集体经济实力和保障农村能源供应方面取得良好成效，为世界减贫事业贡献了中国智慧、中国方案。

2017 年下半年，国家能源局会同国务院扶贫办，在深入调研、总结经验、分析问题、征求意见的基础上，研究起草了《光伏扶贫电站管理办法》，在征求了国家发展改革委、财政部，各省（区、市）发展改革委（能源局）、扶贫办及国家电网公司、南方电网公司等有关企业的意见后，于 2018 年正式印发了《光伏扶贫电站管理办法》（以下简称《办法》）。《办法》主要目的是规范光伏扶贫工作实施，明确光伏扶贫电站建设运行管理要求，保障光伏扶贫实施效果。《办法》共二十条，分别对光伏扶贫的定位、定义、适用范围、对象、方式、投资、标准、建设、配套服务、验收、运行消纳、价格、补贴、收益分配、目录管理、计划管理、各方责任、企业扶贫等方面都作出了明确规定。同时明确指出：光伏扶贫是资产收益扶贫的有效方式，是产业扶贫的有效途径。光伏扶贫电站是以扶贫为目的，在具备光伏扶贫实施条件的地区，利用政府性资金投资建设的光伏电站，其产权归村集体所有，全部收益用于扶贫。

（二）光伏扶贫：实践经验

岢岚位于晋西北黄土高原中部，忻州地区西南部，面积 1984 平方公里，拥有丰富的太阳能资源，年均日照辐射量约为 5000—6300MJ/m^2，年均日照 2800—3000 小时，并且区内电力电网发达，外送电网能力强劲。

同时，岢岚地处黄土高原，日照充足，全年日照率为 63%—65%，太阳能资源很丰富，1983—2005 年多年平均年辐射总量达 5980MJ/m^2，岢岚全年峰值日照时数为 1661 小时，各月峰值日照小时数以 5 月和 6 月最多，月平均 187.5—192.8 小时；11—12 月最少，月平均 80.6—90.6 小时。

1. 保障机制

（1）成立光伏扶贫工作组

为深入贯彻落实中央政府和山西省光伏产业扶贫政策，推进光伏扶贫发电项目的顺利实施，确保农村贫困人口增收脱贫，岢岚县成立了光伏扶贫工作领导小组。领导组负责光伏扶贫发电项目实施工作的组织领导，领导组办公室负责综合协调和督查落实日常工作。每周召开一次光伏扶贫项目推进协调会，每两周和每月 5 日前分别向市发改委和市光伏扶贫领导小组办公室报送工作进展情况。乡镇、村成立由主要负责人任组长的光伏扶贫工作领导组，加强领导，统筹协调，落实项目的实施及推进工作。

此外，相关单位各司其职，共同推进光伏扶贫工作顺利开展。县扶贫办及县光伏扶贫平台公司统筹协调并负责项目资金安排、项目建设调度推进；县发改局负责协调项目备案等前期工作；县财政局负责项目资金筹措、整合及政府采购、安排必要的工作经费；县环保局负责光伏扶贫项目环评手续的办理；县经信局负责光伏扶贫电站并网运行监督；县国土局、林业局、住建局负责光伏扶贫电站选址土地使用的政策协调和土地补偿收费方面的优惠政策落实；县国税局负责落实国家对光伏扶贫项目的各类税收优惠；县农发行负责落实光伏扶贫项目的贷款需求；县供电公司负责对上级相关政策落实衔接、接入系统方案制定、并网方式选择、并网、调试、供电部门所属资产的日常维护、抄表和补贴资金结算，做好向上级供电部门的协调、争取、安全生产；乡镇党委、政府对本乡镇光伏发电扶贫工程负总责，组织乡（镇）、村干部、驻村扶贫工作队做好实施项目贫困户的公示、项目推进、施工协调、项目实施过程中出现问题的协调处理、配合检查验收等。

（2）精准识别扶贫对象

岢岚县行政区划范围内有 12 个乡镇，202 个行政村，其中 116 个建档立卡贫困村。岚漪镇 21 个贫困村，三井镇 7 个贫困村，神堂坪乡 4 个贫困村，高家会乡 9 个贫困村，李家沟乡 7 个贫困村，西豹峪乡 10 个贫困村，水峪贯乡 13 个贫困村，大涧乡 10 个贫困村，阳坪乡 9 个贫困村，温泉乡 7 个贫困村，宋家沟乡 12 个贫困村，王家岔乡 7 个贫困村。2015 年末，全县总人口 84467 人，其中城镇人口 17464 人，乡村人口 63755 人；2015 年建档立卡贫困户 7965 户、贫困人口 18818 人；2016 年建档立卡贫困户 8294 户 19515 人；2017 年 8 月，经精准识别，共有建档立卡贫困户 8621 户、贫困人口 20268 人。

岢岚县在确定光伏扶贫对象时，计划通过光伏扶贫解决全县所有的建档立卡贫困户，共涉及贫困村 116 个，非建档立卡贫困村 86 个。

2. 光伏扶贫模式

（1）本地化的光伏扶贫模式

岢岚县按照光伏扶贫对象数量以及光伏扶贫电站建设条件，以县为单元，根据光伏扶贫电站建设要与易地扶贫搬迁相结合的原则，把建设光伏扶贫电站作为搬迁贫困户发展产业增加收入的重要途径，因地制宜支持移民新区建设村级或户用光伏电站。探索出了"以集中式光伏电站为辅，村级电站为主"的模式，建设联村电站8座、村级电站11座，总容量40.488兆瓦，每个贫困户7千瓦，解决116个建档立卡贫困村、建档立卡贫困户5534户、13312人的稳定脱贫；建设集中式电站2座，总容量50兆瓦，每个贫困户25千瓦，解决非建档立卡贫困村86个、贫困户2943户、6700人。

①集中式光伏扶贫电站

截至2019年，岢岚县已建设集中式光伏扶贫电站2个、总规模50MWp，涉及所有村级电站不能覆盖的非建档立卡贫困村86个，解决贫困户2943户、6700人。集中式光伏扶贫电站项目投资主体为企业，由政府投资和企业投资共同构成项目资本金，占总投资的20%。项目总投资的80%由政策性银行贷款解决。由建设企业承担运行维护技术工作，费用在光伏项目的经营成本中支出。县政府与光伏企业共同明确光伏企业主体相应权利、责任和义务。扶贫效益分配方式按政府与企业的协议提取对应贫困户收益。

2016年，集中式光伏电站由上元公司承接建设，规模2万千瓦，带动800户贫困户，对应每户25千瓦，每户年均收益3000元，稳定受益20年。电站总投资2.1亿元，其中，资本金占20%，银行贷款占80%。20%资本金中，政府投资8%，企业投资12%。

2017年，由和光同公司建设，规模3万千瓦，带动1200户贫困户，每户贫困户年均收益3000元，稳定受益20年。电站总投资1.95亿元，其中，资本金占20%，银行贷款占80%。20%资本金中，政府投资10%，企业投资10%。

②村级光伏扶贫电站

岢岚县共建设村级电站11个，总规模40.488兆瓦，涉及116个贫困村，解决贫困户5534户、13312人。项目资金来源为省级财政按照每100千瓦省级补助10万—15万元支持扶贫电站建设，市县整合资金至少为每 100 千瓦保障落实 15 万元以上，其余资金由县财政投资。运行维护由政府成立的光伏维护公司负责，费用从项目售电收入中扣除。本县村级光伏扶贫电站造价为 6500 元/千瓦。售电收益中扣除相应税金、土地租金、管理费用、运行维护费用后，全部拨付给村集体，由村集体进行二次分配。

2016 年共建设了 10 个村级光伏扶贫电站，每个 100 千瓦，2018 年开始建设 7 座联村电站和 100 千瓦的 1 个村级电站，总规模 3.4 万千瓦，2019 年建设联村电站 1 座，规模 5488 千瓦，截至目前，共有村级扶贫电站 4.0488 万千瓦。

③联村光伏扶贫电站

岢岚县共建设联村电站 7 个、总规模 38 兆瓦，涉及 119 个贫困村，解决贫困户 5388 户、11648 人。项目资金来源为省级财政按照每 100 千瓦省级补助 10 万—15 万元支持扶贫电站建设，市县整合资金至少为每 100 千瓦保障落实 15 万元以上，其余资金由承建企业投资。通过公开招标确定有能力的公司提供定期巡检等技术服务，发生的人工、材料等硬件费用从项目售电收入中扣除。项目资金构成是省级财政按照每 100 千瓦省级补助 10 万—15 万元支持扶贫电站建设，市县整合资金至少应每 100 千瓦保障落实 15 万元以上，其余资金由承建企业垫资。投资水平根据国家、行业现行的有关文件规定、费用定额、费率标准等，本县联村光伏扶贫电站造价为 6500 元/千瓦。售电收益中扣除还贷、相应税金、运行维护费用和村集体公共资金使用留存外，其余全部作为贫困户收益，每个贫困户年收益不低于 3000 元，村级电站收益每年每 100 千瓦至少有 5 万元以上用于扶贫。

2016 年共建设了 10 个村级光伏扶贫电站，每个 100 千瓦，带动贫困户 20 户，对应每户 5 千瓦，每户年均收益 3000 元，稳定受益 20 年。每个电站投资 78 万元，其中，政府扶贫资金投资 50 万元，电站承建企业潞安公司投资 28 万元，潞安公司的投资待扣除每年贫困户收益后剩余收入逐步返现，直到返清为止。

2017 年开始建设 7 座联村电站和 100 千瓦的 1 个村级电站，总规模 3.4 万千瓦，带动贫困户 4863 户，对应每户 7 千瓦，每户年均收益 3000 元，稳定受益 20 年。每千瓦投资 6500 元。山西省政府扶贫资金每 100 千瓦投资 10 万—15 万元，市县政府每 100 千瓦投资不少于 15 万元，按政策要求，其余资金由电站承建企业或政府平台公司投资。承建企业的投资待每年贫困户获得收益后剩余收入逐步返现，直到返清为止。

（2）电网改造保障工程

岢岚县电网企业为光伏扶贫项目接网和并网运行提供技术保障。村级、户用光伏扶贫项目接网工程优先纳入农村电网改造升级计划，集中式光伏扶贫电站项目接网工程纳入绿色通道办理，确保配套电网工程与光伏扶贫项目同时投入运行。电网企业积极配合光伏扶贫工程规划和设计工作。

岢岚县 2016 年最大负荷 3.5 毫瓦、最小负荷 1.78 毫瓦，已建成以 35 千伏、10 千伏为主的网架结构，具有 220 千伏变电站 1 座（360000 千伏安）、110 千伏变电站 2 座（180000 千伏安）、35 千伏变电站 2 座（29150 千伏安）。岢岚县农网改造进展已完成 30%，已完成工作主要包括：10 千伏线路改造 18.285 公里，低压线路改造 5.499 公里，新建变压器 10 台，改造 6 台；2017—2018 年度拟完成 10 千伏线路改造 91.678 公里，低压线路改造 9.845 公里，新建及改造变压器 15 台。

表8-6 村级光伏电站情况表

	装机容量（千瓦）	带动贫困户（户）	累计带动贫困户（户）
2016 年	1000	200	200
2018 年	34000	4865	5062
2019 年	5488	784	5849

资料来源：课题组根据岢岚县《发改局工作总结》进行编制。

（单位：千瓦）

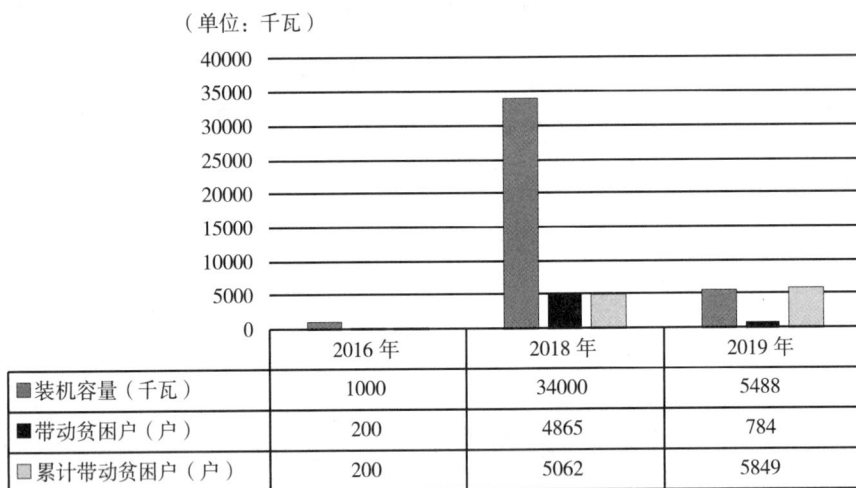

	2016 年	2018 年	2019 年
■装机容量（千瓦）	1000	34000	5488
■带动贫困户（户）	200	4865	784
□累计带动贫困户（户）	200	5062	5849

图 8-4 岢岚县村级光伏发电站情况

资料来源：课题组根据岢岚县《发改局工作总结》进行绘制。

（3）制定光伏扶贫收益分配管理办法

岢岚县按照山西省精准扶贫关于光伏扶贫的要求，制定光伏扶贫收益分配管理办法。光伏扶贫受益对象要经过贫困户申报、村民代表大会评议公示、乡（镇）审核、县级审批等程序确定，实行动态管理。贫困户屋顶及院落安装的户用光伏发电系统产权归贫困户所有，收益全部归贫困户；财政资金为主建设的村级光伏扶贫电站，产权归村集体所有，村集体可持有一定股份，项目收益除偿还贷款和运营维护外，贫困村可按股分红作为集体经济收入，其余多数收益分配给符合条件的无劳动能力贫困户；县级政府指定的投融资主体与商业化投资企业合资建设的光伏扶贫电站，项目资产共有，收益按股份分成，投融资主体要将所占股份折股量化给贫困村、贫困户，贫困村、贫困户持股分红。

（4）加强工程建设质量监督管理

建立光伏扶贫工程技术规范和关键设备技术规范。确保光伏扶贫项目采购技术先进、经过国家检测认证机构认证的产品，鼓励合作企业采购入选《工信部光伏规范公告》和达到领跑者技术指标的产品。

同时保证光伏扶贫工程发电技术指标及安全防护措施满足接入电网有关技术要求,并接受电网运行远程监测和调度。岢岚县政府建立了包括资质管理、质量监督、竣工验收、运行维护和信息管理等内容的投资管理体系,对光伏扶贫工程建设和运行信息进行监测管理。

案例五

罗宗平是山西一建有限公司的一名项目经理,他是四川人,个子不高,貌不惊人,说起话来低声细语,在岢岚县光伏扶贫项目建设中发挥了至关重要的作用。2017 年,岢岚县开始建设 7 座联村电站,光伏项目会战要求在 6 月 30 日前完成并网发电,6 月 29 日深夜零点,供电局晚上来并网。在经过许多人的碰头、协商、检查后同意合闸,当时院里院外大约有上百人。当大家在满怀期待成功的时候,合闸失败!大家都悬着一颗心,罗经理更是急得不行。经过再次认真排查,第二次合闸的时候,供电局工作人员说:"这是最后一次机会,如果不成功意味着并网发电失败!"这话一说谁都不敢合闸。这时候罗经理经过艰难抉择,下定了决心,大声说:"合吧,出了事我负责,坐牢我去坐!"话语一出坚定了合闸人的信心,最后合闸成功!在一片欢呼声中,大家忙着抢红包,罗经理却悄悄睡觉去了,事后他说两天一夜没合眼,实在太累了。

▊ 小 结

脱贫工作与外部资源有不可分割的关系,这一点在金融扶贫和光伏扶贫上表现突出。

金融扶贫,是通过解决贫困户在发展中的资金问题所采取的系列措施。这些措施并不是针对宏大的项目,却发挥了较为实际的效力,给县乡镇金融如何走向基层提供了很好的经验。光伏扶贫则是借助国家政策和资金的扶持，以脱贫为导向，在引导贫困户脱贫的过程中，促进当地经济的发展，实现扶贫与乡镇治理的有机结合，发挥了较好的功能和作用。

岢岚县的光伏扶贫结合了本地的地理资源，创新了本地化模式；金融扶贫则因地制宜，应对脱贫中的资金问题，尽管微小，力量却很显著。

第九章

文旅治理——文化与旅游共融

随着人民生活水平的日益提升，文化旅游和休闲娱乐活动成为人们的日常需求，无论是在城市还是农村，无论是何种类型的文化，都赢得了不同受众群体的欢迎。在扶贫工作中，文化和旅游的角色是什么呢？对于岢岚县而言，文化的建设首先集中于公共文化体系中，旅游，则主要是吸引外资有针对性地开发当地的旅游资源，以便吸引游客前来，由此带动当地的经济发展，促进扶贫工作的开展。文化与旅游二者是不可分割的，为了叙述和表达便利，本章分述为文化和旅游扶贫两个部分。

一、公共文化：扶贫当先

（一）健全公共文化设施、实现广播网络覆盖

岢岚县在实施公共文化设施方面，层层实践。从文化活动中心的建设，到文化惠民工程的下基层，再到文化人才扶贫、艺术扶贫的创作，最后在非遗传承和红色文化扶贫上发力，秩序化、层次化比较显著。

1. 乡镇文化站与村级文化活动中心

2017 年岢岚县文化局为全县 12 个乡镇综合文化站各配备电脑 2

台并开通了文化共享网络，为 2 个乡镇（三井镇、宋家沟乡）配置借阅机 2 台。2019 年持续加强公共文化建设配套。

对照岢岚县脱贫攻坚"十三有"标准，岢岚县 12 个乡镇 91 个贫困村文化服务中心建设配套有：文化活动室、文体广场、图书室；配套设施有：文化设备、健身器材、图书、书架。

2015 年岢岚县文化局为农村文化活动室和社区文艺团体配置乐器 5 套（75 件）、音响 7 套；2016 年为 12 个乡镇 51 个村配送文艺设备 141 件；2017 年岢岚县文化局打造 12 个村级文化活动中心"七个一"建设（即一个文化活动广场、一个文化活动室、一个简易戏台、一个宣传栏、一套文化器材、一套广播器材、一套体育器材）项目，包括温泉村、松井村、秦家庄村、王家岔村、北道坡村、李家沟村、高家会村、大化村、西豹峪村、闫家坪村、宋家沟村，并为 41 个已建成的村级文化活动室配置音箱、乐器、电脑等基本文化设备。

农家书屋建设逐步推进，图书配送到位。2015 年岢岚县文化局完成 22 个精品农家书屋打造，共计配置书架 120 米、图书 33340 册；2016 年为 12 个乡镇 51 个村配送图书 7581 册、书架 225 米；2017 年完善农家书屋图书配套，为 12 个乡镇 86 个村配送图书 16656 册、书架 104 米。

2018 年岢岚县图书馆对全县 141 个农家书屋进行图书、书架全覆盖，共配送图书 27904 册。图书内容丰富，涉及农业种植、畜牧养殖、农技知识、大众文学、文化娱乐等各个门类，并对配送的图书进行分类、编目、贴标签、排架，对其管理员进行业务辅导，使其掌握农家书屋管理、利用等方面的基本知识，做到图书管理正规化，图书借阅制度化，并能根据农时增加开放时间，为农村读者提供一个良好的读书环境。让农民能够就近学习知识，获取信息和丰富农民文化生活，为群众掌握科技知识提供便利条件。

2019 年启动"岢岚县文化馆、图书馆总分馆建设"项目，对全县 139 个（除阳坪乡神岭沟、井儿上村外）行政村分批实施文化馆、图书馆分馆建设，重点实施公共数字文化全覆盖，全面提升农村公共文化服务水平。

加强贫困村文体广场设计建设配套：2015年完善农村体育广场器材（路径）配套，为15个村配送器材15套83件；2016年为12个乡镇51个村配送健身器材189件；2017年为12个乡镇86个村配送健身器材130件。

2018年岢岚县文化局投入239.8万元对12个乡镇131个村的文化服务中心实施设施配套提升工程，努力完善村级文化服务中心建设配套，提前完成行政村文化活动场所全覆盖，并保证100%达标率，让基层群众提前享受均衡的公共文化服务。在全县脱贫摘帽工作任务、"村退出十三有标准"（行政村文化活动场所覆盖率达到全省平均水平的95%）要求基础之上，岢岚县文化局对照《山西省贫困地区行政村综合文化活动场所评价指标》，反复组织摸底、整改、提升、验收。截至目前，全县139个行政村（阳坪乡神岭沟村、井儿上村已搬迁，未销号）文化服务中心建设配套已全部达标，包括文化活动室平均每村2万元的文艺设备（不少于1套）、农家书屋平均每村7千元的图书（不少于300册）及书架（不少于3米）、文体广场平均每村1万元的健身器材（不少于5件）。

2019年岢岚县持续加强公共文化建设配套，推进20个村级精品文化服务中心建设配套工程。

2. 推进全县体育事业开展

2015年岢岚县坚持体育馆免费开放，完成全县体育场地普查，完成100名社会体育指导员培训。成立各项体育协会7个（篮球协会、乒乓球协会、羽毛球协会、柔力球协会、门球协会、象棋协会、老年体育协会）。岢岚县文化局在2015年举办了系列体育活动：6月29日举办"迎七一"乒乓球比赛、7月22日举办全县"万人健步走"活动、8月6日至8月12日举办"三城联创杯"篮球比赛、组队参加了全市组织的篮球比赛（7月27日—8月3日）、广播体操比赛（8月8日）、广场舞比赛（9月29日）。2015年新增体育场地12个，配置体育器材12套（60件）。为社区体育健身团队配置运动服装500套。

2017年完成多功能体育场器材配置，完成笼式足球场的建设任务。1月成功举办"全民登高"活动、4月组队参加了全市乒乓球比赛、5月组织举办了广场舞大赛、6月组织举办了篮球比赛。

3. 网络覆盖

2015年岢岚县文化局完成新落成的移民楼、廉租房、商品房、南坪办公区、居民区等地的有线电视覆盖，同时通过租用光缆等形式开通了宋家沟、王家岔、高家会、三井镇、神堂坪等乡镇有线电视，2015年一年共新增用户374户。完成农村用户"村村通"设施的维护工作和"户户通"的摸底调查和发放、安装工作。通过转变经营理念和严格执行服务承诺等措施，极大提升了广电综合服务水平。

（二）文化惠民：工程下基层

1. 送戏下乡

2015年岢岚县文化局圆满完成"文化惠民 送戏下乡"演出任务40场；2016年岢岚县文化局完成送戏下乡演出任务65场。岢岚县根据山西省文化厅《山西省免费送戏下乡一万场（2018）实施方案》精神，为全面脱贫提供智力支持。按照年初省、市要求，保证平均每乡镇全年不少于6场的原则，重点向出列村倾斜，2018年10月底已完成"送戏下乡"72场的演出任务，全年完成88场。在"送戏下乡"实施过程中，对一些人口稀少、条件特别困难的行政村采取了连片集中（以中心村覆盖周边村）演出的方式确保任务的顺利开展，积极探索演出形式多样化，努力使演出活动贴近生活、贴近实际、贴近群众，真正做到让群众喜闻乐见，丰富了广大农村群众的精神文化生活。2019 年岢岚县持续推进文化惠民工程。

2. 农村公益电影放映

2015 年岢岚县文化局完成公益电影下乡任务 2424 场；2017 年岢岚县文化局完成农村公益电影放映任务 2424 场。

2018 年以来，岢岚县农村公益电影放映工作，从 4 月开始，深入到全县行政村、移民集中安置点、企业工地、社区开展放映工作。截至 2018 年 10 月底，全面完成了农村公益电影 2424 场，电影观众达 30 万人次。同时借助公益电影放映平台，大力倡导并组织公益服务活动，认真举办了送电影进工地、进敬老院，举办关注留守儿童电影放映活动等，同时大力宣传民生工程，提高民生工程的社会知晓度和群众支持，为群众送去文化实惠，为农村的精神文明建设做出了努力与贡献。

3. 文艺演出和文艺比赛多种多样

2015 年岢岚县文化局协同县委宣传部完成"漪水欢歌消夏群众文艺汇演"（2015 年 6 月 6 日至 9 月 19 日）共 16 场演出任务；协同县委宣传部成功举办"岢岚县读书演讲比赛"；邀请山西艺术职业学院于 7 月 18 日来县进行公益演出 1 场；于 9 月 21 日至 9 月 23 日组队参加了忻州市"梨花奖舞台艺术大赛"声乐组和舞蹈组的比赛。2018 年完成"文化下乡"演出 24 场，其中大型情景剧《情满黄土坡》巡回演出 10 场、街头情景剧《佘太君挂帅》演出 10 余场，得到广大群众的一致好评。

（三）艺术扶贫：扶贫文化的创作与实践

2016 年岢岚县创作完成二人台小戏《脱贫路上》、小品《守望》；2017 年创作并完成大型情景剧《情满黄土坡》并完成首演、完成二人台小戏《马大翠扶贫》的编排和打造，完成 MV《平安岢岚》和《习总书记到咱岢岚来》制作；2018 年聘请省内知名编剧、导演、音乐人进行文艺作品创作打造，让文艺作品精品化，满足农村群众精神文化需求。2016 年完成的《脱贫路上》和《守望》两部作品于 2018 年 9 月参加"忻州市第六届'梨花奖'舞台艺术大赛"并分别荣获小戏三等奖和小品一等奖；2017 年创作完成的二人台小戏《马大翠扶贫》，荣获"忻州市第七届'梨花奖'舞台艺术大赛"小戏二等奖；2018 年将大型情景剧《情满黄土坡》进行了升级打造，并应邀参加了忻州市春晚，创作歌曲《起航舟城》《岚漪情歌》《春暖岢岚》，创作街头情景剧《站起来，富起来，强起来》《佘太君挂帅》等，大型旅游演艺项目《岢岚谣》也在剧本创作中。为配合党性教育基地建设和提升，岢岚县还编排了街头情景剧《站起来，富起来，强起来》，老干部艺术团在毛主席路居馆演出红歌和舞蹈，得到了群众的一致好评。

岢岚县将新创文艺作品融入"送戏下乡"和"文化下乡"活动，将展示农民精神风貌、弘扬社会新风正气的文艺演出送到老百姓的家门口，在丰富群众文化生活、摒弃农村生活陋习、逐步实现乡村文化振兴的同时，也进一步激发了广大群众脱贫致富奔小康的精神动力。

2019 年上半年岢岚县持续加大文艺创作力度，加强村级文化服务中心建设，夯实农村文化发展基础，邀请省内外艺术创作专家和艺术人才，将原脱贫攻坚情景剧《情满黄土坡》打造成为晋北风情歌舞剧，为全面脱贫注入强大的精神动力。现已完成编剧、音乐、舞美等初稿及制作，命名为《醋溜溜红了的时候》。

（四）文化人才扶贫

1. 加强基层公共文化人才队伍建设

2017 年岢岚县文化局开展文化人才集中培训 2 期，受训 200 余人次；选派专业人才到北京、湖南、甘肃、太原、忻州等地参加省、市组织的业务培训10次，受训16人次。2018年开展全县文艺骨干培训2期，根据山西省音乐、舞蹈、美术发展方向、民歌民舞风格、演唱和舞蹈技巧，开展理论和实践教学等，进一步壮大了基层文化人才队伍。

2. 实施贫困县"三区"人才支持计划

2017年岢岚县文化局选派14名"三区"文化工作者，分别对全县12个乡镇和2个社区进行广场舞、秧歌辅导和文化活动组织、体育活动指导等培训。2018年再次选派14名"三区"文化工作者，分别对全县12个乡镇和2个社区进行广场舞、秧歌辅导和文化活动组织、体育活动指导等培训。

（五）非遗传承和红色文化扶贫

1. 推进非遗保护与创新

2015年岢岚县文化局完成四项非物质文化遗产挖掘、保护和申报：岢岚民间文学——鲁班巧划仙人洞传说、岢岚民间文学——船城（舟城）的传说、岢岚手工艺制作——岢岚羊肉系列食品的加工技艺和岢岚莜面系列食品的制作工艺、岢岚手工艺制作——岢岚民间刺绣、岢岚民间曲艺——岢岚官地道情项目已申报市级非物质文化遗产。2017年岢岚县文化局积极搭建非遗项目展演展示平台。先后三次将岢岚县非遗项目——民间手工艺剪纸（传承人韦冬梅）通过国家级、省级平台展示给全省乃至全国的观众，包括2017年8月北京恭王府展演、山西省文旅博览会和岢岚县2017年春晚等。岢岚县文化局也在2017年初步完成了岢岚红色文化资料收集整理并形成了较系统的文字资料。

2. 激活乡村文化记忆

2017 年岢岚县文化局新建乡村文化记忆展室 4 个，包括岚漪镇、三井镇、王家岔乡、大涧乡，完成"乡村文化记忆工程"示范乡镇的重新打造。2019 年岢岚县持续推进"乡村文化记忆"展室建设，并完成 5 个乡村文化记忆展室建设任务，强化非物质文化遗产挖掘、保护和传承工作。

二、文旅融合：共同激活本地资源

（一）强力推进旅游项目建设

1. 岢岚古城文旅 PPP 项目

岢岚古城，至今已逾千年，历经宋元明清流传至今，是岢岚历史变迁的见证与缩影，也是岢岚众多古迹的代表。岢岚古城墙异常高深、开阔，其瓮城数倍于平遥古城的瓮城，具有深远的历史价值。

古城文旅项目结合古城棚户区改造于 2017 年完成立项，2018 年 3 月 19 日完成社会资本方的公开招标采购，5 月 31 日与省五建签订了 PPP 合作合同，列入财政部 PPP 项目库，并与国开行确立了项目融资合作意向。岢岚县古城文旅 PPP 项目总投资 26112 万元，2018 年 6 月 6 日正式开工。项目主要包括古城墙的修缮开发和庙宇修建工程，规划范围为城市规划建成区，东至宜阳路，南至漪水北街，西至云际路，北至居仁街。

到 2018 年底，项目东、南瓮城修缮和城楼基础完工，关岳庙、永宁驿主体结构泥水工程和文庙基础完工，其他建筑施工项目也在紧张有序地推进中。在项目建设运营中充分考虑与易地搬迁贫困户建立脱贫增收关系，通过吸收贫困人口务工、景区保洁、土特产品销售等方式解决部分贫困户增收问题。

岢岚古城文旅 PPP 项目是结合岢岚县棚户区改造，与山西五建集团有限公司合作实施的重点文旅项目，该项目以挖掘岢岚历史文化内涵、恢复千年古城风貌、再现文化魅力新城为目标，有助于进一步改善县城人居环境，提升岢岚县对外形象。岢岚古城文旅 PPP 项目是打造岢岚县文旅战略支柱产业，是实现脱贫突破的核心工程，也是推进城镇化发展，建设宜居、宜业、宜游美丽岢岚，共创共享美好未来的民生实践。

2. 宋长城景区项目建设（2015—2019 年）

岢岚自古就是从太原到雁门关及内蒙古、陕北的交通要道，是保卫太原城的屏障。早在北齐时，这里就曾修筑长城并设置军事要塞，隋朝年间，当地又沿北齐长城旧址重修了长城。岢岚宋长城历北齐、北周、隋、宋等 700 余年于宋朝建成，至今已有一千多年的历史，是我国首次发现的宋代长城，这一发现填补了我国长城史研究的空白，具有重要的历史价值、研究价值。岢岚县宋长城西起岢岚县青城山，东至与五寨县相连的荷叶坪山，贯穿王家岔乡全境共 9 个行政村。岢岚县境内现存的 20 多公里宋长城墙体全由片石砌成，保存完好处高约 4.2 米，顶宽 2.1 米，有些地段上还保存着约 30 厘米的女嫱，有些地段还保存有炮楼。由于多年风雨侵蚀等原因，长城墙体近年来损毁严重。岢岚县因地制宜，推进宋长城景区建设工程，不仅对宋长城进行保护、修缮，保护了世界文化遗产，还依据独具特色的宋长城发展旅游产业，辐射带动周边贫困村，成为乡村振兴、可持续脱贫致富的助力。

岢岚县 2016 年重点编制完成了其中涵盖 6 个旅游扶贫重点村（口子村、寇家村、黄土坡村、武家沟村、王家岔村、朱家湾村）的

《宋长城景区总体规划》。宋长城景区总体规划辐射一镇（三井镇）三乡（王家岔、神堂坪、宋家沟）61 个村 1557 个贫困户 3995 个贫困人口，规划总投资 3.05 亿元。

2017 年宋长城景区建设项目完成了总体规划文本编制及评审、《宋长城景区一期水资源论证报告》《宋长城景区一期工程土地勘界报告》《宋长城景区一期工程地质勘测报告》《宋长城景区一期工程可行性研究报告》，并已立项《宋长城景区一期 PPP 项目初步实施方案》《宋长城景区一期财政可承受能力报告》《宋长城景区一期物有所值评价报告》。

2017 年 8 月，宋长城景区以 PPP 模式合作，补齐了岢岚县产业扶贫的短板和扶贫资金不足的问题，完成了社会资本的采购，并与社会资本合作方山西省第六建筑有限公司进行了最终的合作谈判，10月 26 日岢岚县宋长城景区一期 PPP 项目正式签订合同。宋长城景区一期建设旅游扶贫项目总投资 3.05 亿元，项目主要包括旅游业态产品，如宋长城索道建设工程、"宋城"项目完善工程、自驾车房车露营地建设工程、小吃街建设工程、游步道、马道、骑行道等建设工程。设计项目建设中充分考虑群众利益与贫困户脱贫增收，宋长城景区建设吸收贫困户务工，景区运营中可吸收贫困户参与景区保洁、景区景观维护等实现贫困户增收。景区为贫困户提供平台，通过组织马队、景区向导、开办农家乐、民宿客栈、出售旅游产品等实现贫困户增收、村民致富。

岢岚宋长城景区一期暨宋长城景区周边乡村综合整治 PPP 项目是岢岚县响应省、市号召把文化旅游业培育成战略性支柱产业，实现转型发展、产业结构调整而打造的集文化旅游、生态旅游、休闲度假于一体的重点旅游扶贫工程，也是岢岚县实施"城乡一体化，三年大变样"改善农村基础设施和公共服务、实现乡村振兴可持续脱贫致富的第一个 PPP 示范项目。

2018 年 2 月，岢岚宋长城景区建设项目列入财政部第四批政府和社会资本合作示范项目。经过各方面的沟通协调，2018年4月24日总投资5.3226亿元的宋长城景区一期项目暨宋长城景区周边乡村综合整治建设项目开工建设。其中宋长城景区周边乡村综合整治PPP项目总投资2.4079亿元，项目包括王家岔、宋家沟两个乡8个行政村9个自然村，项目主要建设内容是村庄道路、电力、给排水、污水处理、河道整治、房屋特色风貌整治等乡村基础设施完善。项目以PPP模式运作引进山西六建集团作为社会资本方，双方共同组建了岢岚县荷坪岚漪扶贫开发有限公司，投入到乡村振兴和旅游扶贫中，2018年4月24日与宋长城景区一期建设项目同时开工。2018年村庄整治给排水、电力、房屋、街道改造工程全部完工，项目区域内的王家岔八个村村民全部受益，村庄内的基础设施给排水、电力全部配套，街巷道、房屋特色风貌整治全覆盖。村庄整治工程基本完工，王家岔乡331户贫困户、715个贫困人口居住环境全部改善。乡村综合整治项目施工中吸收了有劳动能力的贫困人口36人通过务工增加收入，提高贫困人口自主脱贫的效能。该项目的实施可将乡村振兴跟旅游产业融合发展，最终实现贫困村乡村美丽、产业兴旺的多赢局面。

2019年上半年岢岚县继续实施岢岚县宋长城景区周边乡村综合整治项目，对宋长城景区周边9村全部进行农村特色风貌整治，旅游基础设施道路、给排水、电力、电信、山体绿化、河道治理等工程，2019年底全部完成。

3. 创建国家标准景区，大力发展乡村旅游

岢岚县积极探索旅游业与扶贫开发有机融合的新途径、新方式，支持贫困村和贫困群众大力开展乡村旅游创业就业，共享旅游发展红利，通过旅游业与扶贫结合，实现旅游脱贫富民的目标。但是岢岚县的旅游业起步较晚，乡村旅游产业少，旅游基础设施滞后，管理体系不完善，创建国家标准景区不仅能促进景区服务水平提高，成为吸引旅客的内在动力，也能改善村容村貌，建设宜居乡村。

2016 年旅游扶贫重点村燕家村启动了《岢岚县燕家村乡村旅游区总体规划》，为岢岚县乡村旅游扶贫打好基础，为下一步实施做好充足的准备。同年争取了国家旅游局旅游厕所补助资金 8 万元，完成王家岔乡 8 座旅游厕所建设，燕家村仿古旅游厕所建设。

2017 年燕家村旅游规划于 9 月 15 日通过市旅发委专家组评审，旅游扶贫项目安子泉原生态乡村旅游度假区项目完成招商引资，2017 年 6 月 16 日岢岚县发改委立项，保证项目实施稳步推进，同年新农村吴家庄旅游扶贫项目吴家庄生态园开工建设。

2018 年宋家沟村成功创建国家 AAA 级标准化景区，宋家沟成为忻州市乡村旅游第一个国家 AAA 级标准化景区，也是忻州市党性教育基地之一。通过国家标准化景区创建不仅能提升岢岚县乡村旅游服务水平，同时能保证贫困人口通过景区保洁、旅游商品销售、开办民宿客栈、出租土地、务工等实现贫困人口增收。在开展宋家沟乡村旅游的一年时间里宋家沟村的易地搬迁贫困户沈姚富通过卖凉粉、次粉年收入达到 2 万元，贫困户李保平通过开特产店，卖烧土豆实现年收入 3 万元，易地搬迁贫困户 9 人通过村庄保洁实现年增收 9600 元。

吴家庄村通过近十年的发展，旅游基础设施逐步完善。2018 年岢岚县投资 1.62 亿元在吴家庄村建设现代设施农业（占地 123 亩 79 座蔬菜水果大棚），新建大型生态园（占地 13.8 亩的集观光、采摘玻璃日光温室），占地 100 余亩集民宿、餐饮、垂钓、观光、登山为一体的休闲度假产品，以及有机小杂粮加工销售合作社（集电商、深加工为一体），能同时接待 200 余人的食宿，发展乡村旅游共带动该村贫困户 23 户 29 人，每户年增收 1.5 万余元，有力带动了贫困户脱贫增收。

2019 年岢岚县启动总投资 1250 万元的岢岚县宋家沟旅游基础设施建设项目，在提升宋家沟全省旅游扶贫示范村的旅游基础设施整体水平的同时，为进一步植入旅游产业并形成长效的旅游产业脱贫致富效能创造良好的条件。

（二）典型案例：宋家沟特色小镇旅游扶贫

宋家沟村位于岢岚县东部，是宋家沟乡政府所在地，为岢岚的东大门，村中心距岢岚县城 10 公里，距忻保高速黄道川出口 2 公里。2016 年全村原有户籍人口 245 户 548 人，贫困户 47 户 128 人，有耕地 3716 亩，林地 735 亩，2017 年新搬迁入住易地扶贫搬迁户 145 户 265 人。宋家沟全村地势平缓，境内海拔平均 1360 米，村背靠青山绿水，岚漪河环村而过，风景旖旎，引人入胜。历史文化底蕴深厚，有 1500 年的北齐军事遗址苏孤戍、古堡等优质的旅游资源，田园风光、北方民居、民俗风情等保持原生态，发展旅游业具有得天独厚的条件。

1. 具体方案

（1）村庄特色风貌整治，建设美丽乡村

2017 年结合易地搬迁、农村特色风貌整治，岢岚县聘请中国乡建院对宋家沟村进行了专业的规划和设计，总投资 3500 万元，历时 77 天整村全部完成特色风貌整治，硬化维修改造公路 1 条 3 公里；架设引水管道 16000 米，全村实现自来水供水；改造中低压输电线路 2.64 千米，新增供电容量 80 千伏安；开展了环境综合整治，新建垃圾收集点 6 个，购置垃圾桶 120 个，建立垃圾分类收集处理长效机制；完成村庄景观道绿化及公路沿线、河堤绿化带；整治河道 1200 米，街道硬化铺装 32000 平方米，改造房屋 178 套。改造后的村庄文化氛围浓厚，人居环境优雅，成为晋北美丽乡村。

（2）完善旅游基础设施，发展乡村旅游

宋家沟村立足深厚历史文化底蕴，1500 年的北齐军事遗址苏孤戍、古堡等优质的旅游资源，结合保持原生态田园风光、北方民居、民俗风情及独特的旅游节点区位，将乡村旅游作为发展方向。2018

年宋家沟村完善旅游基础设施，新建了停车场、旅游厕所、游客中心、景区标识标牌等旅游相关设施，大力发展乡村旅游；成立岢岚县首家乡村旅游合作社；组织 2 批次 30 多名村民到外地考察；完善兰花花客栈、食堂设施从事旅游接待；引导新发展"农家乐"10 家；2018 年 7 月 30 日举行全省易地搬迁现场会；举行"6·21"乡村旅游季国家领导人习近平总书记到宋家沟村考察调研易地搬迁工作一周年纪念活动；暑期组织国内画家、摄影协会到该村写生摄影；等等，通过举办各种节庆活动大大提高了该村旅游知名度。

（3）完善旅游服务体系，助力推进精准扶贫

宋家沟乡村旅游服务体系，在 2017 年实现了重要骨架性、基础性项目建设到位，旅游运营框架基本形成，具备"开门接客"的条件，乡村自驾游步入常态化。组织农民开展多种形式的创业培训，支持农民发展农家乐；开办农产品加工作坊，发展生态种植养殖业，让旅游服务形成全产业链。在服务体系建设中充分考虑建档立卡贫困户，乡村旅游保洁等服务岗位全部用建档立卡贫困户。

（4）农村内置金融，助推旅游产业扶贫

成立连心惠农扶贫互助合作社，以本村农民为主体，组建可以经营的金融合作社，形成村社利益共同体，加强贫困户利益联结机制，市场化经营管理，把农民组织起来、资源资产集约经营起来、产权流转交易起来，不断激发村庄内生动力，实现农户由"输血"向"造血"的彻底转化，进而达到资源变资产、资产变股经、村民变股民的三变效果，激发老百姓内生动力，壮大集体经济实力，增强村委组织活力，实现村庄自主公益性服务可持续发展，从内部解决旅游资金发展不足的矛盾，助推旅游产业扶贫。

2. 成效体系

（1）村貌整治取得成效，实现美丽乡村建设

2017 年 2 月，根据全县乡村建设规划要求，在县委、县政府的

大力支持下，宋家沟村作为全县试点，率先启动了美丽乡村建设及特色风貌整治工作，以"立足脱贫、着眼小康、特色风貌、有效落地"为原则，旨在打造凸显特色的环境美、产业美、精神美、生态美的"四美"乡村，对旧村进行了修复性建设，完成了全村特色风貌整治，统一了全村建筑风貌。对全村所有基础设施、公共建筑、公共设施、绿化景观等进行新建或改造提升，实现了城乡基础设施一体化和社会公共服务均等化。在乡村风貌环境改善的同时协调推进乡村旅游。

（2）标准化景区创建，提升乡村旅游发展水平

2018年宋家沟村启动国家3A级景区创建，配套6000平方米的生态停车场，有停车位106个，其中旅游大巴车位17个，小客车位89个。游客服务中心功能配套完善，旅游厕所服务功能完善，标牌标识完成设计安装。景区通讯、移动网络畅通全覆盖，自来水、排污管道入户，建有5座厕所。景区内有东村标、张贵明家、三棵树广场、村委大院、文化大院、巧手坊、宋水寺几个旅游点。在习近平总书记视察山西一周年之际成功创建成为国家3A级旅游景区，充分发挥带动作用，并借助宋家沟村国家3A级旅游景区挂牌，大力发展乡村旅游，通过国家标准化景区的创建极大提升了乡村旅游发展水平。

（3）旅游扶贫，带动贫困户脱贫增收

宋家沟村在旅游扶贫中鼓励妇女在巧手坊创业，民俗旅游、特色小吃等旅游业态逐步兴起。2018年成功举办的"6·21"乡村旅游季中，累计接待游客5万人次，创收31万余元。之后通过旅游扶贫建设运营景区，景区贫困户通过开办民宿、卖凉粉小吃、开展农家乐接待实现增收。景区运营中聘用贫困人口26人做保洁员、巡逻员和卫生监督员，贫困户每年可实现增收10000元。到2018年底贫困人口全部实现了脱贫摘帽的目标。

（4）发展乡村旅游，带动乡村多个产业振兴

在旅游产业发展中，随着游客的增加，服务业的不断壮大，宋家

沟村 62 座蔬菜大棚通过采摘活动和农家乐就可实现在当地销售，增加收入。宋家沟山西薯宴食品有限公司生产的土豆深加工土特产品以及岢岚县出产的农产品都可通过游客购买获得收入，带动了岢岚县加工业的发展，同时老百姓的农产品也可就地解决销售难的问题。乡村旅游业的繁荣形成了三产带二产促一产的良好体系，从而实现乡村产业兴旺的良好局面。

图 9-1 改造前的宋家沟村

（三）引进和培训旅游人才、注重贫困地区乡村旅游宣传营销

由于岢岚县旅游业起步晚，旅游从业人员不足，旅游专业人才匮乏等因素严重制约了岢岚县旅游业的发展。引进和培训旅游人才有助于提升岢岚县旅游业从业人员的数量质量，从而提高整体服务水平。

图 9-2　改造后的宋家沟村

资料来源：岢岚县扶贫办提供。

2016 年岢岚县选派贫困村有能力发展乡村旅游、有发展旅游积极性的人员 10 人到秦皇岛、汾阳、太原等地参加国家旅游局及省、市旅游局组织的乡村旅游培训，提高技能素质。

2017 年 6 月，王家岔派遣乡村旅游负责人参加国家旅游局在秦皇岛的乡村旅游重点村负责人培训；2017 年 8 月，宋家沟村派遣乡村旅游负责人一名参加省旅发委在左权组织的乡村旅游开发培训；2017 年 6 月，岢岚县旅游服务中心负责人分别在宋家沟、赵家洼两村对易地搬迁贫困户及部分村民进行乡村旅游专题培训；同时岢岚县旅游服务中心工作人员先后参加在忻州、大同等地组织的旅游景区景点建设培训。

近几年来，岢岚县充分利用旅游网站、微信平台和相关媒体宣传推介乡村旅游扶贫重点村，提高在线营销能力；有效整合产品链上的乡村旅游资源，联合太原、忻州等客源地城市旅行社，开展植入宣传、产品销售；挖掘贫困村特色乡土文化、民俗风情，举办农事节庆游、山水生态养生游等系列"节庆营销"活动，打造乡村旅游品牌。

2016 年，岢岚县整合资源、资金，突出营销重点，加强对贫困地区乡村旅游扶贫重点村的营销推广，与旅游集团、旅行社联手，开展"绿水青山旅游行"扶贫公益宣传活动，免费为乡村旅游扶贫重点村宣传推介旅游资源和产品，协助摄制乡村旅游宣传片。2016 年，王家岔宋长城景区通过微信平台对外宣传，对接太原旅行社和户外群推出岢岚一二日游线路，开展农家餐饮接待带动贫困户增收。

2018 年，宋家沟成功举办了"6·21"乡村旅游季，来到宋家沟的游客不仅能品尝到丰富多样的地方特色小吃，在主要街道沿途欣赏画展、大美岢岚摄影展等展览，还可以观看剪纸、面塑等地方文化活动表演。为期 4 天的乡村旅游季中，宋家沟累计接待游客 5 万人次，创收 31 万余元。

从 2018 年开始举办的第一届"6·21"乡村旅游季以来，岢岚文旅事业展现出强大的活力和发展势头，2018 年，宋家沟成功评选为国家 3A 级旅游景区，2019 年，宋家沟、王家岔、吴家庄被评为山西省省级旅游示范村，同时宋家沟村成为当年忻州市唯一入选的国家级旅游示范村，几年来岢岚全县上下践行总书记嘱托，把决战决胜深度贫困作为最大政治，不忘初心，在文旅事业上坚持因地制宜，探索创新"乡村旅游+扶贫"新路径，以宋家沟"6·21"乡村旅游季活动为牵引，充分发挥乡村旅游在减贫困、惠民生、稳增长中的重要作用，扎实做好"扶"的"后半篇"文章。

三、岢岚文化旅游发展的畅想

（一）在公共文化建设方面

第一，建立岢岚"文化云"平台，推进智慧旅游发展。结合全域旅游发展，建立岢岚"文化云"文化旅游大数据信息服务平台，并将正在实施的县乡村的文化馆、图书馆总分馆的数字文化与智慧旅游融合，实现一部手机畅游岢岚，让本地居民和外地游客通过数据平台更好地认识岢岚、了解岢岚。

第二，创立"非遗工坊"，推进非遗扶贫。深入挖掘岢岚地方特色非遗项目，创立以省工艺美术大师韦冬梅为代表的手工刺绣、剪纸、面塑等项目的"非遗工坊"，吸纳贫困户，特别是对于广惠园社区和中心集镇的闲置劳动力和贫困户，利用住建局棚户区改造的回迁房作为作坊，建立"非遗工坊"。通过参加"非遗工坊"，既可以传承非遗，又可通过发展旅游让他们的作品销售出去，实现稳步脱贫。

第三，在部分社区和中心集镇新建戏台。易地扶贫搬迁以来，岢岚的广惠园社区和8个中心集镇经过整村提升，乡村面貌发生了翻天覆地的变化，老百姓的生活和幸福指数逐年上升，群众对美好生活的需求发生了很大转变，对群众文化的需求更加迫切。但广惠园社区和阳坪村、团城村、西会村等相对人员密集的大村还没有戏台，这也是制约乡村振兴和乡村文化发展的重要因素。

（二）在项目方面

第一，加快旅游公路建设，促进全域旅游发展。按照岢岚县"一体两翼"全域旅游的总体规划，建议周通生态园至岢大线和吴家庄的旅游公路连接。实现古城—宋长城—宋家沟—吴家庄—周通的环形旅游观光线路连通，为岢岚县全域旅游发展打好基础。

第二，开通城市旅游巴士，满足文旅发展需要。近年来，岢岚县县委、县政府领导高度重视文旅工作，全县文旅基础设施稳步推进，但由于历史欠账多，需要补足和完善的短板还有很多。岢岚古城项目2020年全部完工，紧接着面临运营问题，特别是全域旅游创建以来，对照验收的标准，一些问题凸显出来，比如城市旅游巴士，既是全域旅游创建的刚需，也是实际运营过程中的需要。

第三，出台文旅招商优惠政策，促进文旅招商。地方的文旅发展离不开市场，如何让全国各地的文旅企业到岢岚投资，除了要有好的基础，好的环境，更重要的是有好的政策。比如山东青州在招商方面实行"对症下药"式的集中招商，云南腾冲的点状式供地就是很好的土地方面的优惠政策。只有在土地、资金、税收、奖补等各方面专门出台一个文旅招商优惠政策，才能吸引更多更优的文旅企业到岢岚投资、发展。

■ 小 结

概括而言，文化与旅游在扶贫攻坚中所面对的受众不同，或者说面对的消费者有很大差异。因此，在实施文化扶贫工程时侧重在公共文化服务上，以满足脱贫攻坚基础设施的要求，以提供服务为导向。旅游则是以吸引消费者为导向，其指向不是本地化的，而是外地化的。换言之，是以创造本地经济为导向的，而不是以提供本地服务为导向的。因此，岢岚县公共文化的定位和旅游规划的设计，在扶贫攻坚工程中是恰如其分的。

第十章

易地搬迁——居住安全有保障

面对"一方水土养活不了一方人"的现状，岢岚县早安排、早部署、早行动，按照"政府主导、群众自愿、统筹规划、分步实施、分类安置、综合扶持"的总体思路，制定"十三五"易地扶贫搬迁规划和年度实施方案，在易地扶贫搬迁政策实践中积极探索、敢于创新，形成了"1＋8＋N"安置方式、深度贫困地区整村搬迁等创新模式。

一、易地扶贫搬迁：源头探寻与政策阐释

（一）理论依据：易地扶贫搬迁的讨论

"易地扶贫搬迁"是指对生存和发展环境恶劣地区的农村贫困人口实施易地搬迁安置，从根本上改善其生存和发展环境，实现脱贫致富。通俗地讲，就是指搬离原址、在新的地方安家，具体包括了从农村搬到城区及乡镇政府驻地、产业园区、旅游景区、中心村、公路沿线及其他有发展条件的地方。事实上，当居住已久地区的自然资源被过度利用而逐渐或者严重退化后，客观上会造成"一方水土养活不了一方人"。在这种情况下，人口的外迁是缓解贫困、改善环境的最佳选择，这种迁移的方式会促使当地居民的生计资本得到改善，进而增强其可持续发展能力。

随着减贫事业的愈发深入，中国农村贫困发生率从 1978 年的 97.7% 下降到了 2018 年的 1.7%，贫困人口仅剩 1660 万人，而他们越来越集中分布于环境极端恶劣地区。这些地区资源环境承载能力不足、交通信息不畅、人才严重短缺，缺乏脱贫致富的物质基础。以往"就地扶贫"方式实施成本高、难度大、政策收益低，即使短时间内通过政府加大投入可以实现脱贫，长久来看极易返贫陷入贫困陷阱。因此，易地搬迁脱贫这些"硬骨头"，是一项不得不为的举措，是用超常规的手段帮助他们解决"一方水土养活不了一方人"的贫困问题。

（二）政策阐释：易地搬迁的相关文件

习近平总书记、李克强总理等中央领导同志对易地扶贫搬迁工作多次做出重要指示批示，把新时期易地扶贫搬迁作为实现精准扶贫、精准脱贫基本方略的一项重大举措部署推进，明确提出目标任务和工作要求。国务院分管领导同志高度重视，多次召开会议研究部署，要求全力以赴做好易地扶贫搬迁工作，同时要求科学规划、建好平台、精准搬迁、稳定脱贫。

政策措施保障更加有力。"十三五"期间中央加大政府投入力度、提高补助标准，创新投融资模式，用好用活城乡建设用地增减挂钩政策，整合各类资源，拓宽资金来源渠道，为易地扶贫搬迁提供政策、资金支持。如国家发展改革委出台的《全国"十三五"易地扶贫搬迁规划》和国家发改委、国务院扶贫办、财政部、国土资源部、中国人民银行等发布的《关于印发"十三五"时期易地扶贫搬迁工作方案的通知》等政策文件为易地扶贫搬迁工作提供了政策支持、资金保障以及规范要求。搬迁安置经验较为丰富。经过多年探索实践，岢岚县在易地扶贫搬迁组织管理、项目建设、搬迁安置、资金管理、部门协作等方面，形成了较为规范、操作性强的工作规程和管理制度，并在体制机制方面积极创新，积累了许多宝贵经验。贫困人口搬迁意愿强烈。经过多年实践，易地扶贫搬迁的脱贫致富效果在贫苦地区已形成广泛共识，产生了显著示范效应，依然生活在"一方水土养活不了一方人"地区的贫困人口，对于通过易地扶贫搬迁实现脱贫致富的做法高度认同，搬迁意愿强烈。

（三）实践基础：岢岚县易地扶贫搬迁的社会现实

岢岚县位于黄土高原中部和吕梁山生态脆弱区，地形以山地和丘陵为主。改革开放前，老百姓居住房屋以土窑洞和土坯房为主，基本上能够遮风挡雨。随着风雨的冲刷，松软的黄土会渐渐流失，损害房屋的安全性。岢岚矿产资源贫乏，至2013年已探明的矿产资源主要有白云岩矿、铝土矿、铁矿、石英砂岩、石灰岩、花岗岩等，除白云岩矿以外，其他储量都比较小，品位也低，开采价值不大。经济基础方面，岢岚是传统的农业县，第一产业占比较高，第二产业和第三产业发展迅速。2013年，岢岚县地区生产总值完成171447万元，比2012年增长12%。其中，第一产业增加值37386万元，比2012年增长10.8%，占生产总值的比重为21.8%；第二产业增加值41033万元，比2012年增长10.5%，占生产总值的比重为23.9%；第三产业增加值93028万元，比2012年增长13.2%，占生产总值的比重为54.3%。人均地区生产总值20049元。财政总收入30562万元，比2012年下降8.4%。

习近平总书记指出，易地搬迁脱贫是一项复杂的系统工程，政策性强、难度大。要拓宽资金来源渠道，解决好扶贫搬迁所需资金问题。要做好规划，合理确定搬迁规模，区分轻重缓急，明确搬迁目标任务和建设时序，按规划、分年度、有计划组织实施。"十二五"期间，岢岚县从加强领导、部门配合、政策配套、加强管理和强化监督五个方面推进易地扶贫搬迁工程。

1. 加强领导。易地扶贫搬迁是一项综合性很强的系统工程。工作量大，涉及范围很广，必须要有强有力的组织领导才能确保各项工作的顺利开展。岢岚县成立了由县政府主要领导任组长，分管领导任副组长，县级相关部门为成员的易地扶贫搬迁工作领导小组。主要领导亲自过问，分管领导具体抓，随时进行现场督导。各项目实施乡镇成立了项目建设领导小组，由乡（镇）长任组长，全面负责本乡镇易地扶贫搬迁项目的实施，对项目实施全面负责。

2. 部门配合。易地扶贫搬迁涉及面广，岢岚县坚持做好统筹协调工作，以项目为支撑，整合资源，组织相关部门按各自业务范围做好施工设计、业务指导、技术服务、政策咨询和监督检查等工作。主动协调有关部门在安排项目和资金时，尽量向安置点倾斜，集中项目和资金优势，改善安置点基础设施。

3. 政策配套。在不违背国家现行土地承包、国土管理、林业等政策前提下，为搬迁户制定有关配套政策和措施，包括安置用地、土地调整、户籍迁转、子女入学、税费优惠等，降低建房成本，减少搬迁难度，为搬迁户生产生活创造了有利条件。

4. 加强管理。首先是选准对象。按照国家、省易地扶贫搬迁的要求，结合岢岚实际，把两种情况作为搬迁重点：一是生活在自然条件恶劣、基础设施落后、缺乏基本生产生活条件、扶贫成本过高、就地脱贫无望地区的群众；二是生活在自然灾害频繁，生存条件受到威胁的村需要搬迁的农民。选择搬迁户主要按照村民自愿申请—村民代表大会讨论—乡村公示—乡镇审核—县审定的程序进行确定，确保把最困难、最急需的群众列入搬迁范围。其次是严格管理。严格按照省办计划组织实施，不得擅自调整或变更搬迁对象、安置地点、规模、标准和主要建设内容。在项目实施中，严格按照基本建设程序要求，实行项目业主负责制和工程质量终身责任追究制。要求乡村按时、准确填报工程进度季报表，并对工程实施中的新情况和新问题及时提出建议和意见。加强资金管理，易地扶贫搬迁工程资金实行财政报账制，由县财政局专户储存。做到专款专用，封闭运行，严禁挤占、挪用。

5. 强化监督。县扶贫办和项目实施乡镇积极配合监察、财政、审计等部门开展易地扶贫搬迁工程的监督检查和审计，发现问题及时处理。

岢岚县在"十二五"期间的易地扶贫搬迁工作中积累了不少宝贵经验，为后续脱贫事业奠定了基础。与此同时，也发现了移民集中安置小区配套设施亟待完善、土地调剂难度大、移民后续帮扶乏力等问题，这些问题为之后易地扶贫搬迁工作指明了方向和工作重点。

简而言之，"十二五"期间，为了彻底改变农村贫困人口的生产生活条件，从根本上破解脱贫难题，岢岚县探索了一系列扶贫移民措施。一是通过移民扩城、建设"卫星村"、扩建中心村、分散安置、村企共建、梯次搬迁等六种模式，建成移民住宅楼 15 栋 10.4 万平方米，完成移民搬迁 2920 户、9800 人，实现了"搬得出"。二是大力发展以羊为主的"一县一业"和以豆为主的"一村一品"，以"羊豆棚加林菌"为主攻产业，加大对贫困群众产业开发的财政贴息力度，积极推广"公司+基地+合作社+农户"的产业经营模式，带动全县农民人均纯收入年增长 14% 以上，移民群众年平均增收 1500 元以上，实现了移民"稳得住"。三是实施综合扶持工程，转移农村劳动力 5492 人，培训农民 7266 人，完成了 55 个村整村推进项目，实施 36 个村的集中连片开发项目；全县实行领导干部包村、机关定点扶贫和企业帮扶制度，多管齐下，综合扶持，确保移民有事做、能致富。

二、一步搬入新房子，快步过上好日子

岢岚县在实施"十三五"易地扶贫搬迁过程中也面临着诸多挑

战。一是搬迁任务艰巨繁重。全县有 1.4307 万贫困人口，脱贫任务
非常艰巨，其中移民搬迁涉及 12 个乡 146 个村 5187 人，移民安置房
加上配套设施建设，时间紧迫，任务艰巨。二是安置资源约束日益凸
显。搬迁人口高度集中在山地、生态脆弱区等地，适宜安置的水土资
源匹配条件、选址空间日益受限。城镇化加速推进，使新增建设用地
日益紧张。承包土地调整难度不断加大，也使搬迁安置工作受到不同
以往的挑战。三是搬迁对象贫困程度更深。经过多年的易地扶贫搬
迁，有条件、有能力搬迁的贫困人口多数已经迁出，目前尚未搬迁的
贫困人口，生存环境和居住条件更为恶劣、贫困程度更深，按原有政
策力度难以完成搬迁，属于经过多轮扶持仍未啃下来的"硬骨头"。
四是工程实施难度更大。易地扶贫搬迁涉及面广、政策性强，是一项
复杂的系统工程和社会工程，既要精心组织做好安置住房、配套水
电路气网等基础设施和教育、卫生、文化等公共服务设施建设，也
要依据不同安置方式，扎实推进产业培育、就业培训等后续发展工
作，确保实现稳定脱贫，是本轮脱贫攻坚战必须攻克的一座艰巨的
"堡垒"。

面对"一方水土养活不了一方人"的现状，"十三五"期间，岢
岚县按照三年任务两年完成的要求，确立了"政府主导、群众自愿、
统筹规划、分步实施、分类安置、综合扶持"的总体思路，制定了
"十三五"易地扶贫搬迁规划和年度实施方案，绘制形成了以县城广
惠园移民新村为中心、8 个中心集镇为辐射轴、17 个重点村为骨架、
54 个中心村为支点的易地扶贫搬迁规划图，在搬迁户"搬得出""稳
得住""能脱贫"等系列问题上下工夫，力图从根本上解决贫困人口
的生存与发展问题。岢岚县精准锁定"十三五"期间搬迁人口为
2630 户 6321 人，具体情况如下表。

表 10-1　岢岚县"十三五"期间易地扶贫搬迁人口情况表

搬迁类型	贫困人口	同步搬迁人口
整村搬迁	1257 户 2848 人	503 户 1196 人
插花搬迁	805 户 2092 人	0
总计	2062 户 4940 人	503 户 1196 人

资料来源：课题组根据岢岚县扶贫办提供的资料整理。

（单位：户）

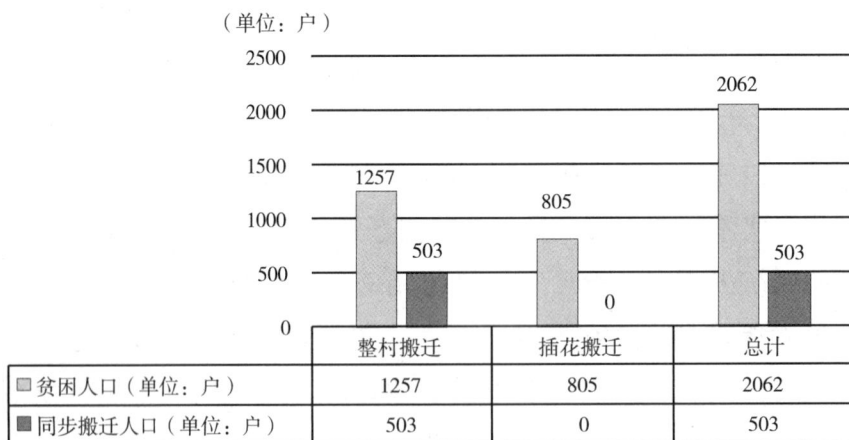

	整村搬迁	插花搬迁	总计
贫困人口（单位：户）	1257	805	2062
同步搬迁人口（单位：户）	503	0	503

图 10-1　岢岚县"十三五"期间易地扶贫搬迁户数统计

资料来源：课题组根据岢岚县扶贫办提供的资料整理。

（单位：人）

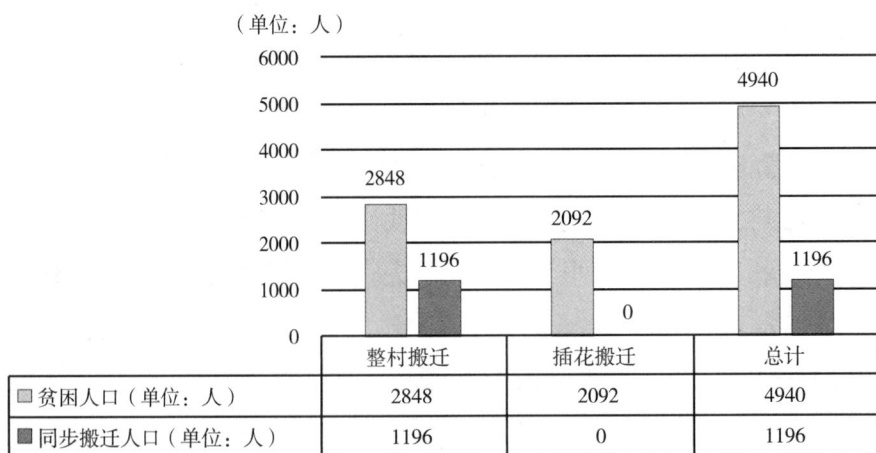

	整村搬迁	插花搬迁	总计
贫困人口（单位：人）	2848	2092	4940
同步搬迁人口（单位：人）	1196	0	1196

图 10-2　岢岚县"十三五"期间易地扶贫搬迁贫困人数统计

资料来源：课题组根据岢岚县扶贫办提供的资料整理。

（一）多措并举，落实政策，解决搬迁户"搬得出"的问题

在解决"搬得出"的问题时，岢岚县从核查搬迁对象、宣传搬迁政策、资金筹措与监管等方面着手，发动困难群众主动参与易地扶贫搬迁事业。

第一，全面梳理，认真开展搬迁对象核查工作。2018年，岢岚县政府为进一步提高搬迁对象的精准度，确保搬迁合理，提前做好搬迁对象核查工作，瞄准特定困难群众。岢岚县严格按照《岢岚县深度贫困自然村整体搬迁实施细则》（岢办发〔2017〕20号）文件规定，注重新旧政策的衔接，结合"十二五"及以前年度搬迁政策，严格执行政策规定，坚守搬迁对象界线，把好准入关，做到不错搬一户、不漏搬一人，精准锁定"十三五"期间搬迁人口为2562户6136人（含贫困人口2062户4940人，同步搬迁人口503户1196人）。其中，整村搬迁115村1760户4044人（含贫困人口1257户2848人，同步搬迁人口503户1196人），插花搬迁贫困人口805户2092人。

第二，充分运用新媒体与传统媒体工具，加强政策知晓度。岢岚县在县、乡镇、村级层面充分利用各种宣传工具，加大对易地扶贫搬迁工作的重大意义、基本原则、实施方式、优惠政策等宣传，充分调动广大群众的主动性，推动易地扶贫工作展开。县级层面运用政府网站、岢岚网、报刊、广播电视、官方微信公众号等新媒体为主要方式对易地扶贫搬迁概念、搬迁对象、安置方式、建设面积和户型、配套设施建设、补助标准等进行全方位介绍。乡镇层面则通过推进会、培训会和动员会等形式学习上级政策要求、传达政策精神、部署搬迁工作。村级层面则通过入户走访、宣传栏、宣传标语、村务公开栏等形式宣讲搬迁政策，激发贫困群众搬迁热情。

第三，强化保障，全面规范搬迁资金管理使用。县财政局、县扶贫办负责易地扶贫搬迁县融资平台的筹建和管理，以及搬迁资金筹措、使用和管理。为确保整村搬迁所需资金，岢岚县主动与农发行对接，积极争取承接信贷资金，严格管理使用要求，将各项资金全部纳入易地搬迁共管账户，建立使用台账专款专用，实行物理隔离独立封闭管理。在资金拨付上，严格按照工程进展情况，合理按时拨付工程建设费、拆除奖补金等各类款项。

第四，统筹规划，全力推进土地增加挂钩和复垦流转。岢岚县115个深度贫困村共拆除3409户，整村搬迁规划复垦1867亩，其中增减挂钩已交易1390亩，交易金额20543.5万元，县用477亩。目前已完成复垦1522亩。一是实施"四覆盖"工程。针对搬迁村实施土地复垦增减挂钩、退耕还林、荒山造林、光伏项目"四个全覆盖"工程，推动人退绿进、综合开发、持久收益，实现生态、经济效益"双赢"。还林造林10.98万亩可带动全县森林覆盖率提高2.5个百分点，光伏项目带动4600户年平均增收3000元。二是推动"三块地"盘活。对搬迁户承包地、山林地和宅基地进行分类开发。承包地采取退耕还林、流转、自耕的方式稳定实现收益；林地管护和撂荒地开发，实现生态林管护和特色经济林种植收入；宅基地复垦，实现土地增减挂交易和种植道地中药材收入。三是用好"两保留"资源。将搬迁村中二至三处较好的安全住房和适宜种植的耕地保留下来，把房屋作为农事活动、护林造林、旧村开发的集中生产点，把耕地采取承包租赁、委托经营、折股入社等做法向种养大户或合作社流转，扶持规模化经营、园区化开发，使搬迁户持续获益。四是搞好"一新建"项目。利用搬迁村丰富的水草资源和广阔的牧坡，新建设以绒山羊为主的养殖小区13座（含改造1座），开展设施养殖，同时推进生猪、蛋鸡、肉羊、肉牛、肉驴养殖，实现养殖收入。

（二）因户施策，合理安置，解决搬迁户"稳得住"的问题

岢岚县采取因户施策、试点先行、点面结合的办法，通过在县城建设集中安置区、去库存消化廉租房和进行棚户区改造、在中心村镇建设移民房等方式，加快移民步伐。此外，就不愿进入集中安置点的种养大户等，通过支持改造附近非移民村闲置房产，帮助其就近搬迁；就鳏寡独残和留守老人等特殊群体，采取县乡集中供养、鼓励子女赡养等方式进行安置。

第一，科学选址规划，确保搬迁合理。岢岚县根据省、市移民搬迁政策，结合"偏、小、穷、陋"山庄窝铺多的实际，在广泛调研、充分试点的基础上，形成了以县城广惠新村为核心、8个重点集镇为骨架、各中心村为支点的"1+8+N"安置点建设模式，采取县城集中安置、中心集镇集中安置和分散安置三种方式。在集中安置区配套实施水、电、路、气、暖、污水管网等基础设施建设，并跟进建设学校、医院、文化站等公共服务。在广惠园集中安置点建成岢岚县中医院、疾控中心和仰桥幼儿园，方便搬迁群众生活；对老年人等特殊群体落实养老、低保、健康和残疾人等社会保障惠民政策，在中心集镇设立日间照料中心，切实保障搬迁老人基本生活。至2018年底，岢岚县已完成115个深度贫困村1760户4044人整体搬迁、805户2092人插花搬迁，采取"1+8+N"的搬迁模式，在县城广惠园和5个中心集镇建成了6个安置点，所有搬迁户全部入住，入住率达到100%，实现2564户6134人整体脱贫。

岢岚县通过"天天到现场"办公推进易地扶贫搬迁工程建设，2018年8月23日，市委常委、岢岚县委书记、县长深入易地扶贫搬迁县城集中安置点广惠新村，现场办公，推进工程建设进度。他们先后查看了第七期移民楼采暖、门窗、外立面等工程安装，第五、六期

图 10-3　岢岚县广惠园社区

图片来源：岢岚县扶贫办提供。

工程小区主干道路的铺设、扶贫车间室内装饰和厂区硬化建设进度，详细了解了搬迁户入住和后续规划情况。现场研究解决问题，优化雨季施工调度和分配入住方案。

　　第二，破解深度贫困，推进整村搬迁。深度贫困村整村搬迁是一项艰巨复杂的系统工程，要采取精准识别对象、新区安置配套、旧村拆除复垦、生态修复整治、产业就业保障和社区治理跟进"六环联动"的办法，统筹解决好"人、钱、地、房、树、村、稳"等 7 个问题，确保搬迁群众有房有业有收入，融入新社区，开启新生活。岢岚县把整治自然村搬迁作为重点，紧扣"六环联动"，出台整村搬迁细则、搬迁房屋拆除奖补、搬迁户籍迁移、合并行政村等指导性文件，成立由县领导牵头专项解决"人、钱、地、房、树、村、稳"等问题的七个工作组，以宋家沟村为试点落实一乡一方案、一村一办法、一户一策略，全面实施安置房建设、基础设施提升、公共服务完善和特色风貌整治等四项配套工程，深入推进搬迁村土地复垦增减挂钩、退耕还林、荒山造林、光伏项目"四个全覆盖"工程。在原有政策的基础上，岢岚县建立贫困人口宅基地腾退拆除奖补机制，对签订旧房拆除协议并按期完成拆除的，按每人 1 万元的标准给予奖励；

对签订复垦协议并自行完成旧宅基地复垦的，每人再奖励 5000 元。此外，针对贫困老年人和伤残智障等特殊群体搬迁后的生计问题，岢岚还采取退耕还林、光伏扶贫、经济林项目、承包地托管等捆绑起来的办法，帮助他们获得资产收益；通过优先提供公益岗位、建设养老中心和日间照料中心、易地搬迁和社会保障兜底政策相衔接，把符合条件的贫困户全部纳入低保范围，确保他们搬迁后有可靠的生活保障。

第三，大力推进社区治理，确保生活有质量。一是强化管理打造"新社区"。①由组织部牵头，加强广惠园社区管理队伍建设，由一名县领导专包，配备两名干部具体负责，从涉及整村搬迁的 11 个乡镇各抽调一名公职人员、从县直部门派驻年轻挂职干部 10 人组成专班，将搬迁村驻村工作队全部纳入，明确职责，进行统一管理服务；②加强社区治理，由广惠园社区负责，以乡镇为单元，推行网格化管理，建立"片长+驻村工作队+帮扶责任人+物业"帮扶管理机制，承担信息收集、防贫动态监测、帮扶提升、矛盾纠纷调解、隐患排查、治安维稳、法制宣传等任务，深入搬迁户家中，倾听群众声音，了解群众诉求，畅通表达渠道，提供精准服务、精准管理。二是抓实党建促进"双融合"。①推动基层组织融合。由组织部负责督促指导，由广惠园社区负责，通过党建引领，将社区内的物业、扶贫车间、爱心超市、门面房、便民服务、社团活动等有效资源有机地整合起来，探索建立"党建+"社区治理模式，依托社区一站式便民服务大厅，建立社区搬迁群众来访接待日制度，开设法制讲堂、道德讲堂，把党的建设阵地从党内拓展到党外，走出街道、社区，面向群众，使各类资源"活起来"，使党的基层组织不仅和群众站在一起，还成为联系群众的桥梁和纽带；②促进搬迁群众相互融合，落实群众不脱贫、干部不脱钩长效帮扶机制，将驻村工作部门和队伍划分为若干工作小组，一户一干部，进驻到安置新村，开展机关帮建、干部帮户"两帮两促两提升"行动，实行一栋一楼长负责制，定期组织开展互帮互助联谊活动和卫生清洁评比活动，帮助搬迁户融入新环境新生活。三是落实防贫机制，提升"三保障"。立足保基本、兜底线、不返贫，在"三保障"上下功夫，做好搬迁群众防返贫动态监测，落实无劳动力搬迁户兜底保障制度，做好搬迁户低保、医保和养老保险的衔接工作，对特困群体通过专项基金进行再救助，对"三留守"人员和残疾人建立关爱服务体系，实现人人有保障，户户能安居。

（三）多管齐下，倾斜扶持，解决搬迁户能脱贫的问题

易地扶贫搬迁后，贫困农民虽然实现了"挪穷窝"，摆脱了制约其发展的空间限制，但是否能够稳定脱贫还有赖于一系列后续帮扶措施帮助他们"真脱贫"。岢岚县通过构建发展利益联结机制、就业创业机制、金融扶贫机制、搬迁农户多形式分红机制和兜底保障机制等五项机制，帮助搬迁群众实现脱贫致富。

第一，构建产业发展利益联结机制。岢岚县因地制宜发展羊、豆、马铃薯、沙棘、食用菌、生猪六大传统产业和光伏、中药材、乡村旅游三个新兴产业，发展养羊 65 万只；建成红芸豆高产园区 10 万亩、马铃薯种植园区 10 万亩、小杂粮种植基地 30 万亩；种植道地中药材 2 万亩，认证绿色有机农产品 32 个，建设食用菌大棚 500 座，建设 85 兆瓦村级、联村、农光互补光伏电站 18 个，使每个搬迁户至少加入 1 个合作社、对接 1 户企业、参与 1 个产业项目，实现产业项目覆盖所有搬迁户。

第二，构建就业创业机制。岢岚县积极推广"乡村旅游+特色产业、手工制作+电商销售、资产收益+物业经济、土地流转+劳务输出、就业培训+公益岗位"等模式，通过广惠园箱包厂、西街锁具厂、高家会红灯笼制作车间等 8 个扶贫工厂送岗，安置 186 名搬迁群众就业，新引进山西华凯瑞斯箱包有限公司、山东毛绒玩具厂，可安置 600 多人就业；通过工业园区推荐就业，安排 685 名搬迁群众到岢

岚鑫宇、山阳药业、晋岚生物科技、庆江玻棉厂等企业务工，开展"岢岚厨师""忻州月嫂"等培训，出台外出务工奖补、创业奖补办法，免费给搬迁户提供市场经营摊位，减免税费，鼓励搬迁群众外出务工、自主创业，435 名搬迁群众实现创业就业；设置乡村护林员、环境保洁员等公益岗位，安置 100 多名弱劳动力就业，确保有劳动能力的搬迁人口能稳定就业。

第三，构建金融扶贫机制。岢岚县联合金融机构为搬迁贫困户提供"支种贷""支养贷"、富民贴息贷等贴息支持，对搬迁贫困户提供最高 10 万元的创业贴息贷款、同步搬迁户最高 5 万元低息贷款，推行"五位一体"金融扶贫模式，扶持符合条件的搬迁户每户贷款 5 万元，入股重点项目，不还本不还息连续三年获得 4000 元收益。

第四，构建搬迁农户多形式分红机制。岢岚县大力推行资源变资产、资金变股金、农民变股东"三变"改革，对搬迁户土地林地和宅基地进行打包开发，引导入股企业、合作等经营实体，获得分红收益。

第五，构建兜底社会保障机制。岢岚县全面落实教育资助九项政策，实现教育资助全覆盖；采取"双签约、双服务""先诊疗后付费""六减免一提高""一站式"报销等措施，落实"136"健康扶贫政策，落实基本医保、大病保险、大病补充保险、基本养老保险和扶贫救助保险"五重保险"，大病报销比例达 93.3%；将农村低保扩面到 6078 户 7601 人，提标到每人每年平均享受 3518 元，建设 85 兆瓦 19 个光伏电站，实现所有无劳动力搬迁广光伏扶贫全覆盖，户均年增收 3000 元，兜住特殊贫困群体的民生底线。

除此之外，岢岚县还积极开展关于易地扶贫搬迁工作经验的调研，县委县政府既组织政府工作人员"走出去"学习先进经验，也欢迎其他县级政府"走进来"分享工作经验。阳曲县、五台县、交城县等都认为岢岚县易地扶贫搬迁工作在规划设计、政策落实、资金筹措、项目推进等方面精准发力、高效落实、强力推进、成效显著，为贫困群众脱贫致富奔小康奠定了坚实基础。

案例一　宋家沟移民新村："庭院式搬迁"助力精准扶贫

宋家沟乡是岢岚县辖乡，1971 年为宋家沟公社，1984 年建乡，位于县境东南部，距县城 12 公里。搬迁之前，人民生活艰苦，住在快倒塌的土坯房内，吃水还要到十几里外去挑。

为了帮助老百姓"挪穷窝"，岢岚县展开了宋家沟"庭院式"易地扶贫搬迁试点。搬迁之后，共有 20 个自然村的 145 户村民搬进新家，住在全新的宋家沟。他们搬进的是崭新的农家庭院，200 多座仿古院落整齐排列，犹如一个特色小镇。到目前为止，岢岚县宋家沟乡政府驻地中心村一共有 245 户 548 人。近年来，随着人口流动增多，村里很多房屋闲置废弃，人口数量不断减少。为此，岢岚县将易地扶贫搬迁和打造中心集镇相结合，"先做减法，再做加法"，打造特色风貌，探索新的搬迁模式。

岢岚县政府通过和村民签订协议，回购了宋家沟村闲置废弃的 81 处旧宅，拆除后按每人 20 平方米的标准，新建了 265 间移民安置房，每平方米的建设费用为 1200 元。目前，山西省一个 3 口人的贫困家庭搬迁补助费达 11.68 万元。而岢岚县通过拆旧建新，一栋 60 平方米的民房，加上独立院落，再进行简易装修，购置简易家具，花费仅为 11.4 万元，做到了困难群众不花一分钱就能拎包入住，增强了村民的搬迁积极性。这种搬迁模式的最大优势在于为后续扶贫打下了良好基础。过去，这些贫困户都是分散在一个个"山庄窝铺"，扶贫资金容易分散，影响了扶贫效果。现在，村民们集中搬迁出来，就可以集中帮扶，发挥资金和产业的规模优势。

目前，宋家沟移民新村已经形成了集居住、大棚种植、庭院养殖为一体的精准扶贫方式。全村已建成温室大棚 120 座，推广种植了 20 多个蔬菜新品种，还引进了 2 家农业企业。据测算，每个大棚种蔬菜每年可收入 2 万元，种蘑菇每年可收入 4 万元以上；每户再圈养 30 只优质绒山羊可收入 1 万元，养两三头猪可收入 2000 元。

"十三五"期间，岢岚县计划打造 8 个这样的中心集镇，总共搬迁安置 1162 人，让"庭院式"易地扶贫搬迁成为扶贫攻坚的重要方式。

图 10-4 岢岚县宋家沟乡宋家沟村搬迁后状况

案例二 引入社会组织：岢岚积极探索
易地扶贫可持续发展模式

岢岚县在易地扶贫搬迁过程中，坚持走创新道路，积极探索可持续发展模式，大胆引入社会组织参与易地扶贫搬迁工作。岢岚县自 2017 年 2 月起与中国乡建院合作，为易地扶贫搬迁进行规划设计，并指导现场施工。在危房拆迁和基础设施建设过程中，驻场设计师通过设计，力求在保留传统文化、改善居住条件和保护自然环境中平衡各种需求。

图 10-5　岢岚县宋家沟乡宋家沟村搬迁前状况

在易地扶贫搬迁中，岢岚县充分利用政府补贴普惠政策，对搬迁工作起到了明显的推动作用。贫困户和非贫困户公平获得建房补贴，避免了村庄建设中的矛盾，促进移民与安置村村民的融合。与此同时，中国乡建院对于村庄建设提出了系统性乡村建设的建议，在改善硬件设施的同时，提出岢岚扶贫模式，结合山西省扶贫政策鼓励的产业扶贫组织创新、金融创新的要求，力求探索以内置金融体系的建设实现村集体经济发展，并激活村庄持续发展的内生动力。

与中国乡建院合作，岢岚探索以内置金融体系的建设实现村集体经济并持续有效发展，推进贫困户持续脱贫，保障移民搬迁户安心融入发展。把分散的小农组织起来，把闲散的一次性扶贫资源资金变成金融性可持续多次使用的资金集中使用起来，同时使资源资产有效地交易起来。壮大村社共同体，走合作共赢的农民发展之路。

案例三 赵家洼村：用整村搬迁向深度贫困宣战

岢岚县阳坪乡赵家洼村是典型的深度贫困村。村子位于一条山谷之中，全村只有900亩贫瘠的、不存水的旱田，仅有的一口浅层渗水井勉强能维持村民的饮用水供给。坡陡沟深，十年九旱，屋破村旧，缺水少电是对其贫困状况的真实描述。搬迁之前，村民生产生活条件极差，收入来源单一，单纯依靠种地打粮食卖钱，对政策帮扶依赖性强。

在贫困诊断阶段，岢岚县领导研究认为造成其深度贫困主要有四个方面因素：第一生态脆弱，第二交通不便，第三土地比较贫瘠，第四就医、上学保障很滞后。概括起来就是一句话："一方水土养活不了一方人"。如何摆脱深度贫困？岢岚县采取的办法是"整村易地搬迁"，将贫困村的村民安置到县城、中心村等地区，并给予生活补助和帮扶。赵家洼村就是岢岚按照习近平总书记的指示，通过整村易地搬迁，彻底地解决老百姓生活比较落后、闭塞情况的典型。赵家洼整村搬迁需要安置的共有18户35人，其中贫困户17户31人，同步搬迁户1户4人。工作队针对各家情况实行一户一策耐心解释，帮他们分析适合各家的搬迁安置方案，打消他们的顾虑。最终，12户29人选择了住进县城广惠园社区，4户4人选择在阳坪中心集镇定居，另有2户2人投靠了亲友。村民从土地瘠薄、交通不便的山沟里搬出来，居住相对集中，生活也方便一些。

在解决"搬得出"的问题后，村民还面临着"稳得住"和"能致富"的问题。为此，岢岚县对易地安置户的就业安排也是分类施策：对能学技术的，政府提供"菜单式"就业培训服务，组织劳务输出，联系就近用工；对年龄偏大、学技术难的，提供公益性岗位；对建档立卡贫困户中难以转移就业的妇女，安排进入扶贫车间就业。除此之外，岢岚县积极出台奖补政策，同时鼓励企业吸纳贫困劳动力和贫困人口就业创业，与胡家滩工业园区里的 5 个企业签订了优先用工协议：安排 10 个以上贫困户劳动力、且稳定就业半年以上、保证其半年收入达到 6000 元的，每吸纳一人，政府奖补 1200 元。对建档立卡贫困户持续就业给予奖补：稳定就业半年以上，每月每人奖补 50 元；稳定就业一年以上，奖补 100 元/人/月等。与此同时，赵家洼驻村工作队也随安置户进城，在广惠园小区设立赵家洼工作站帮助安置户融入城市生活，巩固就业，解决后续的各种问题。

三、幸福感的获得：精准评估的危房改造

岢岚县根据中央、省市农村危房改造工作精神，结合当地实际，制定了《岢岚县人民政府办公室关于印发岢岚县 2018 年农村危房改造实施方案的通知》，从指导思想、危改任务、危改对象、建设标准、补助标准、危改期限、资金拨付等 12 个方面对危房改造进行了整体布局。岢岚县 2014—2018 年农村危房改造实施情况统计表如下：

表 10-2　2014—2018 年岢岚县农村危房改造实施情况统计表

（单位：户）

危房改造类型	总户数	建档立卡贫困户	低保户	分散供养的五保户	残疾户	一般户
D 级重建	218	141	22	8	0	47
C 级修缮	3714	1426	613	78	7	1590
土坯房修缮	0	0	0	0	0	0
总计	3932	1567	635	86	7	1637

资料来源：课题组根据岢岚县政府提供的资料编制。

（单位：户）

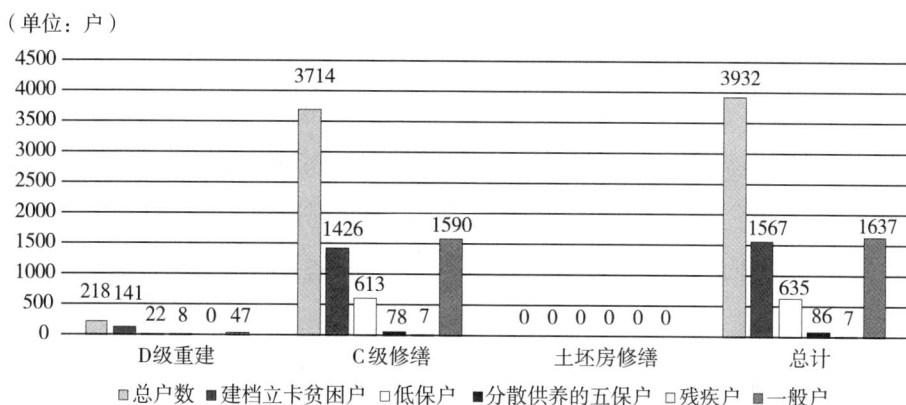

图 10-6　2014—2018 年岢岚县农村危房改造实施情况

（一）严把"入口关"，认真识别危改对象

为确保让农村困难住户群体真正受益于农村危房改造这一惠民工程，岢岚县在对象认定中严格落实"为农村经济最贫困、住房最危险的困难家庭解决最基本的安全住房"的"三最"工作要求。根据住房城乡建设部村镇司《关于抓紧编制农村危房改造"十三五"规划的通知》（建村房函〔2016〕40 号）和 2016 年 4 月 29 日全国农村危房改造电视电话会议上赵晖总经济师的讲话精神以及山西省"十三五"时期农村危房改造相关规定，岢岚县将补助对象确定为居住在危险房屋中的农村四类重点对象及一般户。其中四类重点对象为建档立卡贫困户、低保户、分散供养特困人员、贫困残疾家庭。农村危房改造对象必须是已经录入农村住房信息系统台账当中并纳入改造计划的农户，并要严格区分四类重点对象。纳入易地扶贫搬迁计划的四类重点对象、夫妻双方有市户、企业法人、财政供养人员，已购买房屋、购买小轿车、大型农机具的不得列入农村危房改造对象。

（二）引入第三方鉴定、评估机制

岢岚县在危改户自愿申报、乡村推荐的基础上，由县住建局（房管局）委托山西省建筑科学研究院对危改户进行评估，进一步认定危改户房屋安全等级、改造资金。第三方机构从地基基础、墙体状况、梁柱状况、楼盖屋盖状况等方面对房屋进行等级评定，针对不同等级的房屋采取不同的改造措施。

（三）确保工程质量，制定农村改造最低建设要求

岢岚县为提高农村危房改造的质量水平，规范工程建设与验收，制定了《农村危房改造最低建设要求（试行）》。其中，规定危改房建筑应符合以下要求：1. 寝居、食寝和洁污等功能分区，设置独用卧室、独用厨房和独用厕所；2. 一人户建筑面积不小于 20 平方米，两人户建筑面积不小于 30 平方米，三人以上户建筑面积不小于人均 13 平方米；3. 室内净高不小于 2.40 米，局部净高不小于 2.10 米且其面积不超过房屋总面积的 1/3。除此之外，对危改房选址、危改房地基、危改房主体结构、危改房墙体、危改房门窗、危改房设置梁柱、危改房楼板、危改房楼梯、危改房屋面等各方面进行了细致规定。

四、幸福的村民 新鲜的村貌

结合脱贫攻坚住房保障、乡村振兴战略实施和农村人居环境三年整治行动，不忘初心、牢记使命、克服困难、开拓创新，扎实推进县

域乡村整村提升工程，在完成 28 个村的基础上，2018 年又完成 113 个村。整村提升以农房整治、基础设施配套、公共设施建设、环境整治为主要内容。

（一）实现了风貌整治全覆盖。经过 2 年的奋力拼搏，全县 141 个行政村全部进行了风貌整治，其中，王家岔乡整乡（8 村）推进，整体效果十分明显，宋家沟乡宋家沟村、阳坪乡阳坪村、高家会乡高家会村、西豹峪乡马家河村等中心乡村建设更是成就斐然，已成为范例，取得了可复制可推广的经验。

（二）实现了"一户一安全住房"。农房整治由住房整治和农村危改两部分组成，涉及全县 12 个乡（镇）113 个村，完成住房整治 2789 户，改造住房面积 154779 平方米，覆盖 6274 人，新建住房 315 户，新建住房面积 14037 平方米 536 间，覆盖 627 人。共完成工程建设投资 7860.9 万元，其中住房整治 5856.9 万元、新建住房 2010 万元。利用收储房和公建房安置 123 户，5572 平方米，覆盖 276 人。实施农村"四类重点对象"危改 805 户，发放危改补贴 1127 万元。截至 2018 年 10 月底，岢岚县农村住房保障实现了"一户一安全住房"的目标。

（三）实现了第三方鉴定。为切实保障农房整治有序扎实推进，2017 年以来，岢岚县引入第三方评估鉴定机制，聘请有资质的评估鉴定单位，对农房进行了评估鉴定，共评估鉴定农房 9676 户，其中，2017 年评估鉴定 761 户，2018 年评估鉴定 8915 户，使农房整治有了明确的等级标准、整治内容和建设价格。

（四）实现了基础设施配套提升。新建改造村级道路 125163 米，街巷全部硬化；新建改造农村广场 45048 平方米，村民娱乐休闲有了好场所；新安装路灯 331 盏，亮化条件明显改善；新修排水渠 9298 米、挡土墙 5126 米，排水设施明显好转。

（五）实现了公共设施建设提升。新建村标 4 个，宋家沟、高家会、马家河、阳坪等重点中心集镇有了当地特色的村标；新建文化中心 85 间，充实了文化活动阵地，丰富了村民的精神生活；新建公厕浴室 79 座，解决了村民如厕、洗澡难的问题；整治了部分村庄土坯房外墙、学校屋顶新做彩钢瓦、红白理事会用房、旧戏台、村集体土豆储藏窖等零星项目。

（六）实现了农村人居环境改善。新筑石砌围墙 40423 米、大门 901 个、花栏墙 8462 米、排水渠 9298 米、挡土墙 5126 米，有效改善了村容村貌、户容户貌；新建村民活动小广场 1252 平方米；垃圾处理"村收集、乡转运、县处理"机制进一步完善，源头分类开始实施，清理非正规垃圾点 74 个，农村卫生环境明显好转。

（七）实现了村民整体素质提升。随着环境的改善，精神文明、"洁家净院"活动的持续深入开展，村民的精神面貌和整体素质正在悄然提升，遵纪守法的多了、违法乱纪的少了，说脏话瞎话的少了、文明用语的多了，随处大小便的少了、讲卫生的多了，穿戴整齐的多了、破衣烂衫的少了，乱丢乱弃的少了、行为规范的多了，互助互谅的多了、旁观争斗的少了。

■ 小 结

调研组发现，岢岚县在易地扶贫搬迁、危房改造工程和村容村貌提升方面取得成就的同时，也存在一定的问题，如移民搬迁后生活开支较大、劳动技能培训实效性不强、搬迁后社区融合障碍，解决上述问题将是岢岚县"后扶贫时代"的工作重点。

1. 搬迁后生活成本上升，经济负担加大

调研组成员通过对广惠园社区居民访谈发现，村民进城后面临着生活成本的上升，经济压力加大的问题。在原有村庄生活期间，村民能够通过种养殖业自给自足，过着小农生活，食物来源主要依靠自家

种植作物。搬进广惠园社区生活后，虽然居住环境、交通条件、优质医疗教育资源可及性等都较以往有大幅度提升，但生活成本也随之直线上升。村民的衣食住行部分或完全依靠市场购买，城市物价较农村相对较高，打破了以往自给自足的生活状态。对于年轻移民来说，他们具有相对较强的学习能力和较好的身体素质，能够在县城中或外出去大城市中谋得一份工作，获得相对体面的收入。而对于中老年移民来说，他们缺少和年轻人的比较优势，在就业市场上处于劣势地位，进城后同时面临着失业和经济压力上升的局面，因此生活条件和水平与农村相比不升反降。

2. 劳动技能培训不能满足主流市场需求

现实情况中，移民搬迁户由于早期资源支持少、自身整体素质不高等原因，在市场领域内缺乏致富能力。易地搬迁后虽然有一系列后续帮扶巩固措施，如就业培训措施、利益分红措施、金融扶贫措施等，但这些措施都存在一定的弊端。利益分红措施虽然能够帮助贫困户提高收入，但这始终是"输血式"扶贫，无法培养贫困户致富的能力。现在虽然加大了劳动技能培训，但培训结果成效还不明显，加之地方经济发展滞后，吸纳就业能力有限，真正凭技术就业、靠技术挣钱的人仍然很少。再者，现有培训项目多为基础业务培训，如裁缝技术、种植技术、养殖技术等，不能迎合主流市场需求。随着科技的发展，传统的劳动行业将会发生巨大变革，已有的培训模式无法适应这一改变，这也与贫困户底子薄、基础差有关。

3. 搬迁后村庄结构被打散，新社区融合困难

通过访谈发现，易地扶贫搬迁后村民的物质生活基础虽然有所改善，但他们的精神生活却并没有因此丰富，反而不如从前。传统的乡村是"熟人社会"，村庄作为村民生活的公共空间，人们在其间进行着生产、交换、娱乐等各式各样的活动。移民搬迁后，原有的公共空

间不再存在，新的公共空间尚未建立。农民的身份渐渐由"村民"向"居民"过渡，但在新的社区中邻里之间并不相识，缺少沟通交往。这些"新居民"也习惯于通过打电话、发短信或发微信等方式联系原有村落中的"旧村民"，与旧时的同伴一起活动。新社区形式上拉近了村民之间的物理距离，实际上增加了村民之间的精神隔离，由此导致社区居民之间融合困难。

第十一章

脱贫特色与发展启示

岢岚，是一个"低调"的贫困县。

岢岚县政府，是一个执行力很强的地方政府。

我们可以从一个个亮丽的数字中看出来：

2016 年脱贫攻坚综合考核排名山西省第二，2017 年排名山西省第四，易地移民搬迁专项考核连续两年全省第一，扶贫资金整合使用成效明显，获得全省好评。

2017 年代表山西省接受了国家专项检查。2017 年 4 月 15 日，忻州市农村建筑特色风貌整治工作现场会在岢岚召开；2017 年 8 月 16 日，山西省"践行习总书记视察山西重要讲话精神抓党建促脱贫攻坚暨深度贫困村整体搬迁"现场推进会在岢岚隆重召开。

2018 年山西省"践行领袖嘱托、决战深度贫困"现场会在岢岚召开。

据不完全统计，从 2017 年 6 月下旬至 2018 年 11 月底，省级以上主流媒体共发表正面报道岢岚脱贫攻坚的文章 73 篇，其中国家级 40 篇、省级 33 篇。央视节目播出宣传岢岚的新闻、专题报道等节目 9 个，具体包括：CCTV 特别节目《老区脱贫攻坚——习近平心中的牵挂》（2017-06-23）、新闻《这些人，习近平很牵挂》（2017-09-18）、"东方时空"栏目《走基层·脱贫攻坚打硬仗——山西岢岚走出大山摆脱贫困》（2018-06-21）、"朝闻天下"栏目《走基层·山西岢岚脱贫攻坚打硬仗》（2018 年 6 月 21—23 日三集连播）、"新闻调查"栏目《决胜：最后的贫困村进城》、CNC 视频《打赢脱贫攻坚战·赵家洼村的故事》等节目，引起全国广泛关注，提升了岢岚知名度。

2019 年媒体陆续对岢岚县脱贫攻坚成就的报道如下：

2019 年 4 月 11 日，求是手机报："春之声"系列调研日记：春天的故事。

2019 年 4 月 12 日，求是网："春之声"系列调研日记："有脚阳春"。

2019 年 10 月 10 日，《农民日报》：山西省岢岚县赵家洼村："搬出穷窝"日子才有奔头。

2019 年 10 月 29 日，新华社：山西赵家洼村：整村搬出穷山沟户户过上新生活。

2020 年 2 月 14 日，《人民日报》：幸福着百姓的幸福。

2020 年 2 月 14 日，《人民日报》：最实在的获得感（总书记来过我们家）等。

在扶贫攻坚中，岢岚成为一颗真正闪烁的星星！

具体而言，岢岚县的总体脱贫数据如下：

贫困发生率：全县共识别建档立卡贫困人口总规模为 8535 户 20271 人，贫困发生率为 31.8%，截至目前全县共计脱贫 8438 户 20029 人，贫困发生率为 0.38%。

农村常住居民人均可支配收入增幅：2015 年 5495 元，同比增长 8.3%；2016 年 5898 元，同比增长 7.4%；2017 年 6476 元，同比增长 9.8%；2018 年 7370 元，同比增长 13.8%。

贫困村退出率高于 90%：按照"一高一低一无"标准全县共识别贫困村 116 个，通过整村搬迁，贫困村销号 26 个，对照贫困村退出十三项指标，通过乡镇自评、行业部门验收、县审核公告工作流程，全县剩余 90 个贫困村全部达标，有序退出，退出率达到 100%。

农村低保标准：2018 年农村低保标准提高到 3518 元，同比增长 7.32%，比国家扶贫标准高出 318 元。

贫困人口参加城乡居民养老保险和基本医疗保险参保率均为 100%。

城乡居民基本养老保险和基本医保参保率：城乡居民养老保险应

参保 51513 人，实际参保人数为 49462 人，参保率为 96%。城乡居民医疗保险应参合 65245 人，实际参合 64126 人，参合率为 98.3%。

行政村卫生室达标率：投资 764.5 万元新建和维修村卫生室 139 个，投资 152.6 万元配齐了医疗设施，配备村医 139 名，行政村卫生室达标率为 100%。

适龄儿童入园率：全县 3—5 周岁学前适龄儿童 2545 名，入园 2372 名，入园率为 93.2%，九年义务教育阶段有适龄儿童少年 5106 名，无因贫辍学学生。

行政村通村公路硬化率和开通客运班车率：2018 年投资 2.16 亿元建设"四好农村路" 24 条 109.158 公里，养护大修县道 43 公里。通村公路硬化率和开通客运班车率均达到 100%。

行政村安全饮水率：2018 年投资 1100 万元巩固提升了 34 个村的饮水安全，水质检测全部达标，水量、方便程度和保证率均达到标准，所有行政村安全饮水率达到 100%。

行政村通动力电比率：2018 年投资 68.5 万元对 10 个村进行了电网改造提升，全部完工，全县行政村通动力电比率达到 100%。

行政村通互联网覆盖率：投资 442.68 万元对 62 个贫困村进行了网络提升，目前已全部完成，141 个行政村实现了互联网络全覆盖，覆盖率达到 100%。

综合文化活动场所覆盖率：2017—2018 年两年共投入 4.6 亿元对全县 153 个村进行了综合整治提升，投资 299.45 万元为 139 个村配备了文体器材、图书等，全县综合文化活动场所覆盖率达到 100%。

易地扶贫搬迁入住情况："十三五"时期易地扶贫搬迁共需搬迁安置 6321 人。其中贫困人口 4970 人，同步搬迁人口 1351 人，搬迁任务全部完成并入住。

在调研的基础上我们发现，岢岚县脱贫攻坚是一个动态的过程，在这个过程中，该县逐渐形成了行之有效的工作模式，这些工作模式对于其他地方政府而言，有着不言而喻的启示意义。这些特点主要有：第一，天天到现场的一线落实制度；第二，特色产业体系和贫困群众的利益联结机制；第三，整村搬迁、整村提升、整沟治理的深度治理贫困模式；第四，吕梁山深度贫困地区生态脱贫路子；第五，阻断代际贫困的教育扶贫探索；第六，努力将群众组织起来的合作社培育专项行动；第七，以电商扶贫+精神扶贫为牵引构建内源扶贫向市场拓展的创造性实践；第八，以五村联创为抓手趟出"立足脱贫、着眼小康、衔接振兴"的特色路子。由于前文已经做了详细论述，这里仅就几个特点做补充。

一、时刻在一线天天到现场

岢岚县委县政府在全面分析县情的基础上，对照脱贫摘帽标准，对标全面小康，按照中央、省市部署，确立了"三步走"的作战方略：

一是全力攻坚期（2016—2017 年）。构建科学攻坚机制，落实各项帮扶措施，实施 115 个深度贫困村 1846 户 4317 人整体搬迁、784 户 2004 人插花搬迁，改善水、电、路、网、房等基础设施，形成"6+3"特色优势产业，完成 65 个贫困村出列、14668 人脱贫。

二是决胜达标期（2018 年）。构建"五有"产业扶贫格局，实现县有主打品牌，乡有主导产业，村有特色园区，户有增收项目，人有一技之长，实施"1+8+N"安置计划，实现剩余 31 个贫困村退出、5559 人脱贫，贫困县退出 14 项指标全部完成，整体摘帽。

三是巩固提升期（2019—2020 年）。进一步加大巩固扶持力度，增强脱贫户自身发展能力，引导脱贫户将增收项目做细做实。引导各村将特色产业做大做强。完善扶贫保障体系，大力开发资产收益性扶贫项目，实现无业可扶、易返贫的特殊人群资产收益保障和政策性保障全覆盖，农村人均可支配收入达到 8000 元，生活水平、健康状况、综合素质进一步提升，全县实现小康。规划中每一个时期的脱贫任务重点十分明确。

有了三年规划之后，进入行动落实阶段。岢岚县创立的"天天到现场"工作法将脱贫攻坚的工作落实在每一天的行动中。比如，每周日召开一次领导小组例会，例会中讨论每周出现的新问题，这样的例会不允许请假，县委领导在例会上随时就脱贫攻坚的政策文件等提问参会者。此外，每半月下发一个"脱贫摘帽任务清单"，做到一周一盘点、一旬一督核、一月一验靶、一季一考核，将脱贫攻坚工作常态化、日常化，以行动力取代文件政治，检验成效也时刻处在动态中。

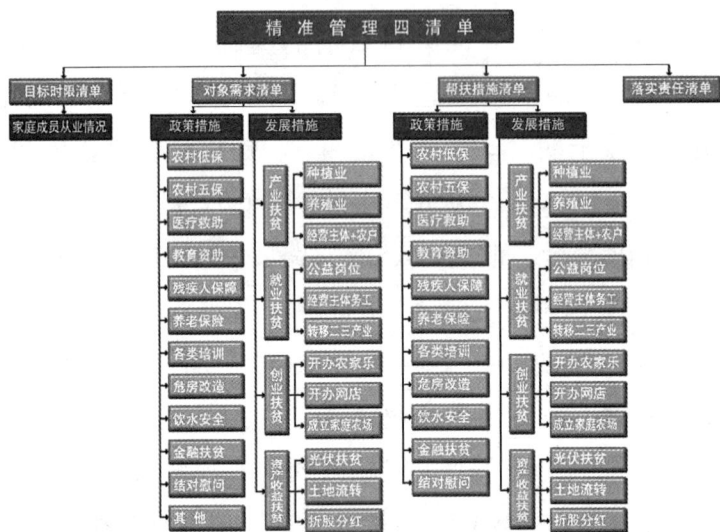

4 精准管理四清单

解决好"谁来扶"的问题。编制四清单和脱贫攻坚作战图，是实施精准扶贫、精准脱贫的具体措施，有利于明确扶贫对象、目标和任务，进一步理清工作思路，找准脱贫路径，落实帮扶措施，增强各级各部门抓好工作的紧追感、责任感和主动性，确保打赢脱贫攻坚战。

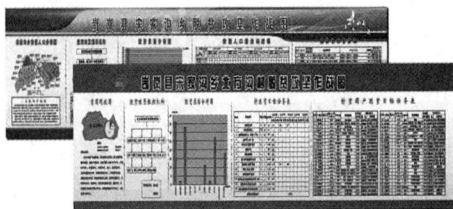

3 帮扶措施三到户

解决好 **"怎么扶"** 的问题。在精准扶贫过程中，坚持因地制宜、因户而异、因人而异、因贫原因和类型施策，按照帮扶措施三到户的要求，制定帮扶措施，一户一策，一项目一表格，对症下药，确保项目安排精准到户、资金使用精准到户、干部帮扶精准到户。

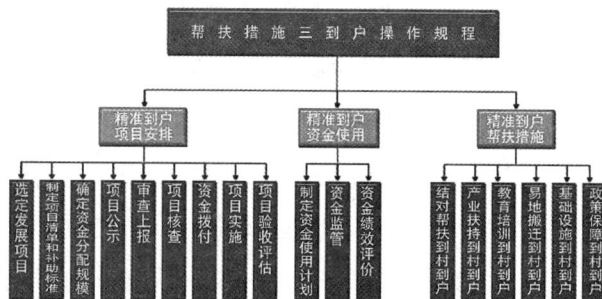

3 脱贫成效三验收

解决好 **"怎么退"** 的问题。坚持精准帮扶、分级负责、规范操作、正向鼓励的原则，建立严格、规范、透明的贫困户、贫困村 "三验收" 退出机制，制定进退验收表，确保到2020年，全县14338名贫困人口全部脱贫，116个贫困村全部出列。

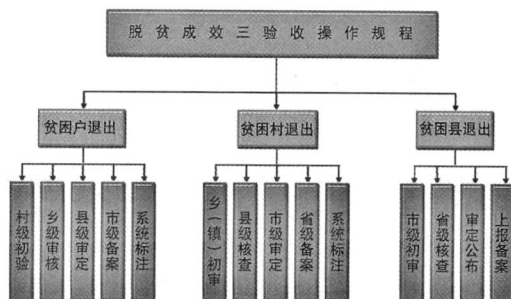

图 11-1 脱贫管理验收帮扶措施示意图

图片来源：岢岚县扶贫办提供。

配合天天到现场动态工作的，是为此而构建的贫困信息治理传播系统。

首先，全县建起 "包乡领导+乡镇+行业办公室+专项工作组" 微信交流服务组群，通过落实线上线下 "一站式" 服务流程和机制，形成县乡村三级一体化服务体系。

为确保扶贫脱贫数据的精准，2017年岢岚县从贫困户采集到的信息线下线上数据核实比对，做到了线下、线上、贫困户信息三个统一，并正式启用岢岚县大数据平台，实现了扶贫信息与部门行业信息互通。为提高广大干部、群众对政策的知晓率，岢岚县对十大类 80 余项产业开发扶持政策和社会保障政策进行了归纳整理，编制了《惠民政策一本通》，并成立惠民政策宣讲组，深入 12 个乡镇进行了为期一个月的政策宣讲，确保政策落实到村到户到人。此外，还编制了《岢岚县 2017 年脱贫攻坚行动计划》《岢岚县"1661"产业行动计划》和《岢岚县 2017 年易地扶贫搬迁计划》，进一步细化了《岢岚县 2017 年脱贫攻坚工作实施方案》《岢岚县"一村一品一主体"实施方案》，并配套出台了《岢岚县 2017 年财政资金统筹整合使用试点工作实施方案》《岢岚县"五位一体"扶贫小额信贷工作实施方案》《脱贫攻坚考核（暂行）办法》《干部驻村管理办法》《扶贫项目资金管理办法》，下发了《2017 年度脱贫攻坚任务清单》，并每半月下发一次《脱贫攻坚具体任务清单》，进一步明确了包乡县领导、包村乡干部、村两委、驻村工作队、第一书记、帮扶责任人每一项工作的任务分工；每季度组织县、乡、村三级领导干部进行一次督察式观摩，对单督查，下发《问题整改清单》，对标问题，限时整改；每半年举行一次脱贫攻坚大评比，对单现场打分，现场通报，并记入年终考核。

其次，在农村建立"三电合一"的农村信息网，利用电话网、电视网、互联网三种现代信息载体，建立公共数据平台，统筹推进网络覆盖、农村网络扶智、信息服务、网络公益五大工程，继续提升网络覆盖能力，在县城周边及农村等区域，建设 70 个基站，用于提升 4G 覆盖效果，做到重点区域双网覆盖；4G 网县城覆盖率达到 98.5%，农村覆盖率达到 95% 以上，重要高速覆盖达到 95% 以上，景区覆盖达到 97% 以上；继续新增乡镇 OLT 建设，乡镇覆盖率达到 100%；提升宽带 PON 端口的覆盖，县城以上小区全部实现 PON 接入，对农村常住 50 户以上区域实现 PON 接入。开展农村互联网应用普及教育，以益农信息为主，扩大信息进村入户覆盖面。

二、特色产业体系：联结贫困群众的利益机制

在脱贫攻坚中，岢岚县县委、县政府积极扶持县域产业发展，着力培育多样化、可持续、效益稳定的产业，以求更大程度地带动贫困户脱贫致富。在原有三大主要产业的基础上，2017 年岢岚县县委、县政府结合县情实际，在实地调研、多方论证的基础上，将羊、红芸豆、马铃薯、沙棘、蘑菇、猪作为县域的六大主导产业，同时培育光伏、中药材、旅游 3 个新兴产业，在招商引资方面也有明显成效，形成了岢岚特色的县域"6+3"扶贫产业模式。

第一，该模式抓实六大产业。岢岚县稳步推进羊、豆、马铃薯、沙棘、食用菌、生猪六大农牧产业，实施晋岚绒山羊育繁推一体化项目，截至 2019 年上半年，全县养羊总量稳定在 65 万只以上；建设红芸豆、马铃薯等有机旱作农业园区 22 万亩；建设沙棘种苗基地 200 亩，新种沙棘林 6 万亩，改造沙棘林 5 万亩；建设食用菌大棚 500 座；建成 2 个生猪育肥场，年出栏生猪 5000 头以上。

第二，培育三个新兴产业。因地制宜发展光伏发电、中药材种植、乡村旅游 3 个新兴产业，已建成总规模 85 兆瓦光伏电站 20 个，2019 年新建 5.488 兆瓦联村光伏电站 1 个；引进振东药业集团等 8 个企业 10 个合作社，在 115 个整体搬迁村建设道地中药材示范基地 2.16 万亩；实施干家岔宋长城、县城古城 PPP 文旅项目，成功创建宋家沟村 3A 级景区，举办"6·21"宋家沟乡村旅游季，引进民企投入 4.2 亿元发展吴家庄农业观光旅游，开发周通生态农业旅游，挖掘燕家村、山神庙等农牧资源潜力，发展农业观光、农家乐等特色旅游。

第三，提升特色产业升级。实施农业标准化战略、食品安全战略、品牌战略，发挥"晋岚绒山羊""中华红芸豆"两个国字号品牌

优势，认证无公害、绿色、有机农产品品牌 32 个，扶持龙头企业 23 户，建成"1+12+71"电商营销网络，初步构建起"特色产业+加工企业+销售网络"的"一产一企一网"产业体系，引导 42 户企业、347 个合作社带动 6687 户贫困户 1.5 万余名贫困人口，实现人均收入连续 3 年增长 7.5% 以上。

三、整村搬迁、整村提升、整沟治理的深度治理贫困模式

岢岚县易地扶贫搬迁、整村提升、整沟治理作为破解深度贫困的关键之举，按照精准识别对象、新区安置配套、旧村拆除复垦、生态修复整治、跟进社区治理、产业就业保障"六环联动"做法，各项工作按计划实施、稳步推进、成效明显。具体的实践经验及启示主要总结为以下几点：

（一）以规划为引领，统筹推进移民搬迁

岢岚县在充分调研论证的基础上，确立政府主导、群众自愿、统筹规划、分步实施、分类安置、综合扶持的总体搬迁思路，出台易地扶贫搬迁"十三五"规划，绘制出全县"易地搬迁规划图"，成立易地搬迁指挥部，逐步落实例会制、包抓制、考核制，通过明确路线、划定时限、销号运作，统筹推进搬迁工作。按照规划，在县城已建广惠园移民新社区的基础上，在全县农村结合人口分布、产业布局、交通条件等因素，围绕 4 个川 3 个流域 149 个易地扶贫搬迁村，确立以 8 个中心集镇为辐射轴，打造 17 个重点村、建设 54 个中心村的整体移民规划，续建广惠园移民新村，采取因户施策、先易后难、试点先

行、点面结合的办法整体推进。岢岚县精心打造的广惠园社区、宋家沟中心乡镇等亮点工程起到了很好的示范作用，以点带面地推动后续移民搬迁工程建设。

趟出整村搬迁破解深度贫困的路子。结合岢岚县山庄窝铺众多的实际，把整村搬迁作为破解深度贫困的关键之举，实施以县城和 8 个中心集镇为主要安置点的"1+8"搬迁计划，实施安置区住房建设、特色风貌整治、基础设施提升和公共服务完善"四项配套"工程，落实人口迁转、村庄销号、拆除腾退、土地林地流转和农民权益保障"五个办法"，实现 115 个深度贫困村 1846 户 4317 人整体搬迁、784 户 2004 人插花搬迁。同时，通过在搬迁旧村实施土地复垦增减挂钩、退耕还林、荒山造林、光伏项目"四个全覆盖"工程，确保搬迁户持续获得稳定收益；通过构建联结机制，确保搬迁户至少加入 1 个合作社、联结 1 户企业、参与 1 个产业项目、有 1 人稳定就业。

（二）拓宽融资渠道，解决资金短缺问题

岢岚县主要采取以下举措：

其一，推行"政府+金融机构+保险公司+龙头企业+农户"五位一体模式，解决企业融资难、融资贵问题，打捆农户贷款入股产业扶贫项目。2655 户贫困户成为畜产品加工、食用菌生产、农光互补、红芸豆加工出口、宋长城景区开发等 10 个重大项目的股东，将实现每户每年 4000 元稳定收益。

其二，创建"连心惠农合作社+村社"新型扶贫体系，解决合作社资金短缺问题，整合部分扶贫和农村项目资金，吸纳部分社会资本参与，建立扶贫发展基金，开展资金互助、产业发展及统购统销等消费合作，形成"信用合作+生产合作+消费合作"的三位一体发展模式，实现分股分红不分扶贫款的长久发展效应。

其三，开设"三支贷"，主要是向岢岚县中小微企业发放贷款，

单笔贷款额度不超过 300 万元，破解小企业融资难题。"支养贷"主要是向养殖大户发放的贷款，单笔贷款额度不超过 30 万元，提升养殖户发展能力。"支种贷"主要是向岢岚县种植大户发放的贷款，单笔贷款额度不超过 30 万元，有效解决农户资金周转困难问题。截至 2019 年 6 月 10 日，岢岚县发放扶贫小额贷款 1.3116 亿元，2655 户 7396 名贫困人口受益。

（三）加强政策保障，确保搬迁工作稳步推进

岢岚县充分利用各种优惠政策，有效整合县财政、国土、农业、林业、民政、建设等相关部门的职能职责，共同研究制定移民优惠政策，给予移民户最大的政策支持，有效减轻移民户的负担。

一是土地支持政策。对迁入区规划占用的各种用地，由县、乡镇两级政府统一协调划拨；涉及土地使用权变更的农户，由县国土资源局办理承包经营土地使用权；迁出地大于 25 度以上的耕地结合退耕还林和荒山绿化，按谁种植、谁经营、谁受益的原则，适地适村服从全县产业规划安排。

二是金融支持政策。充分利用国家扶贫贴息贷款政策。积极推动金融产品和服务方式创新，鼓励开展小额信用贷款，努力满足扶贫移民对象发展生产的资金需求。继续实施金融富民扶贫贷款项目，尽快实现金融机构空白乡镇的金融服务全覆盖。引导民间借贷规范发展，多方面拓宽贫困地区融资渠道。积极发展农村保险事业，鼓励保险机构在贫困村建立基层服务网点。

三是产业发展扶持政策。抓住国家退耕还林还草机遇，结合岢岚县主导产业以及相关产业政策，对易地扶贫搬迁对象因户施策、精准扶持。加强对搬迁户产业发展的指导，帮其选准项目、明确增收的主要途径；加强技术培训，使其掌握一至两门实用技能；对其发展产业提供项目支持，上级资金项目向他们倾斜。

四是就业创业扶持政策。项目实施建设后将拓宽农民的增收渠道，促进农业产业化的发展，增加就业岗位。优先提供公益岗位；政府项目优先吸纳他们务工；简化经商、办企业手续，减免相关费用。

五是配套服务保障政策。加强配套政策，切实保障好搬迁群众的利益。易地扶贫搬迁涉及群众的土地调整、户籍、子女入学等方面的政策问题，依据省市县的相关配套政策，使搬迁群众拥有土地长期使用权和永久居住权、子女有学上，享受与当地居民同等的权利，确保搬得出、稳得住，形成城乡互动、就近安置、村企合作、旅游带动、军地共建五种搬迁模式（1+8+N）。

四、构建内源扶贫：电商扶贫+精神扶贫

岢岚县是山西省电子商务进农村综合示范县，为鼓励电子商务企业销售山西产品，带动山西农民增收，促进山西工业企业线上收入增长，推动工业企业转型升级，山西转型综合改革示范区出台《促进电子商务企业发展扶持办法（试行）》（以下简称《办法》）。《办法》设立综改区电子商务专项资金，由综改区财政扶持资金列支，用于扶持电子商务企业发展。依据《办法》，只要在综改区依法注册、纳税，具有独立法人资格，符合综改区产业发展方向的电子商务企业，均在扶持范围内，主要包括电子商务平台服务企业和电子商务应用企业。《办法》设立区外企业落户奖励、荣誉奖励、龙头企业奖励等各项奖励。

对于农民而言，通过对电商培训工作的实践，岢岚县总结出以下培训办法：电商中心是电商培训的主要场所。要将电商培训内容制定每周、每月计划并通过政府网站、媒体进行对外公示，针对电商从业人员、农村返乡青年、退伍军人、一般劳动者制定不同层次的课程内

容以提高培训效率；电商培训是全县脱贫攻坚行动中一个整体。通过电商中心牵头，将扶贫办、人社局、共青团、农委的培训资源整合起来，定计划、分批次、分部门地进行相关人才的培训工作，一是要提高培训水平，二是要避免重复培训、互拉人头造成资源浪费。

此外，岢岚县把激发内生动力摆在更加突出的位置，坚持扶贫与扶志、扶智、扶能、扶德相结合，树立勤劳致富、勤劳脱贫导向，逐步消除精神贫困。制定特色种植奖补办法、特色养殖奖补办法、中药材种植奖补办法、外出务工奖补办法，推动产业发展，带动增收富民。完善村规民约，设立孝善基金，开展"三送三促三培三带"服务行动、两帮两促两提升达标行动、洁家净院习惯养成行动，引导群众自觉承担家庭责任、树立良好家风，强化家庭成员赡养、扶养老年人的责任意识。建设"爱心超市"，让群众通过参与集体劳动或村集体活动获得积分，再拿积分到依托电商平台建设的流动爱心超市换取衣服等日常生活用品，引导群众向全县的致富能手和脱贫攻坚先进典型学习，鼓励有劳动能力的贫困群众想干能干会干。结合脱贫攻坚实际，岢岚创作了一批文化扶贫精品，其中二人台小戏《脱贫路上》《马大翠扶贫》，小品《守望》，大型情景剧《情满黄土坡》，歌曲《平安岢岚》《习总书记到咱岢岚来》《起航舟城》《岚漪情歌》《春暖岢岚》等佳作，受到省市干部群众一致好评。制作了全面反映岢岚贯彻落实习总书记视察山西重要讲话精神的纪录片《我们这一年》，组织了脱贫故事会、举办了"脱贫路上"摄影大赛，丰富群众文化和扶贫内涵，引导群众主动向贫困宣战，奋力向小康进发。

五、阻断代际贫困：教育扶贫的探索

落实学前教育资助、"两免一补"、高中免学费、雨露计划、助学贷款、发放路费等9项教育资助政策，设立教育基金，对高中以上就读的学生进行再资助，从学前教育直至高等教育给予全程扶贫助学，保障贫困学生都能上得起学。实施义务教育设施保障、教育质量提升、高中教育标准化、人才兴教和控辍保学五大工程。五年来，累计投资6461万元，新建、改扩建幼儿园和义务教育阶段学校基础设施，投资2185万元为53所义务教育阶段学校购置了图书、仪器、文体器材、多媒体等设施设备，投资400万元为义务教育学校购置了电脑、打印机、实验室柜台等教学设备。五年来，招录农村特岗教师128名，城乡交流校长、教师173人，师范院校每年选派50名本科大学生来岢岚支教，落实农村教师偏远补助和生活补助，补助标准提高到每月680—950元。与山西现代双语、忻州一中、太原雅艺联合办学，提升高中教育质量，建立健全控辍保学、联控联保和动态监测机制，全县适龄儿童入园率93.2%，义务教育阶段入学率100%，无因贫辍学学生，实现义务教育均衡化，城乡教育一体化，全面保障贫困学生都能上得好学。

六、组织群众：合作社培育专项行动

培育新型农业经营主体，探索带贫脱贫。截至2016年底全县粮食经营规模主体发展情况为种粮大户共717户（其中50—100亩的680户、100—200亩的35户、500—1000亩的1户、1000—2000亩的1户）、家庭农场共186个（其中50—100亩的95个、100—200亩的90个、200—500亩的1个）、农民合作社共23个（其中200—500亩的14个、500—1000亩的5个、1000—5000亩的4个）。

岢岚县对这些新型农业经营主体在生产服务设施、生产作业服务、提升耕地质量、种苗培育、测土配方施肥、有害生物专业化防治、运销贮藏、农产品质量溯源体系等方面的投入给予支持，并积极探索"专业化服务公司+合作社+专业大户""村集体经济组织+专业化服务队+农户""农资连锁企业+农技专家+农户"等多种服务模式。农业经营主体的大力发展，可增加农民收入，特别是探索通过合作社、龙头企业、种植大户的带动促进贫困户的脱贫步伐，拓宽脱贫路子。

推广"政府+金融机构+龙头企业+合作社+农户"模式，全部贫困村建起村有产业、有带动企业、有合作社，贫困户有项目、有劳动能力的至少一人掌握一项增收技能的"五有"联结机制。制定特色种植奖补、特色养殖奖补、中药材种植奖补、外出务工奖补"四个办法"，落实以工代赈、农业水利、生态扶贫各类项目 9 个，参与项目建设贫困人口 8695 人，取得劳务报酬 2893.6 万元，人均增收 3328 元；2621 户贫困户参加了 131 个村级各类经济组织。

七、五村联创："立足脱贫、着眼小康、衔接振兴"

在脱贫摘帽后，岢岚县政府将脱贫与奔向小康、乡村振兴衔接起来。县委县政府在 2019 年开始设立五村联创特色，促进当地乡村社会持续发展和全面转型。

（一）平安村

深入贯彻落实习近平总书记在中央政法工作会议上的重要讲话精神，进一步完善党委领导、政府负责、社会协同、公众参与、法治保障的社会治理机制体制，打造共建共治共享的社会治理格局。

创新完善平安建设工作机制，形成问题联治、工作联动、平安联创的良好局面，做实平安建设的基础工作，推动平安岢岚建设迈上新台阶，为脱贫攻坚巩固提升和实施乡村振兴战略创造良好的社会环境。

2019 年，岢岚全县 30 个村（社区）达到平安创建标准；2020 年，在巩固 2019 年平安创建成果的基础上，新增 30 个村（社区）达到平安创建标准；2021 年，在前两年平安创建成果的基础上，继续新增 50 个村（社区）达到平安创建标准。

（二）美丽宜居示范村

贯彻落实省委、省政府推进"六个发展"工作要求，坚持把美丽宜居示范村建设与产业发展、农民增收和民生改善紧密结合起来，与新型城镇化相结合，以具有人口集聚优势的小集镇、小村镇为重点，按照布局规划科学、村容村貌整洁、基础设施完善、公共服务便利、乡风村俗文明的目标要求，建设"四美两宜"示范村，提升全市改善农村人居环境建设水平。

1. 创建标准

通过创建，各类示范村要达到家园美、田园美、生态美、生活美，宜居、宜业的"四美两宜"创建标准：

家园美：村庄规划科学，生产生活区域布局合理，房屋安全，水、电、路等设施配套完善，使用清洁能源；建立保洁制度，村容村貌整洁美观，垃圾、污水无害化处理。公共场所建设公厕，农户使用卫生厕所。

田园美：田园风光秀美；畜禽养殖区和居民生活区科学分离，有机垃圾、秸秆、畜禽粪污综合利用或无害化处理；农业面源污染、农药包装物、农膜、畜禽养殖废弃物得到有效处理；道路无晾晒、堆放物。

生态美：村庄整体风貌与自然环境协调，宜林荒山荒地绿化，村庄道路绿化、环村绿化、街巷绿化、庭院绿化、村民活动场所绿化，建有公共绿地或小游园，水土流失村得到治理。

生活美：生产发展，农民充分就业，人均可支配收入高于县域平均水平；医疗卫生、文化教育、社会保障体系健全；乡风文明；村集体经济实力强；农民享受改革发展成果，对人居环境满意，幸福感强。

创建工作要以人的"宜居、宜业"为目标，达到居住条件安全、舒适，居住环境整洁、美丽，生产设施齐全，村民收入稳定，村民年人均纯收入高于全县平均水平。

2. 创建类型

生态休闲示范村。自然植被好、山清水秀、生态环境优良，农业景观、田园风光、村落民居、民俗风情等旅游资源丰富，保护乡村自然环境，挖掘乡土文化，适度可持续开发，发展高质量乡村民宿和农家乐，吸引城镇居民休闲度假。

特色农业示范村。特色农业发展优势明显，"一村一品"农业产业基本形成，以无公害、绿色、有机和地理标志等"三品一标"农产品认证为重点发展特色农业，特色农产品生产、加工、销售产业链完善，特色农业观光发展较好。

文化旅游示范村。历史文化传承有序，农耕文明、民俗风情、传统手工艺得到传承，古村落、古民居保护较好，乡土文化特色鲜明；有文化旅游设施，有一定数量的农家乐，具备旅游接待条件；文化室（站）、农民书屋等文化场所健全，按需定期开放；体育活动场所设施齐全；定期开展群众性文体活动。

镇村一体示范村。以小城镇驻地村为重点，基础设施达到城镇标准，银行网点、综合超市等社会服务设施健全，教育、医疗、社会保障等实现城乡居民共享。城镇人口承载、吸纳、带动能力强,城乡居民充分就业。

(三)清洁乡村

集中对岢岚全县农村环境卫生进行综合整治,全县 141 个建制村已经实现市场化保洁的 55 个村采取乡村属地管理和市场化运行相结合的办法进行,保洁公司负责村内建成区范围内街巷道、公厕、浴室、广场的清洁维护,乡村负责村周边环境的清理维护。其余 86 村结合农村生活垃圾治理项目,主要以乡村自行清理保持为主,配备必要的保洁人员、清扫工具和运输设备,建立村庄环卫保洁和垃圾治理长效机制。

按照"属地管理、部门配合、齐抓共管、全民参与"的原则,采取因地、因村、因户施策,开展逐片、逐村、逐户地毯式排查整治行动,建立台账、网格管理机制,全面彻底整治农村环境"脏、乱、差"问题。

(四)卫生乡村

以习近平新时代中国特色社会主义思想为指导,坚持"政府组织,分级负责,部门协调,全民参与,科学治理,社会监督"的卫生工作方针,以"乡风文明、村容整洁、庭院卫生、村民健康"为落脚点,以创建卫生乡村为重点,大力开展村容村貌整治活动,逐步改善农村卫生环境,全面提高群众生活质量。

城乡基本公共卫生服务项目包括:居民健康档案管理、健康教育、预防接种、0—6 岁儿童健康管理、孕产妇健康管理、老年人健康管理、高血压患者健康管理、Ⅱ型糖尿病患者健康管理、严重精神障碍患者管理、肺结核患者健康管理、中医药健康管理服务、传染病及突发公共卫生事件报告与处置、卫生计生技术监督与协管、免费提供避孕药具以及健康素养促进 15 项。

按照深化医改和国家基本公共卫生服务规范的要求，开展 15 项基本公共卫生服务项目，并在我县城乡基本公共卫生服务成效的基础上，继续以实施重点人群、重点疾病和弱势人群健康管理为主要工作目标，全面提升基本公共卫生服务水平。

（五）文明乡村

以习近平新时代中国特色社会主义思想和党的十九大精神为指导，深入贯彻落实习近平总书记关于加强精神文明建设重要指示精神，以培育和践行社会主义核心价值观为根本，以推进乡风文明、建设文明乡村为目标，以推动移风易俗各项行动为抓手，尊重民俗、抵制庸俗、拒绝粗俗，切实加强家风民风村风建设，形成崇尚文明、勤俭节约的良好风尚，为决胜脱贫攻坚实现乡村振兴建设美好岢岚凝聚强大精神力量，提供精神动力和智力支持，营造良好的社会氛围。

■ 总 结

岢岚县先后被评为"全国双拥模范县""全国平安建设先进县""国家卫生县城""国家级科普示范县""全省文明和谐县城""全国双拥模范城""全省一县一业先进县""全省植树造林先进县""省级平安县""全省文化建设先进县"，连续九次荣获"全省信访工作先进县""全省卫生县城"等，目前，全面安排部署，正在深入开展的五城联创（国家级卫生县城、省级文明县城、省级园林县城、省级环保县城、省级智慧县城）工作，必将使岢岚经济社会发展百尺竿头，更进一步，展现更加崭新的面貌。

正如岢岚精神"厚德、明义、崇信、尚实"八个字所包含的内容一样，岢岚政府的任何一项工作，以人文主义精神为第一，关注人在脱贫工作中的位置，干部的执行力超过了文字上的描述，时刻处在行动中，是他们心中的第一选择。"脱贫攻坚是大战场是大考场。从县委书记做起，去了哪里、做了什么、进度如何、解决了哪些问题，有着详细台账，每周一在脱贫攻坚例会书面公布，一周一盘点、一旬一督核、一月一验靶、一季一考核，锤炼出一支拉得出、冲得上、挺得住、打得赢的攻坚铁军。"

任何亮丽的文字都无以形容基层工作背后的艰辛和奋斗。他们走在乡村的第一线，是乡村社会发展的守卫者，也是社会发展的默默无闻的贡献者，向他们致敬。

后　记

脱贫攻坚是实现我们党第一个百年奋斗目标的标志性指标，是全面建成小康社会必须完成的硬任务。党的十八大以来，以习近平同志为核心的党中央把脱贫攻坚纳入"五位一体"总体布局和"四个全面"战略布局，摆到治国理政的突出位置，采取一系列具有原创性、独特性的重大举措，组织实施了人类历史上规模空前、力度最大、惠及人口最多的脱贫攻坚战。经过 8 年持续奋斗，现行标准下 9899 万农村贫困人口全部脱贫，832 个贫困县全部摘帽，12.8 万个贫困村全部出列，区域性整体贫困得到解决，完成了消除绝对贫困的艰巨任务，脱贫攻坚目标任务如期完成，困扰中华民族几千年的绝对贫困问题得到历史性解决，取得了令全世界刮目相看的重大胜利。

根据国务院扶贫办的安排，全国扶贫宣传教育中心从中西部 22 个省（区、市）和新疆生产建设兵团中选择河北省魏县、山西省岢岚县、内蒙古自治区科尔沁左翼后旗、吉林省镇赉县、黑龙江省望奎县、安徽省泗县、江西省石城县、河南省光山县、湖北省丹江口市、湖南省宜章县、广西壮族自治区百色市田阳区、海南省保亭县、重庆市石柱县、四川省仪陇县、四川省丹巴县、贵州省赤水市、贵州省黔西县、云南省西盟佤族自治县、云南省双江拉祜族佤族布朗族傣族自治县、西藏自治区朗县、陕西省镇安县、甘肃省成县、甘肃省平凉市崆峒区、青海省西宁市湟中区、青海省互助土族自治县、宁夏回族自治区隆德县、新疆维吾尔自治区尼勒克县、新疆维吾尔自治区泽普县、新疆生产建设兵团图木舒克市等 29 个县（市、区、旗），组织中国农业大学、华中科技大学、华中师范大学等高校开展贫困县脱贫摘帽研究，旨在深入总结习近平总书记关于扶贫工作的重要论述在贫困县的实践创新，全面评估脱贫攻坚对县域发展与县域治理产生的综合效应，为巩固拓展脱贫攻坚成果同乡村振兴有效衔接提供决策参考，具有重大的理论和实践意义。

脱贫摘帽不是终点，而是新生活、新奋斗的起点。脱贫攻坚目标任务完成后，"三农"工作重心实现向全面推进乡村振兴的历史性转移。我们要高举习近平新时代中国特色社会主义思想伟大旗帜，紧密团结在以习近平同志为核心的党中央周围，开拓创新，奋发进取，真抓实干，巩固拓展脱贫攻坚成果，全面推进乡村振兴，以优异成绩迎接党的二十大胜利召开。

由于时间仓促，加之编写水平有限，本书难免有不少疏漏之处，敬请广大读者批评指正！

本书编写组

责任编辑：吴明静
封面设计：姚　菲
版式设计：王欢欢
责任校对：白　玥

图书在版编目(CIP)数据

岢岚:大山深处的深度贫困治理/全国扶贫宣传教育中心 组织编写. —北京：
　人民出版社,2022.9
(新时代中国县域脱贫攻坚案例研究丛书)
ISBN 978－7－01－023268－3

Ⅰ.①岢…　Ⅱ.①全…　Ⅲ.①扶贫-研究-岢岚县　Ⅳ.①F127.254

中国版本图书馆 CIP 数据核字(2021)第 050136 号

岢岚:大山深处的深度贫困治理
KELAN DASHAN SHENCHU DE SHENDU PINKUN ZHILI

全国扶贫宣传教育中心　组织编写

人民出版社 出版发行
(100706　北京市东城区隆福寺街99号)

北京盛通印刷股份有限公司印刷　新华书店经销

2022年9月第1版　2022年9月北京第1次印刷
开本:787毫米×1092毫米 1/16　印张:19.25
字数:256千字

ISBN 978－7－01－023268－3　定价:56.00元

邮购地址 100706　北京市东城区隆福寺街99号
人民东方图书销售中心　电话 (010)65250042　65289539